DON BOSCO
VERLAG

JOAN CHITTISTER

Unter der ASCHE ein heimliches FEUER

Spiritueller Aufbruch heute

Aus dem Amerikanischen übersetzt
von Martha M. Matesich

Mit einem Vorwort zur deutschen Ausgabe
von Benedikta Hintersberger OP
und Stefanie Aurelia Spendel OP

don bosco
frauenSpuren

Die Deutsche Bibliothek – CIP-Einheitsaufnahme

Ein Titeldatensatz für diese Publikation
ist bei Der Deutschen Bibliothek erhältlich.

verlags
gruppe
engagement

Amerikanische Originalausgabe erschienen bei
Sheed & Ward, Franklin, Wisconsin, unter dem Titel:
The Fire in These Ashes.
A Spirituality of Contemporary Religious Life

1. Auflage 2000 / ISBN 3-7698-1254-9

Umschlag und Layout: Margret Russer
Gesamtherstellung: Don Bosco Grafischer Betrieb, Ensdorf

INHALT

VORWORT ZUR DEUTSCHEN AUSGABE

Gott ist ewig und Ewigkeit
ist Feuer, und das ist Gott!
Und Gott ist kein verborgenes,
kein schweigendes Feuer,
sondern ein wirkendes Feuer.

Hildegard von Bingen

Joan Chittister ist Benediktinerin und seit über 25 Jahren eine in den USA vielgelesene geistliche Autorin. Ihre Werke behandeln unterschiedliche Themen: Frauenspiritualität, benediktinische Spiritualität, Ordens- und Weisheitsfragen und Problemstellungen sozialer Gerechtigkeit. Sie findet diese Themen in den Bezügen ihres Ordens, ihres Lebens als Frau, ihrer Überzeugung von der Notwendigkeit einer alles umfassenden Gerechtigkeit, im Angesicht der Nöte von Menschen und Schöpfung.

Aus ihrem Glauben und aus ihren Erfahrungen heraus formuliert Joan Chittister provokante Thesen, die der Scharfsichtigkeit ihrer Analysen entsprechen. Dabei kann und will sie die konkreten Umstände, denen sie aktuell begegnet, und den Ängsten und Hoffnungen, die die Zukunft im Blick haben, nicht ausweichen. Das alles zusammen macht ihre Lektüre aufregend, anstrengend und anstößig.

Joan Chittister schreibt pointiert. Ihre Sprache ist unzweideutig, scharf, ohne Schnörkel, wenngleich bilderreich, engagiert. Das bringt Ecken und Kanten mit sich, produziert Stolpersteine; das provoziert Widerspruch, ärgert, ist lästig und fordert heraus. Die Geste des Wütend-aus-der-Hand-Legen, des In-die-Ecke-werfen-Wollens kann dieser Lektüre manchmal durchaus angemessen sein. Joan Chittisters Beobachtungen und Gedanken lassen nicht kalt – was durchaus nicht immer üblich ist für ein theologisches, für ein spirituelles Buch.

Bei der Lektüre dieses Werkes aus der Chittister-Feder sind drei Momente zu berücksichtigen.

Die sozialen Sicherungssysteme in den USA sind anders als die in Europa, genauer: als die in der Bundesrepublik Deutschland. Von daher erklären sich Akzente, die Joan Chittisters soziale Kritik und ihre Weichenstellungen für die Aufgaben von Ordensgemeinschaften heute betreffen. Wo keine sozialrechtlich verankerten Auffangnetze für Arme und Bedürftige existieren, wo Menschen fürchten müssen, in Alter und Krankheit, bei Arbeits- oder Obdachlosigkeit ins finanziell-existentielle Nichts zu fallen, sind die Ansatzpunkte christlich motivierter Hilfestellungen andere als da, wo diesen Nöten nicht nur privat, sondern u.a. auch von staatlicher und kirchlicher Seite institutionalisiert begegnet wird.

Erfahrungen und Begrifflichkeit von „Feminismus“ sind in den USA andere als bei uns. Während in europäischen Kontexten „Feminismus“ fast synonym mit „Frauenemanzipation“ verstanden und gebraucht wird, versteht Chittister darunter eine Grundhaltung, die das ganze Leben entscheidend verändert. „Der Feminismus ist eine Weltanschauung, die sich aus der Perspektive der Gleichberechtigung, der Menschlichkeit und der Würde aller Lebewesen ein neues Bild von der Welt macht“ (S. 232). So Joan Chittister selber. Damit sind die Umfelder des Feminismus benannt: Ökologie, Globalisierung, Bewahrung der Schöpfung, Gerechtigkeit und Frieden, Umfelder, die bei uns noch nicht gang und gäbe sind, Umfelder, die den Chittisterschen Feminismus pointieren und ihm deshalb einen für unsere Ohren anders eingefärbten, vielleicht einseitig-harschen Klang verleihen.

Zum dritten sind Geschichte und Gegenwart der katholischen Kirche bzw. des Katholizismus in den USA andere als bei uns. In einem Land, das ausgeprägten Pluralismus und Individualismus kennt, von Anfang an staatliche Abstinenz praktiziert, wenn es um religiös-konfessionelle Fragen geht, und gleichzeitig nicht eine erdrutschartige Säkularisierung erlebt wie Europa, ist die Stellung katholischer Orden, Organisationen, Einrichtungen gewichtiger, weil ausgeprägter als da, wo Kirchenaustrittszahlen und lehramtlich-disziplinäre Querelen, Nachwuchsprobleme und Finanzierungslöcher das Alltagsgeschäft bestimmen.

Diese drei Unterschiede sind jedoch zweitrangig mit Blick auf Joan Chittisters Nachdenken über Notwendigkeit und Konkretion spiritueller Erneuerung der Orden und einer christlichen Existenz in der Welt von heute. Die gegenüber einer europäischen Perspektive weiter vorgedrungene spirituelle Entwicklung von Christentum und Religion in den USA kann Anstoß sein, über das nachzudenken, was bei uns mit Blick auf jenen geistlichen Weg von Frauen und Männern jetzt notwendig ist, die Gott suchen und den Menschen nachgehen. Die guten Erfahrungen mit u. a. in Niederländisch und in Spanisch vorliegenden Übersetzungen dieses Buch motivieren dazu.

Unser Wunsch zielt auf einen Dialog in Ordensgemeinschaften und über sie hinaus, dem es ein Herzens- und Vernunftanliegen ist, dass aus der Glut der Tradition ein neues Feuer entzündet wird, das sehen lässt, dass und wie Gott mit den Menschen heute lebt.

Augsburg, 15. Oktober 2000,
am Gedenktag der Heiligen Teresa von Avila

Benedikta Hintersberger OP
Stefanie Aurelia Spendel OP

VORWORT

Die Welt, die das Ordensleben – auch das Ordensleben in seiner jetzigen Form – schuf, ist nicht mehr die Welt, in der wir leben. Wenn Ordensleben heute auch nur irgendetwas mit dem wirklichen Leben zu tun haben soll, dann haftet der Hoffnung, es nach alten Mustern neu formen zu können, der Beigeschmack reiner Fantasie an. Der Aufwand an Zeit und Kraft, der nötig ist, um sich nach der Wiederkehr der mythischen Vorzeit zu sehnen, während uns die Gegenwart gefährlich umtost, übersät von den Trümmern des Rationalismus in der gesellschaftlichen Ordnung und des Dogmatismus in der Kirche, hindert uns daran, in einer postmodernen Welt gottgefällige Wege zu gehen. So wie das Mittelalter von der wissenschaftlich orientierten Moderne verdrängt wurde, so weicht die Moderne der Globalisierung. In beiden Fällen haben sich die Theorien über die Wirklichkeit und die Weltanschauungen der Vergangenheit gegenüber den Bedingungen und Beurteilungen der Gegenwart als unhaltbar erwiesen. Alte Gottesbilder, alte theologische Formulierungen von Wahrheit, alte Beziehungsmodelle, alte Begriffe von Menschenrechten, Bürgerrechten, Tierrechten und Naturrechten können dem Druck der Veränderung nicht standhalten. Sich in einer solchen historischen Zeit an die Gegenwart, ja schlimmer noch, an die Vergangenheit zu klammern, bedeutet, die Vision einer guten Zukunft zu verdunkeln und der Gegenwart den Glanz zu nehmen. Nicht selten reißt eine solche Haltung Gruppen auseinander und beraubt sie der Energie, heute ein gutes Leben zu führen.

Die entgegengesetzte Versuchung birgt genauso viele Gefahren in sich. Der Versuch, eine Vision des Ordenslebens für eine Welt, die wir noch nicht kennen, und für eine Zeit, die wir vielleicht nie erleben werden, zu entwerfen, entzieht der Gegenwart ebenso viel Kraft wie eine nostalgische Bindung an die Vergangenheit. Es ist nicht an uns, ein Zukunftskonstrukt zu schaffen. Das ist das Werk derer, die dann leben. Unsere Aufgabe ist es, zu dieser Zeit, zu unserer Zeit, gut zu leben, damit sich ein zukünftiges Modell, getragen von Zuversicht und Mut, aus dieser Asche erheben kann.

Die Frage ist, wie das geschehen kann. Zahlreiche Ordensmitglieder werden durch historische Rückblicke auf vergangene Formen des Ordenslebens wie auch durch weite Ausflüge in futuristische Spekulationen zunehmend mutloser. Sie wollen wissen, ob jetzt etwas im Gange ist, das auch weiterhin die fortwährende Hingabe ihres eigenen Lebens rechtfertigt. Gibt es jetzt und hier noch etwas Leben Spendendes? Gibt es jetzt und hier etwas, was wertvoll genug ist, um es fortzusetzen? Neue Mitglieder wollen wissen, was ihren Einsatz, ihr Leben in der Gemeinschaft lohnt. Laien wollen wissen, was Ordensleben heute überhaupt bedeutet.

Was auch immer sie früher von Klöstern und Ordenstrachten, Tagesabläufen und Bräuchen in Frauenklöstern hielten – zumindest wussten sie, warum es bei den Orden ging. Jetzt sind sie sich dessen nicht mehr so sicher.

Nachdenkliche Ordensmitglieder begegnen tagtäglich den brennend aktuellen Fragen des Ordenslebens oder ringen mit ihnen: Verschwende ich mein Leben, wenn ich an einem solchen Ort bleibe? Sollte jemand es wagen, an einen Eintritt zu denken? Was ist der geistliche Gehalt des Lebens in einer religiösen Gemeinschaft? Ist von seinem geistlichen Kern noch etwas geblieben? Sterben die Orden aus, leben sie neu auf oder geschieht an unterschiedlichen Orden sogar beides? Die Fragen sind echt. Die Versuchung liegt darin, sie entweder auf dem Hintergrund vergangener Modelle oder von der Warte zukünftiger Visionen her zu beantworten. Die wahre Antwort hingegen ist augenfällig und schmerzhaft, greifbar und aufregend zugleich: Es gibt nur einen Ort, der heilig ist, und dieser Ort ist das Hier und Jetzt.

In diesem Buch geht es deshalb um das Ordensleben im Hier und Jetzt, nicht aber um den Wert seiner Vergangenheit oder um mögliche Formen seiner Zukunft. Wir stellen eine einfache Frage: Worin besteht heute die Spiritualität des Ordenslebens? Was heiligt uns heute? Worin besteht in unserer Zeit die Aufgabe religiöser Gemeinschaften? Welche Tugenden werden in der Gegenwart von Ordensmitgliedern verlangt, die Charakterfestigkeit und Engagement fordern, die der Welt die Herrschaft Gottes und dem Menschen die Wahrheit des Lebens näher bringen?

Ich würde allzu gern behaupten, dass ich mir das alles gerade ausgedacht habe. Es klänge so kreativ, so originell. Tatsächlich aber hat dieses Buch seit über 30 Jahren in mir

Gestalt angenommen. In diesem Zeitraum meines Lebens habe ich das Ordensleben sowohl aus einer persönlichen und individuellen als auch aus einer objektiven, internationalen und damit öffentlichen Perspektive betrachtet, ganz unten auf der institutionellen Leiter stehend und wie eine Säulenheilige von ganz oben her, als junge Nonne vor dem Zweiten Vatikanum und als national Verantwortliche in den darauffolgenden Jahrzehnten. Ich habe das Klosterleben in Klöstern von Washington bis Rom, von Osten bis Westen, von Erie in Pennsylvania bis Australien und zurück aus nächster Nähe beobachtet. In den verschiedenen Phasen des Erneuerungsprojektes unseres Ordenslebens habe ich den Vorsitz gehabt, Versammlungen geleitet, Befragungen durchgeführt, organisiert und Forschungen unternommen. Als Kommunikationstheoretikerin und Soziologin habe ich nach Zeichen von Leben und Heiligkeit gesucht und mich gefragt, was denn religiöse Gemeinschaften bei ihrem Ringen um Veränderung mit Leben erfüllt und was nicht. Dieses Buch enthält meine Sammlung von Antworten auf diese Fragen.

Ich würde auch liebend gerne sagen, dass dieses Werk einen Bauplan für die Zukunft beinhaltet. In einem gewissen Sinne trifft das zu – jedoch nur für diejenigen, die die Zukunft in der Gegenwart erkennen. Erfahrene Mitglieder von Ordensgemeinschaften müssen die geistliche Disziplin ihres Lebens neu definieren und sehen, dass sich die asketischen Formen dieses Lebens wohl gewandelt haben, sein Charakter und seine Qualität hingegen ganz und gar gleich geblieben sind. Sie müssen dem Rückzug auf überkommene Verpflichtungen misstrauen, wie z. B. dem manchmal verzweifelten Festhalten an alten Formen des Gemeinschaftslebens, weil sie seine neuen Formen nicht erkennen und sich an die Vergangenheit als einen ruhigeren Ort erinnern; sie müssen verstehen lernen, was eingegangene Verpflichtungen heute von ihnen verlangen. Neue Ordensmitglieder müssen begreifen, dass nicht alles, womit sie sich heute in Gemeinschaften abplagen, nur Zeichen des Verfalls sind, sondern häufig neu aufkeimendes Leben darstellt. Sie müssen dem Rückzug auf die Romantik widerstehen. Sie dürfen sich nicht vor der Ungewissheit fürchten oder sich durch ihre schwindende Zahl entmutigen lassen. Sie müssen die gewaltige Energie des Prozesses der Verwandlung des Ordenslebens verstehen lernen, ihre spirituelle Vision angemessen herleiten: nicht aus der Asche einer verklärten Vergangenheit oder aus dem Traum einer gloriosen Zukunft, sondern aus den Herausforderungen der Gegenwart. „Wählt Gott, nicht den Ort, wo Gott wohnt", lehren uns die alten Mönchsväter der Wüste.

Wir dürfen unser Leben nicht mit Wunschträumen vertun. Es gilt heute zu arbeiten, heute das Geheimnis zu leben, das die Feuersbrunst des Geistes in unserer Zeit ausmacht. Schließlich sind religiöse Gemeinschaften nicht die einzigen Institutionen in der Welt, die altern oder in einem Wandlungsprozess stehen, die Spekulationen ausgesetzt sind, die neue Kraft benötigen und eine neue Vision erhoffen. Ordensleute, die nach dem Zweiten Vatikanischen Konzil Jahrzehnte sozialer Veränderungen durchlaufen haben, sollten im Besitz einer großen Gabe sein, die sie in den Veränderungsprozess anderer Gruppen – in der Kirche wie im öffentlichen Leben – einbringen könnten, wenn sie sie artikulieren würden.

Obwohl ich davon überzeugt bin, dass das Panorama zeitgenössischer spiritueller Ideale, das in diesem Buch entwickelt wurde, einer jeglichen religiösen Gemeinschaft dienen könnte, ob mit oder ohne Gelübde, ob mit oder ohne Zölibat – ganz gleich welcher Art, Zusammensetzung oder Sendung –, erhebt dieses Buch nicht den Anspruch, neue Formen des Ordenslebens darzustellen. In diesem Buch geht es um die gottgefällige, brennende Leidenschaft, die erforderlich ist, um eine gegenwärtige Form des Ordenslebens zu finden, die zwischen der hochgeschätzten alten und der aufkommenden neuen steht, die sich neue Wege bahnt und sich in einer Welt entwickelt, die an einem Wendepunkt der Geschichte durch ständige Veränderung ins Wanken geraten ist.

Mit anderen Worten: Dieses Buch soll ein aufmunternder Zuspruch für diejenigen sein, die die Vision religiösen Gemeinschaftslebens in unserer Zeit aufrechterhalten – junge und alte, neuere und ältere Ordensmitglieder – und die versuchen, seinen Sinn, seine Segnungen und seine Kraft in einer Zeit neu zu denken, in der es manchmal angebrachter erscheint, von seinem Ableben als von seiner Auferstehung zu reden.

Die hier vertretenen Vorstellungen sind natürlich meine eigenen – allerdings nicht nur meine. Ich sehe sie überall. Sie lodern auf und leben, zu oft ungesehen, unbemerkt und unerkannt, in tapferen Mitgliedern religiöser Gemeinschaften von heute, die vom Geist erfüllt und vom Leben angefeuert, die Glut bedecken und das Feuer einer bislang noch nicht sichtbaren, jedoch mit Gewissheit kommenden Welt entfachen. In ihnen ist die Glut des geistlichen Lebens verborgen, die nicht nur gegenwärtiges Ordensleben zutiefst religiös gestaltet, sondern seine Zukunft erst ermöglicht. Thema und Titel meines Buches sind dem gälischen Brauch grieshog entnommen, bei dem die sterbende Glut in Brand gehalten wird, um neue Feuer zu entzünden.

1. FUNDAMENTE EINES NEUEN ANFANGS

Bestenfalls ist es eine schwierige Zeit für religiöse Gemeinschaften. Für die meisten von ihnen sind die glorreichen Tage der großen Gemeinschaften, der überquellenden Noviziatshäuser und der wachsenden Einrichtungen längst vergangen, nach wie vor aber in bester Erinnerung. Manch ein Ordensmitglied fragt sich wehmütig, was mit seinem Leben geschehen ist. Andere Mitglieder – neuere, gleichgültig welchen Alters, deren religiöses Leben von dem abhängt, was sie sich jetzt selber aufbauen, statt von Verlorenem aus einer anderen Zeit zu leben, können die Klagen nicht mehr hören. Für sie ist diese Vergangenheit graue Vorzeit, die mit ihnen und ihrer geistlichen Entwicklung nichts zu tun hat. Ihr Sinn ist auf die Gegenwart gerichtet; sie befassen sich fast ausschließlich mit den Zielen, den Heilsbotschaften und der Bedeutung dieser Gegenwart für ihre Erfüllung als Menschen. Sie wollen eine lebensbedeutsame, vitale Gegenwart. In der Chronik der Erneuerung des Ordenslebens nach dem Zweiten Vatikanischen Konzil (1962–1965) finden sie kaum etwas, was mit ihnen und ihrem geistlichen Leben jetzt zu tun hat.

Nichts ist gefährlicher und unrealistischer als das! Wenn wir das Erbe dieser Erneuerung, ihre Ideale und ihre gesellschaftlichen Bedingungen, ihre Theologie und ihre sozialen Entgleisungen nicht verstehen, können wir unmöglich erfassen, warum wir tun, was wir gegenwärtig tun – oder was wir als Nächstes tun müssen. Wenn wir nicht wissen, warum wir tun, was wir tun, können wir weder eine zeitgenössische Spiritualität, noch einen menschlichen Lebensstil, noch eine wirksame Mission entwickeln. Die Gestaltung der Gegenwart hängt davon ab, dass wir sie verstehen. Alles andere ist bestenfalls guter Wille, der in die Irre läuft.

Es gibt wenige Beispiele gesellschaftlichen Wandels, die so einschneidend und umfassend waren oder so viel neu definiert haben wie die Umstrukturierung, die sich seit dem Jahr 1965 in der römisch-katholischen Kirche im Allgemeinen und in katholischen Orden insbesondere vollzogen hat. Das Ende des Zweiten Vatikanischen Konzils läutete in uralten Gruppen monastischer wie apostolischer Ordensmitglieder, vor allem bei Ordensfrauen, die zum Teil seit Jahrhunderten in einem schmerzlichen Zwiespalt mit der Welt lagen, den Anfang einer 25-jährigen Epoche des Experimentierens und der sozialen Anpassung ein. Es liegen hinreichend historische und wissenschaftliche Daten vor, die die Frage rechtfertigen, ob eine solch weitreichende Umstrukturierung etablierter Institutionen, ob überhaupt irgendeiner Institution, grundsätzlich möglich ist. Die Soziologie und die Sozialpsychiatrie kennen wahre Gräberfelder berühmter Institutionen, die Zeiten sozialen Wandels nicht zu bewältigen vermochten. Neben den organisatorischen Überlegungen stellt sich die ebenso wichtige theologische Frage, ob das Ordensleben existenzfähig, notwendig oder in dieser neuen Welt der „Laienberufung" und des neu hervorgehobenen „Priesteramts des Volkes" überhaupt noch wünschenswert ist. In einer Zeit rückläufiger Zahlen in den Kirchen und Orden ist diese Frage von großer Bedeutung. Erleben wir das Verschwinden von ehemals wichtigen, jedoch – angesichts des neu erreichten Bildungsniveaus in der katholischen Bevölkerung – jetzt weithin überflüssigen Arbeitskräften in der Kirche?

Hier zeigt sich, wie groß das Ausmaß des Missverständnisses über die Aufgabe der Orden ist. Tatsächlich sollten die Orden zu keiner Zeit lediglich Arbeitskräfte in der Kirche stellen; sie sollten eine glühende Präsenz, ein Zeichen der Suche, ein Beispiel der Menschlichkeit und ein Katalysator für das Gewissen in der Gesellschaft sein, in der sie wirksam waren. Keine religiöse Gemeinschaft hat sich je zur Aufgabe gemacht, für die Gesellschaft in allen Bereichen alles zu tun, was getan werden musste. Ordensmitglieder haben einfach das getan, was sonst nicht getan wurde, damit andere die Notwendigkeit erkannten, es auch zu tun.

Die Verwirrung, die durch die Frage nach der praktischen Effizienz von Orden deutlich wird, könnte daher rühren, dass jede Form des Ordenslebens nur als alternative Form des christlichen Lebens definiert wurde, die sich allein aufgrund ihrer Gemeinschaftlichkeit von Verheirateten und Nichtverheirateten unterscheidet. Als im 11. Jahrhundert Papst Urban II., selbst ein Mönch, versuchte, die neu entstehende Gemeinschaft Augustinischer Chorherren auf Grund dessen zu definieren, was sie taten und nicht was sie waren, um sie von jenem Ordensleben abzuheben, das ihm als Einziges bekannt war, gewann die Unterscheidung religiöser Gemeinschaften nach Typ, Form und religiösen Rollen zukünftig in der gesamten Kirche an Bedeutung. Das Problem liegt vielleicht darin, dass das Verhältnis der Orden zum Auftrag der Kirche viel stärker betont wurde als ihr Verhältnis zum Geheimnis der Kirche. Die Frage lautete: „Was tun Ordensmitglieder in der Gesellschaft?" statt „Was sollen Ordensmitglieder in der Gesellschaft sein?" Diese Verkehrung des Bewusstseins hat das Verständnis des Ordenslebens entscheidend verändert.

Den Bestimmungen von Ordenstypen und den Unterschieden zwischen Orden wurde so viel Aufmerksamkeit gewidmet, dass die Verpflichtung zum Ordensleben eher als kanonische Lebensform und weniger als charismatische Lebensform, eher als ein Werk von Regeln, die befolgt werden müssen, denn als eine Suche nach Idealen betrachtet wurde. Das Leben im Orden wurde als Dienstleistung und nicht so sehr als Zeichen verstanden. Leider sind die Folgen dieser sehr subtilen, aber sehr realen Unterschiede in der Einschätzung des Ordenslebens katastrophal. Wenn unser Hauptinteresse der Arbeit gilt, die Ordensleute tun, wird folgerichtig das Ordensleben selbst in Frage gestellt, sobald ihre Arbeit – aus welchem Grund auch immer – an Bedeutung verliert. Falls wir seinen kanonischen Strukturen mehr Wert beimessen als seinen charismatischen Impulsen, könnte es geschehen, dass wir Ordensleben nicht wiedererkennen, wenn sich seine organisatorische Form ändert. Wenn der Dienst, den es leistet, statt des Zeichens, das es setzt, den Wert des Ordenslebens ausmacht, läuft dieses Leben Gefahr, zum Anachronismus zu verkommen, sobald der Dienst verrichtet ist.

Hierin liegt vielleicht die Erklärung für die gegenwärtige Situation der Orden. Die Neubelebung des Ordenslebens basiert nicht auf einer Neubestimmung seiner Formen; sie gründet auf einer neuen Belebung seiner Zielvorstellungen und seines Sinnanspruchs gegenüber neuen Anliegen und gegenwärtigen Gegebenheiten, die teils institutioneller, teils philosophischer Natur sind. Die Welt, die sich um uns herum verändert, verändert auch uns. Wir können uns nicht den Luxus erlauben, auf der Stelle zu treten. Wichtig ist, dass wir in unserem Eifer, die Institution zu retten, das Leben nicht zerstören. Das Gebot der Stunde heißt, in einer Welt des Umbruchs, die uns mitreißt, das zu werden, was wir jetzt sein sollen.

Vier Elemente, die zum gegenwärtigen Zeitpunkt der Geschichte weltweit allen Institutionen als soziologische Größen gemeinsam sind, haben auch das Ordensleben zutiefst beeinflusst. Die *Kultur* hat seine Form bestimmt; der *Feminismus* hat seine Stimme verstärkt; die *Eingliederung in die Gesellschaft* hat sein Dasein verwischt; und die *Inkulturation* hat seine Wahrnehmungen geschärft und seine Ausdrucksformen vervielfältigt. Als Folge davon leben Orden nicht mehr abgeschottet von der Welt, wie noch in nicht allzu ferner Vergangenheit, als sie weit mehr von mittelalterlichen Vorbildern als von zeitgenössischer Theologie geprägt waren. Im Gegenteil: Sie sind jetzt womöglich bis an die Grenze der Unkenntlichkeit in die Gegenwart eingetaucht, außer wenn sie oder bis sie statt Schatten zu sein ein Stachel in der heutigen Gesellschaft werden.

Die Geschichte ist eine treue Verbündete des Ordenslebens, gleichzeitig jedoch eine immense Belastung. Historisches Verständnis befreit die Orden davon, ihre Lebensformen aus dem 19. Jahrhundert absolut zu setzen. Gleichzeitig kann ihre lange Geschichte sie auch zwingen, eine malerische, mittlerweile jedoch nutzlose Vergangenheit zu konservieren. Folglich ist es wichtig, sich daran zu erinnern, dass jene vier gesellschaftlichen Elemente – Kultur, Feminismus, Eingliederung in die Gesellschaft und Inkulturation – schon seit langem soziologische Faktoren mit Blick auf Wirksamkeit und Zielbestimmung des Ordenslebens sind. Das Problem liegt darin, dass diese Elemente nur selten benannt und viel zu oft der Zeit angepasst wurden, bis der Wert des Ordenslebens als einzig bedeutsame Frage übrig blieb, würdig seiner überaus beeindruckenden Vergangenheit, aber erschreckend für die gebrechliche Gegenwart.

An jedem großen Wendepunkt in der Geschichte hat das Ordensleben Einbußen erlitten. Gleichzeitig aber hat es sich an jedem großen Wendepunkt der Geschichte aber auch erneuert. Die Schwierigkeit liegt darin, die eine statt der anderen Möglichkeit zu wählen. In Zeiten großer sozialer Umwälzungen reagieren manche Menschen mit einer verstärkten Bindung an die Vergangenheit, während andere die Vergangenheit völlig links liegen lassen. Unser Zeitalter ist keineswegs anders. Seit Jahrzehnten haben religiöse Gemeinschaften entweder mit starrem Konservatismus oder mit übereilter Revolution reagiert. Somit müssen wir fragen, welche Dimensionen dieser beiden Bereiche gegenwärtig das Leben in religiösen Gemeinschaften beeinflussen, welche Probleme und prophetische Möglichkeiten sie der Wirksamkeit des Ordenslebens heute bieten, welche menschlichen Bedürfnisse sie befriedigen, welche ihrer Elemente zum Niedergang des Ordenslebens führen und worin jeweils der Same der Zukunft liegt.

Kultur und Ordensleben

Kultur und Ordensleben sind eng miteinander verknüpft. Zu jeder Zeit in der Geschichte war das Ordensleben eine Quelle sozialer Aufklärung, ein Zentrum der Bildung, eine Stätte persönlicher Befreiung und ein Ort spirituellen Wachstums. Das Ordensleben war zunächst vorwiegend der Hort aufrichtig engagierter, spiritueller Menschen, die glaubten, der Weg zu einem besseren Leben läge in der Ablehnung dieses Lebens. Später entwickelte es sich zu einem Zufluchtsort für fromme Witwen. Dann war es ein Zentrum für Gläubige fürstlicher Herkunft, bis das Mönchtum im 11. Jahrhundert vielerorts zum geistlichen Monopol des Adels geworden war, des einzigen Standes, der sich die Mitgift leisten konnte, die zum Unterhalt der Gemeinschaften erforderlich war. Später dann, bis weit ins 20. Jahrhundert hinein, erfuhren die Orden Erneuerung als Zentren der religiösen Hingabe für Frauen aus allen sozialen Schichten. Frauen entdeckten die Möglichkeit, sich in Orden und religiösen Gemeinschaften den Fragen des Lebens und der menschlichen Entwicklung in einer Weise zu widmen, die weit über das hinausging, was ihnen innerhalb der Grenzen einer engen Ehe, wie sie damals definiert war, möglich war. Die meisten Frauen jener Zeit, und das gilt noch heute in vielen Teilen der Welt, erkannten, dass sie als Frauen am Rande des männlichen Bildungswesens – der Universitäten etwa – standen, falls sie überhaupt hineingelassen wurden, und von nahezu allen öffentlichen Ämtern und Berufen, von der Arbeit an den bedeutsamen Fragen des Lebens, von der Gemeinschaft der großen Denker, die Welten schufen und Gesetze schmiedeten, ausgeschlossen waren. Das Ordensleben und nur das Ordensleben gewährte Frauen echte innere Autonomie und persönliche Gestaltungskraft, so begrenzt ihr Wirkungskreis auch sein mochte.

Es ist klar, dass die Orden die sozialen Gegebenheiten der Welt, die sie umgab, und die Entwicklung der Menschen in ihr spiegelten und auf sie reagierten, selbst in Zeiten, als sie vor allem darauf bedacht waren, sich von den Sorgen und Anliegen der übrigen Gesellschaft abzuschotten. Ordensleben, das immer mehr als nur geordnete, geistliche Suche war, erwuchs aus dem Boden, der es umgab. In manchen Epochen der Geschichte beflügelten religiöse Gemeinschaften ihren Kulturkreis; in anderen Epochen spiegelten sie nur die übelsten Facetten dieser Kultur wider. Aber eines sollte nicht vergessen werden: Religiöse Gemeinschaften lebten nie losgelöst von der Kultur um sie herum.

Da die Orden aus einer Kultur erwachsen, um sie zunächst in Frage zu stellen, verkörpern sie diese Kultur in den Geisteshaltungen und Persönlichkeiten ihrer Mitglieder und seinen Aufgaben und Fragen. Wenn es den Orden nicht gelingt, auf kulturelle Veränderungen nachdrücklich und mit Inhalten zu reagieren, verwerfen sie ihre Kultur und ihre Kultur verwirft sie. Das Ordensleben muss eine bewusste und schöpferische Antwort auf die Kultur sein, in der es beheimatet ist; sonst ist es allenfalls eine fromme Vortäuschung spirituellen Lebens, eine therapeutische Übung rein zur persönlichen Befriedigung.

Gerade durch sein Eintauchen in die Kultur, der es entspringt, bekundet das Ordensleben die Bedürfnisse der jeweiligen Gesellschaft; es spiegelt ihre Kämpfe, wird zum Zeichen der Unterscheidung, wenn es ihre Fragen beurteilt, oder zum Alarmsignal des Untergangs, wenn es sich von diesen Fragen distanziert. Religiöse Persönlichkeiten, die die essentiellen Fragen der Menschheit zum Mittelpunkt ihres Lebens machen, werden von allen Menschen in allen Kulturen, zu allen Zeiten und an allen Orten als Licht in geistlicher Finsternis, als Erinnerung an das letztendlich Wesentliche des Lebens geschätzt.

Es ist wichtig, sich klar zu machen, dass das Ordensleben auf keinen Fall ein vollkommenes Leben für vollkommene Menschen ist. Es ist nicht einmal ein Leben, in dem Vollkommenheit erwartet wird. Es ist ein Leben, in dem Einsatz vorausgesetzt und Versagen als verständlich empfunden wird, ein Leben, dessen Inhalt die menschliche Suche nach Vollkommenheit und nicht die irregeleitete Vorstellung menschlicher Fehlerlosigkeit ist. Das Leben der religiösen Gemeinschaften aller Völker lehrt, dass Menschen nur aus dem Bewusstsein ihrer Zerbrechlichkeit Hoffnung schöpfen können. So erinnert uns eine Klostergeschichte an Menschen, die sich in vergangenen Zeiten den Zweck eines Klosters klar machen wollten. „Aber was tun Sie im Kloster?“, fragten sie einen alten Mönch. Der Alte antwortete: „Na ja, wir fallen hin und stehen auf; wir fallen hin und stehen auf; wir fallen hin und stehen wieder auf.“ Die religiöse Suche, nicht die religiöse Vollkommenheit, ist die Thematik des Ordenslebens.

Ordensmitglieder selber spiegeln die Kämpfe ihrer Zeit wider, indem sie sie benennen, ihnen ins Auge sehen und sich in ihrem eigenen Leben mit ihnen auseinandersetzen und nicht indem sie vor ihnen davonlaufen, als ob Spiritualität etwas mit dem Weglaufen vor den großen Fragen eines Zeitalters zu tun hätte. Anders ausgedrückt: Das Ordensleben zeigt durch sein unermüdliches Bestreben, die Kultur seiner Zeit zu durchschauen, zu gewichten und ihr geistliche Kraft zu verleihen, jedem Volk in jeder geschichtlichen Epoche das, was in ihm ist. Es zeigt ihm, womit es sich auseinandersetzen muss, wenn seine Kultur mit den in ihr lebenden Dämonen ins Reine kommen soll, ihre eigenen Talente freilassen will und ihre unverwechselbare Weisheit entwickeln möchte.

So überrascht es nicht, dass das Ordensleben unserer gegenwärtigen Kultur ein Hexenkessel ist, randvoll mit brodelnden Fragen angefüllt, die die Gesellschaft insgesamt betreffen. Unabhängigkeit, Konsumdenken, Individualismus, Gemeinschaft, Befriedigung der persönlichen Wünsche, Sexualität, öffentliche Moral und spirituelles Leben sind heute in religiösen Gemeinschaften wie in der Gesellschaft allgemein Schlüsselbegriffe. Eine Gemeinschaft, die die kulturelle Dimension des Ordenslebens erkennt, kann nicht darauf setzen – wie es in der Vergangenheit üblich war –, dass Formeln, Vorschriften, Regeln, Stundengebete, Superioren oder Superiorinnen und die Unterdrückung der menschlichen Entwicklungsschritte die geistlichen Antworten auf die gesellschaftlichen Strömungen ihrer Zeit sind. Im Gegenteil, wer es versäumt, ein spirituelles Leben zu entwickeln, das sich den strittigen Fragen stellt und sie bearbeiten kann, zeigt religiöse Unreife statt einer erwachsenen spirituellen Entwicklung und verhindert, dass andere, die beobachten, dass einige den Kampf bestehen, den gleichen Weg mit Zuversicht gehen können. Die Wahl zwischen Niedergang und Erneuerung religiöser

Gemeinschaften in einer Zeit großer kultureller Umwälzungen hängt davon ab, ob und wie religiöse Gemeinschaften die fehlenden Werte und die vordringlichen Bedürfnisse einer Kultur erkennen und zur Sprache bringen, damit die Menschen darüber nachdenken und Antworten finden können. Die Gefahr in jeder Erneuerung liegt darin, dass religiöse Gemeinschaften ihre Kultur zwar widerspiegeln können, sie aber nicht in Frage stellen.

Die Neubelebung des Ordenslebens liegt eben nicht darin, dass es sich von der Kultur unterscheidet, auf die es sich gründet; sie liegt darin, dass die Orden Hüter der kulturellen Werte sind, die zur Rettung der Kultur, in der sie leben, nötig sind. Neubelebung beruht nicht auf einer symbolischen Trennung von der Welt, sondern darauf, dass Ordensleute treue Verwalterinnen und Verwalter der wertvollsten Güter in der Welt sind.

Die Geschichte bietet überzeugende Beispiele dafür. So florierte der Orden des heiligen Benedikt, dem römischen Patriarchat zum Trotz, weil er ein neues Modell menschlicher Gemeinschaft bot, die aus Versklavten und Freien, Reichen und Armen, Laien und Geistlichen bestand. Alle waren gleichgestellt, hatten eine Stimme, dienten einander und suchten geistlichen Reichtum statt weltlicher Macht. In einer gefährlichen, vom Krieg bedrohten Welt boten Benediktiner jedem Menschen Gastfreundschaft. In einer Welt, die unter dem Zerfall Halt verleihender Institutionen des Römischen Reiches erbebte, schufen sie Ordnung und Stabilität. Franz von Assisi konfrontierte die Welt mit dem ersten formalen Protest gegen obszönen Reichtum, indem er aus Solidarität mit den Armen freiwillig die Armut wählte. Angesichts der rasch wachsenden, habgierigen Wirtschaftsordnung, die ganze

Völker zur Armut verdammte, während andere sich mit ihrer Hilfe gewissenlos bereicherten, war es Franz von Assisi, der sie als erster öffentlich kritisierte. In späteren Jahrhunderten brachten neu gegründete apostolische Gemeinschaften in eine nach Klassen getrennte und zunehmend mitleidslose Welt Werte wie umfassende Fürsorge und Anteilnahme ein. Mitgefühl mit den Benachteiligten, Einbeziehung und Förderung aller menschlichen Fähigkeiten waren die kulturellen Ausfälle jener Epoche, die der unseren unmittelbar vorausging. Freiheit, Gleichheit und Brüderlichkeit war der Befreiungsruf von Menschen, die seit Jahrhunderten Leibeigene und Plebejer oder Plebejerinnen gewesen waren. Die Antwort der Ordensmitglieder auf eine Kultur, in der Klassenschranken das Leben von Menschen erstickte, die intelligent, aber nicht reich geboren waren, bestand darin, dass sie ihnen die beste Förderung zukommen ließen, indem sie ihnen Bildung vermittelten; sie befähigten sie, sich mit Selbstvertrauen in eine Gesellschaft einzugliedern, der sie vollkommen gleichgültig waren. Die Orden gediehen nicht wegen ihrer Taten, sondern weil sie in die Gesellschaft einbrachten, was sie waren – kontemplativ und kritisch, leidenschaftlich und prophetisch in dem Zeitalter, in dem sie sich entfalteten.

Für wen waren in den vorangegangenen Kulturen religiöse Gemeinschaften prophetisch? Für eine Unzahl kleiner Leute, die ohne die Bindung der Ordensmitglieder ihrer Zeit an ein Wertesystem, das dem geltenden zuwiderlief, in allen früheren Gesellschaftsordnungen zermalmt, auf den Nebenwegen vergessen und sich selbst überlassen worden wären: Die Analphabetinnen und Analphabeten, die Verlassenen, die Sterbenden und die Rechtlosen.

Die Herausforderung an unsere gegenwärtige Spiritualität und an die Ordensmitglieder unserer Zeit liegt darin, dass die großen kulturellen Fragen des Lebens heute andere sind als damals. Schulische Ausbildung ist mittlerweile eine Selbstverständlichkeit. Gesundheitsfürsorge zählt zu den Aufgaben des Staates. Allgemeines Wahlrecht und eine gerechte Arbeitsgesetzgebung sind längst etabliert. Globalisierung, Ökologie, Industriesklaverei, Frieden, spirituelle Unfruchtbarkeit und Sexismus sind die Themen unseres Zeitalters, der kritische Punkt menschlichen Überlebens und der Eichwert für jede Institution.

In den USA gibt es kein einziges sechsjähriges Kind, das nicht mit den Fragen der amerikanischen Kultur ringt, das nicht zur Unabhängigkeit erzogen, in Konsumdenken gestürzt, zur Ichbezogenheit ermutigt und von Eigeninteresse gesteuert wird und nicht dem Narzissmus verfallen ist. Darum geht es bei dieser Kultur. Und darum muss es auch Ordensmitgliedern gehen. Das sind die Themen, die die Neulinge unter ihnen öffentlich brandmarken müssen und die Abgeklärten unter ihnen quälen sollen. Diese Themen müssen ihren geistlichen Übungen zu Grunde liegen, ihre Reflexionen bestimmen und ihre Stellungnahme herausfordern. Diesen Themen müssen Ordensmitglieder ihre Aufmerksamkeit widmen, wenn sie in dieser Kultur von irgendeinem Menschen benötigt werden sollten. Sie müssen bei der Erforschung der Zeit dabei sein, dürfen keine intellektuellen und frommen Flüchtlinge, keine institutionellen Bürokraten oder Sozialarbeiter und -arbeiterinnen sein, wenn sie nicht Gefahr laufen wollen, zur Subkultur ohne Daseinszweck zu werden, nur um ihrer selbst willen zu existieren, geistliche Ausreißer zu sein, wo sie inspirierendes Licht sein sollten, und ein Ordensleben zu verkörpern, das niemand mehr will.

Eine Aufgabe des Ordenslebens besteht darin, das Gewissen der jeweiligen Kultur mit den Fragen der Zeit zu konfrontieren, damit die Kultur geistliche Gefährtinnen und Gefährten, einen spirituellen Ansporn auf ihrem Wege hat.

Noch bleibt für unsere Generation die Frage offen, ob Ordensmitglieder heute frei genug sind von dem allgemein gegenwärtigen kulturellen Erbe des Privatismus, der falsch verstandenen Selbstverwirklichung, des Werteindividualismus und der Privatreligion, um selbst ein neues Wertesystem anzustreben. Die alten Aufgaben, die wir so gut bewältigt haben – Gewissensfreiheit, Bildung, religiöser Pluralismus –, sind heute Allgemeingut. Eigenschaften, die uns früher als gottgefällig abverlangt wurden – militärischer Gehorsam, religiöses Ghettodasein, Exzesse der Selbstverleugnung –, sind heute keine seligmachenden Tugenden mehr. Ganz im Gegenteil. Überkommene Wertesysteme, die auf Leistung, Sicherheit und nationaler Abgrenzung basierten, haben ein Höchstmaß an wirtschaftlicher Herrschaft, Militarismus und nationalem Chauvinismus erzeugt, das den Westen in eine neue Art moralischer Entartung steuert. Jetzt brauchen wir Vorbilder politischer Anteilnahme, Universalismus, eine Ökologie des Lebens, Gerechtigkeit und Frieden, falls unser Planet überleben und seine Bevölkerung ein Leben in Würde und Wohlergehen führen soll. Es bleibt noch herauszufinden, ob Ordensmitglieder von heute diese Werte selber vertreten oder sich dafür einsetzen werden, sie anderen einsichtig zu machen.

Heute braucht das Ordensleben die Kultivierung von Tugenden und religiösen Disziplinen, die Ordensmitglieder befähigen, auf diese neuen Fragen mit persönlicher Stärke, kontemplativem Bewusstsein und gemeinsamer Zielsetzung zu reagieren.

Noch klammern wir uns ganz eindeutig im Namen religiöser Vollkommenheit an interne Tagesordnungen, obwohl echtes religiöses Engagement grundsätzlich öffentlich sein muss, wenn das Evangelium, dem wir laut eigener Aussagen verpflichtet sind, in unserem Leben uns prägende Bedeutung haben soll. Niemand braucht Ordensmitglieder, die im Namen des Ordenslebens den Tagesordnungen der Vergangenheit nachlaufen. Solche Aktionen sind nicht nur sinnlos, sie sind geradezu absurd; weil sie die Frage nach der Vollkommenheit zur Scheinfrage herabwürdigen. Heiligkeit liegt nicht in der Förderung von spirituell Zurückgebliebenen und Unmündigen, sondern in der Förderung von Heiligen, von Menschen, die Welt so nehmen, wie sie ist, und die sich dem Reich Gottes nähern, indem sie danach streben, diese Welt dem Reich Gottes näher zu bringen.

Feminismus

Die Kultur ist jedoch nicht das einzige Element, das für das gegenwärtige Ordensleben bedeutsam ist und das es formt. Auch der Feminismus hat hier ein neues Zuhause gefunden. Es ist nicht das erste Mal, dass die Rolle der Frau und Frauenfragen in den Orden ein Ventil finden. Unsere Vormütter waren im politischen Sinne des Wortes wohl kaum feministisch. Zweifelsohne aber waren sie Frauen auf der Suche nach ihrer eigenen menschlichen Identität.

Frauengemeinschaften leben seit über 1500 Jahren unabhängig von den männlichen religiösen Organisationen, leiten ihre eigenen Einrichtungen, entwickeln ihre eigenen Aufgaben und errichten, verwalten und finanzieren ihre eigenen Unternehmungen. Eine Diskussion über das Aufkommen feministischen Bewusstseins ohne eine Diskussion über Aufstieg und Niedergang religiöser Gemeinschaften von Frauen hieße, einen Reichtum an Frauengeschichte, eine Fülle von Frauenmodellen und einen Schatz von Leistungen, die Frauen vollbracht haben, zu verlieren. Heiligengeschichtsschreibung, Volksfrömmigkeit und Archive religiöser Gemeinschaften sind voll von Geschichten willensstarker Frauen, die Bischöfe herausforderten und gegen sie gewannen, Päpsten entgegentraten und sie zurechtwiesen, von Frauen, die Normen der Gesellschaft anfochten und sie korrigierten. Vor allem war das Ordensleben von Frauen für die Bildung und Ausbildung anderer Frauen von Bedeutung. Der Feminismus, das Bewusstsein der begnadeten und begnadenden Natur von Frauen trotz der untergeordneten Rollenzuweisungen, denen sie unterworfen waren, ist eines der Geschenke des Ordenslebens im Wandel der Zeiten.

Zunächst gingen Frauen allein in die Wüste, als es Frauen nicht gestattet war, irgendetwas allein zu tun. Danach organisierten sich Frauen in Gruppen mit Selbstverwaltung, als sie noch keine gesetzlich verankerten Rechte in der Gesellschaft hatten. Frauen kümmerten sich um die Erziehung und Fürsorge derer, für die sich die männliche Gesellschaft weithin nicht interessierte, für die sie nicht sorgte und für die sie keinerlei Neigung verspürte, öffentliche Gelder bereitzustellen. Ordensfrauen arbeiteten für die öffentliche Wertschätzung und Würde von Frauen im Allgemeinen. Sie führten Frauen, wenn auch im Schneckentempo, im Laufe der Geschichte Schritt für Schritt auf eine Bildungsebene, auf der die Wirkung und der Einfluss von Frauen endlich im großen Rahmen diskutiert werden konnte.

Das Einzige, was Ordensfrauen in der Vergangenheit für Frauen nicht taten, ist heute zum Anliegen religiöser Feministinnen geworden: Sie haben sich mit den Kämpfen von Frauen *als Frauen* weltweit und selbst in der Kirche identifiziert. Sie befassen sich mit dem Bewusstsein von Frauen, was mehr ist als sich nur als Einzelne des eigenen Frauseins bewusst zu sein. Ordensfrauen haben die systembedingte Unterdrückung von Frauen aufgedeckt und setzen sich für die strukturelle Umwandlung der Gesellschaft ein. Sie haben die Frage der spirituellen Ganzheit von Frauen in einer von Männern beherrschten Kirche als ihre Frage entdeckt. Mit anderen Worten: Ordensfrauen haben aus dem Inneren der Kirche heraus ihre uralte Sympathie für Frauen in einem neuen feministischen Ansatz für die feministische Kritik eben dieser Kirche fruchtbar gemacht.

Diese Kritik hat vielfache Gestalt angenommen, öffentlich und intern. Sie ist eine bohrende Frage geworden. In ihren offiziellen Verlautbarungen sagt die Kirche zwar, zumindest implizit, dass sie keine Frage sei. Frauen dagegen sagen, dass sie im Lichte einer alternativen Auslegung des Evangeliums doch eine ist. Die Situation ist hochbrisant. Sie ist Teil der gegenwärtigen Antwort auf die Frage nach der prophetischen Dimension des Ordenslebens.

Religiöse Frauengemeinschaften haben dem Ruf nach einer inklusiven Sprache in Liturgie und Kirchendokumenten, der Bestellung von Frauen als Predigerinnen und der Frage nach der Ordination von Frauen ein institutionelles Ventil verschafft. Noch schwerer wiegt vielleicht, dass Frauengemeinschaften zu Zentren der Spiritualität für christliche Feministinnen aus allen Konfessionen geworden sind. Die Wirkung dieser Tätigkeiten liegt weniger in den Aktivitäten, die sie erzeugen, als in den Zweifeln, die sie innerhalb wie außerhalb der Kirche aufkommen lassen.

Zum einen hat gerade die Beteiligung von Ordensfrauen an der Frauenbewegung das Interesse am wahren Wert der Frauen für die Kirche geweckt – gerade wegen der Hochschätzung ihres lebenslangen Dienens und ihres bevollmächtigten Engagements. Zum zweiten beeinflusst der Protest der Ordensfrauen bezüglich der Rolle von Frauen in der Kirche die strukturelle Organisation der Kirche selbst. Weiter hat die Frauenbewegung für Spannungen in den religiösen Frauengemeinschaften selber gesorgt, und zwar zwischen denen, die die Frauenfrage für glaubensgefährdend halten, und denen, die nicht dieser Meinung sind. Schließlich hat die Beteiligung an der Frauenbewegung zu einer kritischen Bewertung des Einflusses geführt, den Ordensfrauen auf andere Frauen in der Kirche ausgeübt haben. Was haben Ordensfrauen selbst über Männer- und Frauenrollen gelehrt und wie hat das andere Frauen beeinflusst?

Das also ist der Unterschied zwischen der Frauenbezogenheit religiöser Frauengemeinschaften früherer Epochen und dem Feminismus unserer Epoche. Zum ersten Mal stellen Ordensfrauen heute als Gruppe jene Theologie in

Frage, auf der die überkommenen Weiblichkeitsmodelle basierten. Ordensfrauen hinterfragen ihre eigene Rolle bei der Unterwerfung anderer Frauen. Ordensfrauen beginnen, ihr eigenes gegenwärtiges Tun zu untersuchen bei ihren Versuchen, sich gegen die Fortsetzung eines widersprüchlichen Systems zu stemmen, das zwar die Gleichheit von Frauen predigt, sie aber in seinen Strukturen nicht verwirklicht.

Die soziologische Situation ist delikat. Einerseits geht es um das Zerbrechen einer alten und wertvollen Institution in der Kirche – der herkömmlichen Gestalt religiöser Gemeinschaften von Frauen –, andererseits um die authentische Evolution der menschlichen Gesellschaft gemäß ihrer höchsten geistlichen Ziele, ihrer hochgeschätzten Werte, die sie aus den Evangelien gewonnen hat, und ihrer tiefsten theologischen Einsichten. Werte zu wählen, die an eine weniger entwickelten Stufe menschlicher Entwicklung anknüpfen, hieße Verrat üben an den besten religiösen Traditionen der Vergangenheit und angesichts einer Generation, die die Fülle der Schöpfung sucht, die Möglichkeit aufs Spiel zu setzen, Fraueninstitutionen eine Zukunft zu geben, wenn sie nicht den Mut zur Frauenfrage aufbringen, sie möglicherweise sogar blockieren.

Gesellschaft und Identität

Kultur und Feminismus sind jedoch nur zwei der zentralen Elemente, die das Ordensleben heute beeinflussen. Das dritte Element, das zum gegenwärtigen Zeitpunkt seiner institutionellen Entwicklung selten thematisiert wird, jedoch immer unter der Oberfläche religiöser Belange liegt, ist die Frage nach der Erkennbarkeit, den Grenzen, dem Untertauchen in der Gesellschaft und der Identität. Die Identitätsfrage des Ordenslebens ist zur Zeit zweifelsohne in einer ihrer heikelsten und bedeutungsschwersten Phasen in der Kirchengeschichte. Jahrhunderte lang bedeutete religiöse Bindung ein gewisses Maß an Desinteresse an den Angelegenheiten der Welt, in der Ordensleute lebten. Der Dualismus, der Kampf zwischen den geistlichen und materiellen Dimensionen des Lebens, machte all das verdächtig, was nicht direkt auf das geistliche Leben bezogen war. Der Jansenismus, die theologische Begründung für den Rückzug als geistliches Kennzeichen des religiösen Lebensstils, verwurzelte das Ordensleben in einem starren Lebensstil, der weit ab vom Fluss neuer Lebensmuster in einer städtischen, industriellen Gesellschaft lag. Spätestens im 19. Jahrhundert war es soweit: Das Ordensleben war zu einer Kultur innerhalb einer Kultur geworden.

Die Trennung einer Subkultur von einer Gesellschaft ist ein relativ einfacher Prozess: Titel, Abzeichen, Uniformen und Mauern erfüllten für eine Reihe von Gruppen weit über die Grenzen römisch-katholischer religiöser Gemeinschaften hinaus diesen Zweck. Ihre Strukturen verleihen einer Gruppe Nimbus, Geheimnis, Zusammenhalt. Sie signalisieren jedoch nicht unbedingt die soziale Bedeutung der Gruppe. Es ist möglich, in der Gesellschaft anders zu sein, ohne in ihr wichtig zu sein. Es ist möglich, eine Gruppe zu sein, die sich innerhalb einer Gruppe deutlich sichtbar absondert und die in der dominierenden Gruppe doch noch Erstaunen über den Wert dieser Gruppe hervorruft. Die Frage nach ihrem Zweck und ihrer Bedeutung, theologisch wie gesellschaftlich, wird zunehmend symbolisch beantwortet.

Andererseits ist eine Gruppe ohne Identität keine Gruppe. Das soziologische Grundprinzip, dass Menschen sich einer Gruppe anschließen, um etwas miteinander zu tun, was sie allein nicht tun können, ist besonders relevant, wo es um Ordensmitglieder geht. Das Ordensleben ist letzten Endes „eine totale Institution". Frauen und Männer geben sich ihm ganz und gar hin, tagaus und tagein, alle Tage ihres Lebens, ohne nach irgendetwas anderes zu streben, ohne einen anderen Ort ihre Heimat zu nennen, ohne jemanden sonst zu haben, mit dem sie ihr Leben teilen. Die Frage ist: Warum? Die Antwort lautet: Um in der Welt jene Art von kontemplativer Präsenz zu sein, die die Herrschaft Gottes bekundet und die sich danach sehnt, an der Schaffung einer Welt mitzuwirken, die die Schöpfung wird, die Gott will. Mit anderen Worten: Die Identität der Gruppe hat soziale und institutionelle, aber auch persönliche Komponenten. Die Gruppe selbst muss sich durch ihre Daseinsberechtigung, ihre Identität innerhalb der Gesellschaft und ihre durchlässige, jedoch prophetische Grenze von anderen Gruppen absetzen.

In den Vereinigten Staaten – ähnlich gilt es für alle westlichen Gesellschaften – sind zwei Dinge geschehen, die die Frage nach der Identität des Ordenslebens wichtiger machen, jedoch die Antwort darauf gleichzeitig erschweren. Zunächst wurde die wahrnehmbare Identität von Ordensmitgliedern verwischt. Die Ordenstracht, die es früher – leider – erübrigte, die Identitätsfrage anzusprechen, wird von Einzelnen heute nicht mehr getragen. Darüber hinaus hängt die Identitätsfrage mit zwei noch tiefergehenden Fragen zusammen – der katholischen Identität insgesamt und der amerikanischen Identität an sich.

Was einst die katholische Präsenz in den Vereinigten Staaten war – eine ganze Reihe von Institutionen, die ein katholisches Ghetto schufen und sich gleichzeitig anschickten, es zu überwinden –, fiel den steigenden Kosten, rückläufigen Ordenseintritten und einer veränderten Geisteshaltung der Katholiken zum Opfer. Die religiöse, die katholische Identitätskrise entstand jedoch nicht, weil der Katholizismus in den Vereinigten Staaten scheiterte. Ganz im Gegenteil wurde die katholische Identität zum Problem, gerade weil der Katholizismus so erfolgreich war. Das Ziel, den Glauben zu bewahren und die katholische Bevölkerung in eine pluralistische Gesellschaft einzugliedern, wurde mit durchschlagendem Erfolg erreicht. Die Kirche und ihre religiösen Institutionen waren so effektiv, dass die katholische Bevölkerung es nicht mehr für erforderlich – oder in manchen Fällen nicht einmal mehr für wünschenswert – hielt, als Teil einer katholischen Subkultur zu gelten. Langsam, aber unaufhaltbar begannen sie, die katholischen Enklaven zu verlassen, die sie behütet und vor öffentlichen Angriffen geschützt hatten, und gliederten sich voller Zuversicht in die große Bevölkerung ein. Sie ließen sich in öffentlichen Krankenhäusern behandeln und besuchten staatliche Hochschulen. Langsam, aber stetig verschmolzen sie, abgesehen vom Kirchgang, nahezu völlig mit der Kultur, die sie umgab. Katholisch zu sein war statt Lebensweise zu sein zu einer Religion geworden.

Eine neue katholische Laienschaft entwickelte sich, die, von den Lehren des Zweiten Vatikanums bestätigt, konfrontiert mit praktischen Problemen wie den Kosten, den Entfernungen und den immer begrenzteren Angeboten katholischer Institutionen durch den weithin konfessionslosen Charakter des Lebens in den USA gerechtfertigt wurde. Sie war ein kulturelles Gemisch und ethnisch eher unauffällig, für die Gesellschaft salonfähiger und in ihren Entscheidungen und ihrem Wesen kosmopolitischer als die abgeschlossene katholische Subkultur der Vorkonzilszeit. Die Verankerung der römisch-katholischen Kirche in den Vereinigten Staaten, die Eingliederung der amerikanischen Katholikinnen und Katholiken und das Ende der Kirche als Ghetto hatten ihren Anfang genommen.

Einige Ordensmitglieder, die von der sich neu formierenden Gesellschaft geprägt waren, zogen mit dem Volk von den Schulen fort und weiter gefassten christlichen Horizonten entgegen. Andere blieben in den katholischen Institutionen und sahen sich unvermittelt dem Problem gegenüber, wie eine katholische Identität in einer amerikanischen Identität aufrechterhalten werden konnte. Sie entdeckten, dass sie zum Beispiel alte, arme Menschen beherbergen konnten, allerdings nur dann, wenn sie den Bestimmungen entsprachen, die die US-Regierung für solche Programme erließ. Sie konnten weiterhin mittellose Kinder und Jugendliche unterrichten, allerdings nur dann, wenn sie die Lehrpläne und die technischen und ausbildungsmäßigen Voraussetzungen erfüllten, die auch von jeder anderen Bildungseinrichtung verlangt werden, die von der Regierung anerkannt werden möchte. Sie konnten mit Flüchtlingen arbeiten, allerdings nur dann, wenn diese unter die Staatszugehörigkeitskriterien fielen, die Washington für Ausländerinnen und Ausländer festgelegt hatte. Sie konnten Kinderhorte für Wanderarbeiter und -arbeiterinnen organisieren, allerdings nur solange ihre Einrichtungen den Normen entsprachen, die die Bundesbeamten festgesetzt hatten. Sie konnten Krankenpflege anbieten, allerdings nur wenn sie sich an die Normen und Methoden hielten, die in öffentlichen Institutionen üblich sind. Und sie konnten, wenn sie Frauen waren, in Kirchengemeinden arbeiten, allerdings nur solange sie sich freiwillig dem Pfarrer unterordneten, dem das Kirchenrecht alleinige Autorität und Verantwortung für die Arbeit zuschreibt. Nach mehr als einem Jahrhundert, in dem Ordensmitglieder klar definierte Rollen, institutionelle Identität und offizielle Anerkennung in der katholischen Subkultur genossen hatten, wurden aus ihnen unsichtbare Funktionäre. Das Bild von der Beschaffenheit einer katholischen Institution selbst verschwamm.

Mit den gesellschaftlichen Auswirkungen einer pluralistischen Kultur konfrontiert und Auge in Auge mit den tiefer greifenden Identitätsfragen des Feminismus, des Ordenslebens und der Kirche, stellten Ordensmitglieder fest, dass sie als reine Arbeitskräfte in der Kirche nicht mehr erforderlich waren. Sie wurden als das benötigt, was sie schon immer sein sollten: eine geistliche Stimme, Zeichen einer Gegenkultur, eine prophetische Präsenz in der Kultur. Die brennende Frage lautete: Wofür und wie? Wenn irgendetwas deutlich wurde, dann, dass Ordensmitglieder keinesfalls mehr dort nötig waren, wo sie früher gebraucht worden waren, bevor Katholikinnen und Katholiken ihre große Völkerwanderung zur Mehrheitskultur vollzogen. Was überhaupt nicht mehr klar war, war die Frage nach den katholischen Charakteristika und der religiösen Sendung des Katholizismus. Inkulturation in die Gesellschaft wurde zu einer höchst bedeutsamen Frage im Ordensleben.

Inkulturation

Jene – bewusste – Gestaltung eines Lebens innerhalb des Lebens, die bis zur Mitte des zwanzigsten Jahrhunderts unbestritten als Natur der religiösen Berufung gegolten hatte, war vielleicht das augenfälligste Merkmal religiöser Bindung, das durch die neue Ekklesiologie – die Lehre der Kirche von der Kirche – des Zweiten Vatikanums in Frage gestellt wurde. Zum ersten Mal in der modernen Geschichte definierte sich die Kirche nicht länger als das Reich Gottes im Belagerungszustand. Jetzt war die Kirche – und darin impliziert auch das Ordensleben – „Sauerteig". Die Theologie der Ausgesondertheit und Auserwähltheit wich nach und nach einer Theologie der Wandlung und Verwandlung. Inkulturation, das notwendige Eintauchen derjenigen, die außen vor der Welt standen, in Geist, Herz und Seele der Menschen, mit denen sie in der Welt zusammenlebten, wurde ein Umkehrmoment für das Ordensleben selbst. Es war an der Zeit, das geistliche Leben in die reale, weltliche Welt zurückzuholen.

Eines der verzwicktesten Elemente des gegenwärtigen Ringens um den richtigen Platz der Orden in der heutigen Gesellschaft – wenn es denn einen gibt – liegt darin, dass sich die Identität der Vereinigten Staaten – ähnlich in Europa die der dortigen Staaten – wie die katholische Identität selbst gewandelt hatte. Wenn jemand im Jahre 1950 aus den USA kam, bedeutete das, dass er oder sie eine messianische Verantwortung hatte, die US-Kultur zu bewahren und ins Ausland zu exportieren, damit der Rest der Welt den gleichen Lebensstandard und die gleiche politische Qualität erreichen konnte, die Amerikanerinnen und Amerikaner genossen. Es gab einen großen atheistischen Feind, gegen den das Christentum verteidigt werden musste, ein zerschlagenes Europa, das wiederaufgebaut werden musste und eine Dritte Welt, die bekehrt und für einen demokratischen – sprich: westlichen – Kapitalismus gewonnen werden sollte. Anscheinend hat niemand bemerkt, dass die Welt der weißen Gesichter und gestärkten Hemden, die einen Weltkrieg gewonnen hatte, nicht die Welt war, die den Frieden gewinnen konnte. Die Lage hatte sich verändert.

Die Vereinigten Staaten wurden zu einer Brutstätte von Skandalen politischer, finanzieller und militärischer Natur. Das Land geriet aus den Fugen, bedingt durch die Schulden der Dritten Welt, die sich bei nordamerikanischen Banken anhäuften, durch die Bedrohung des Planeten auf Grund der nuklearen Rüstung und des Giftmülls, den die USA produzierten, durch eine wachsende Zahl von Armen im reichsten Land der Welt, durch Kriege gegen Länder mit Strohdachhütten, durch die Unterdrückung populärer Befreiungsbewegungen in Mittelamerika und durch eskalierende Gewalt in den Städten der USA. Die Werte des Landes waren aufgeweicht, sein Selbstbild getrübt und seine Lebensqualität ernsthaft beeinträchtigt. Ordensmitglieder, die ihr Leben der Erziehung von Generationen gewidmet hatten, die jetzt von den verderbten Seiten des politischen und wirtschaftlichen Systems profitierten, begannen, ihre eigenen Werte, ihre eigenen Motive und ihre eigene Erziehung zu überdenken.

Wenn es jemals einen Punkt in der modernen Geschichte gegeben hat, der die Aufrichtigkeit der Orden bewies, dann unterstrich die Reaktion amerikanischer Ordensmitglieder auf die veränderten Bedingungen im Land die Inspirationskraft der uralten Charismen, die gegen die institutionellen Interessen und das persönliche Wohlergehen, durch die der Erfolg der katholischen Projekte der Vergangenheit erreicht worden war, Ordensleute dazu befähigten, in schwindelerregenden Zahlen die Schulen der Vorstädte, die ihre Vorfahren gegründet hatten, zu verlassen und in Suppenküchen, in Friedenszentren und Pfarrgemeinden zu arbeiten und sich mitten in den verfallenden Städten politisch einzusetzen. Aber nicht alle taten das, und die, die es taten, auch nicht immer voll und ganz.

Mit je einem Bein in der alten und neuen Lebensweise haben Ordensmitglieder zwar die kosmetischen Veränderungen in Kleidung und Lebensstil vorgenommen, die ihre Stellung in der Bevölkerung demokratisieren, möglicherweise aber die Verlagerung ihres Schwerpunktes und ihrer gesellschaftlichen Präsenz noch nicht so konsequent vollzogen, dass sie allen sichtbar vor Augen steht. Sie haben ihre Lebensweise geändert, aber damit nicht automatisch die soziale Absicht, die fundamentalen moralischen Motive und den theologischen Grund für ihre Neuausrichtung, vielleicht noch nicht einmal sich selbst gegenüber, unmissverständlich deutlich gemacht. Viele Orden „erlauben" Mitgliedern, aus persönlichen Beweggründen neue Dienste zu übernehmen. Ob sie solche Dienste zum Wohl der Armen und um der Integrität ihrer Charismen willen befürworten oder nicht, steht häufig auf einem anderen Blatt. So identifizieren sich nur wenige Orden als Orden tatsächlich in dem Maß mit den großen Fragen der Zeit – nukleare Abrüstung, Frauenfragen, Ökologie oder strukturelle Armut –, wie sie sich früher entschlossen mit katholischer Erziehung, katholischen Immigranten und katholischer Krankenpflege identifizierten. Viele Orden haben mehrere Mitglieder, die prophetische Arbeit leisten; aber nur vereinzelt kümmern sich Gemeinschaften öffentlich als Gruppe um die spezifischen Fragen der Zeit, so wie sie es mit großem Einsatz für die Erziehung unerwünschter Immigranten oder die Betreuung von Ausgestoßenen getan haben.

Inkulturation um ihrer selbst willen jedoch muss eine Gruppe schwächen, wenn diese feststellt, dass sie allen anderen in der Gesellschaft ähnelt, dass sie genau wie alle anderen Mitglied dieser Gesellschaft ist, ohne klares Ziel, ohne ersichtliche Daseinsberechtigung. Inkulturation ist jener Prozess, in dem Menschen die Wesensmerkmale einer Kultur annehmen, um etwas Wertvolles in sie einzubringen, nicht aber um sich von ihr aufsaugen zu lassen. Wenn sich die Religion angemessen in eine Gesellschaft integriert, gewinnt sie Bedeutung für ihre Umgebung; sie verleiht den Erfahrungen der Menschen ein spirituelles Gewicht, ohne ihnen Formen vorzuschreiben oder überzustülpen, die fremd sind oder unpassend, Formen, die die Gegenwart um einer exotischen, idealisierten Vergangenheit willen trüben. Im Gegenteil: Inkulturation ist der Prozess, in dem das Heilige im Vertrauten erkannt wird. Sie darf kein Prozess sein, in dem man sich in Banalitäten verliert.

Die Gefahr einer nicht gesteuerten Inkulturation liegt darin, dass das Ordensleben zu flach wird, als dass es noch irgendein Mensch nötig hätte. Inkulturation bedeutet mehr als nur die gleiche Kleidung zu tragen, an den gleichen Plätzen zu arbeiten und den gleichen Lebensstandard wie alle anderen in der Umgebung zu haben, wenn auch in unterschiedlichen Rahmen. Inkulturation beinhaltet die Verantwortung, die echten Segnungen des Lebens zu feiern und seine wirklichen Bürden auf sich zu nehmen, damit wir durch sie verwandelt werden und sie dadurch klarer und tragbarer für andere machen. Sie ist ein gemeinsames Handeln, das um der Herrschaft Gottes willen und nicht um des eigenen Wohlergehens willen bewusst angestrengt wird.

Für eine Kultur ist es notwendig, dass sich diejenigen, die sie schätzen und verstehen, der Bewahrung ihrer Schätze widmen. Die Hauptaufgabe des Ordenslebens liegt darin, in den Menschen die geistlichen Gaben zu entflammen, die es einem Volk ermöglichen, auf dem Weg zur Ganzheit weiterzugehen. Das heißt nicht, dass nur Ordensleute das tun oder vielleicht besser tun als andere Christen und Christinnen. Es heißt jedoch, dass Ordensmitglieder, die an der Seite der Ärmsten der Armen, denen das Evangelium gilt, zu stehen haben, es immer, jederzeit öffentlich und konsequent tun müssen.

Die Suche nach dem Wert des Ordenslebens in der heutigen Gesellschaft kann nur dann eine Antwort finden, wenn die Werte, die Ordensmitglieder gegenüber der modernen Gesellschaft heute vertreten, im Licht der Herausforderungen der Kultur, in der sie leben, untersucht werden: Das Bild der Frau, das sie vertreten, muss geprüft werden, der prophetische Gehalt ihrer Werke und die

Qualität ihrer Präsenz in der Gesellschaft beleuchtet werden. Was Ordensmitglieder in ihrem eigenen Leben in dieser Geschichtsepoche für wichtig erachten, wird sich auf das Ordensleben der zukünftigen Generationen auswirken.

Ordensmitglieder in den Vereinigten Staaten, wie Ordensmitglieder aller Kulturen und Zeiten zuvor, haben die Kultur der USA, wie wir sie kennen, in hohem Maße gestaltet und sich andererseits an ihr orientiert. Leistung, Konformität und Produktivität sind die Kennzeichen ihrer Geschichte wie auch die Wasserscheide ihres gegenwärtigen Dilemmas. Was die Welt heute braucht, ist ein universales, nicht aber lokal begrenztes Denken. Sie braucht den Traum von einer Weltgemeinschaft, nicht aber nationalen oder religiösen Chauvinismus, eine neue Wirtschaftsordnung, nicht aber institutionalisierte Verherrlichung der Größe; eine unerbittliche Demaskierung strukturellen Unrechts, durch das die Reichen immer reicher und die Armen immer ärmer werden. Sie braucht keine erbärmliche, moralische Engherzigkeit, die ein Volk von der Welt ringsum isoliert. Sie braucht ein kontemplatives Verständnis für das, was Gott für die Welt will, nicht aber eine Fülle von privaten Andachtsübungen. Hier und heute braucht jede Kultur, in der Ordensleben existiert, ein Ordensleben, das die Grenzen dieser Kultur überschreitet, ein Ordensleben, das mehr ist als religiöses Theater; ein Ordensleben, das den hellen Schein des Gewissens auf eine Welt wirft, die unter dem Druck eines amoralischen, wenn nicht gar unmoralischen Kapitalismus aus dem Ruder läuft.

Die Armen der Welt und der ganze Planet bedürfen eines Ordenslebens, das guten Taten eine laute Stimme verleiht.

Gruppen, die vorgeben, religiös zu sein, sich aber nicht in der Frauenbewegung mutig engagieren, reduzieren das Evangelium auf eine Kultveranstaltung. Der Feminismus ruft dazu auf, hinter jenem Jesus herzugehen, der Frauen von den Toten erweckte, sie zu Verkünderinnen seiner Botschaft erkor, der ihnen seine Vision anvertraute, ihnen ihre Würde zurückgab, sie öffentlich bestätigte, der durch die Hingabe einer Frau Mensch wurde und zuließ, dass Frauen ihm öffentlich nachfolgten. Das Gleiche nicht zu tun bedeutet, die messianische Botschaft der Befreiung aller zu verhöhnen. Es ist eine Verhöhnung der Theologie der Inkarnation, der Taufe, der Gnade und der Erlösung selbst, wenn wir Frauen ausbilden, ihnen aber keine vollwertige soziale Plattform verschaffen, wo ihre Ausbildung gesellschaftliche Bedeutung bekommen kann; wenn wir Frauen heilen, ihnen aber nicht die Fülle menschlicher Entwicklungen gewähren; wenn wir sie lehren, dass sie ohne alle Abstriche Mensch sind, und ihnen doch die volle geistliche Reife absprechen. Wenn sich die Kirche nicht zum Feminismus bekehrt, kann sie in unserer Zeit nicht glaubwürdig sein. Öffentlich Versprechungen zu geben, was früher eine prophetische Geste war, reicht heute nicht mehr aus. Orden müssen ihr Engagement für die Entfaltung von Frauen in Taten demonstrieren: in Strukturen, die Gleichberechtigung verwirklichen, in Liturgien, die inklusiv sind, in einem Lebensstil, der autonom ist und in Diensten, die den Unterdrückten nicht nur helfen, sondern sich den Mechanismen der Unterdrückung selbst widersetzen. Frauen, die unterdrückt, verstoßen und falsch gesehen werden, brauchen Ordensfrauen und -männer, die ihnen Anerkennung verschaffen.

Der Preis, den diese Kirche und diese Gesellschaft für das Zugehen auf Frauen zahlen muss, wird beträchtlich sein. Die Kosten, die die Kirche dann tragen muss, wenn wir nicht mit Mut, Glaubwürdigkeit und Fantasie auf die Bedürfnisse von Frauen reagieren, werden allerdings noch höher sein.

Um in unserer Kultur wirksam zu sein, muss das Ordensleben eine echte Identität haben. Ordensmitglieder müssen für die Gesellschaft mehr sein als nur Menschen, die das Gelübde der sexuellen Enthaltsamkeit abgelegt haben, und auch mehr sein als nur produktive Arbeitskräfte. Ordensleute müssen ihrer zölibatären Identität Gewicht verleihen. Sie müssen ihre kontemplative Identität konkretisieren.

Zölibatär zu leben heißt nicht, ohne Liebe zu sein, sondern grenzenlos zu lieben, heißt, mein Leben im liebenden Einsatz für mehr Menschen hinzugeben als nur für die, die mich lieben. Menschen im Zölibat können es sich leisten, mutig zu sein. Sie können es sich leisten, abgelehnt zu werden. Sie können es sich leisten, außerhalb der Systeme und der Verflechtungen zu leben, die andere wie in Geiselhaft gefangen halten, um die Verantwortung für das Überleben anderer und nicht für das eigene übernehmen zu wollen.

Kontemplation ist das Herzstück der religiösen Identität, die Kraftquelle des Ordenslebens. Die zentrale Wahrheit des religiösen Engagements besteht darin, dass es mehr ist als nur engagierte Sozialarbeit. Mutige Sozialarbeiter und -arbeiterinnen hat es in jeder Kultur der Welt von Nazideutschland bis hin zu Südafrika während der Apartheid gegeben. Sie verbinden die Wunden und erfüllen die Bitten eines jeden Volkes, das zu schwach ist, um sich selbst zu helfen. Sie tun es aus menschlicher Anteilnahme und einem Gefühl für soziale Gerechtigkeit. Kontemplative hingegen sind von einem Gespür für den unbeugsamen Willen Gottes motiviert. Keine soziale Ordnung, ganz gleich wie gut sie funktioniert oder in welchem Maße sie eine Gesellschaft akzeptiert, reicht aus, um ihre rastlose Leidenschaft für das Leben in Fülle und seine grenzenlosen Möglichkeiten zu stillen. Kontemplative stehen mitten in der Gesellschaft wie Träumende und verkünden diesen Traum.

Eine verwundete und verlassene Welt braucht liebende Ordensleute, die von göttlicher Verrücktheit erfüllt, die Menschen lieben.

Inkulturation ist ein großes religiöses Geschenk. Sie verkündet, dass alles, was existiert, gut ist. Sie entheiligt nichts. Sie nähert sich allem, was ist, mit Würde. Sie widmet alles in der Welt der göttlichen Absicht. Sie macht die Fleischwerdung Gottes greifbar.

Andererseits kann Inkulturation allerdings auch dazu führen, wirklich Bedeutsames zu banalisieren. Sie kann alles im Leben bis zur Gewöhnlichkeit verflachen und gleichmachen. Trauungen mit Rap-Musik, Gebetsstunden mit der Kaffeetasse in der Hand, ein Ordensleben, das ohne Entschlusskraft und ohne Tiefgang wie im Studentenheim gelebt wird – hier ist die Gefahr verborgen, die Bedeutung des Heiligen im Leben abzuwerten oder den Unterschied zwischen dem Bedeutungsvollen und dem Bedeutungslosen in uns auszulöschen.

Die Vergessenen der Welt brauchen Ordensleute, die ihr Menschsein leben, die ihnen in allem außer der Verzweiflung ähnlich sind und die es sich zur Lebensaufgabe machen, ihnen Hoffnung und Hilfe zu bringen, damit das Leben morgen im Namen des Einen, der gekommen ist, „damit sie Leben haben und es in Fülle haben" (Joh 10,10), besser werden kann als das Leben heute ist.

Die Armen, die Erde, die Frauen und Männer, die eine feministische Vision des Lebens in einer Welt freisetzen wollen, die einem berechnenden Männlichkeitswahn verfallen ist, diejenigen, deren Seelen ausgetrocknet und ohne Liebe sind, die Unterdrückten und die Vergessenen – sie alle brauchen das tröstende Dasein und den solidarischen Zuspruch von Ordensleuten, die gelernt haben, dass ein wahres geistliches Leben kein Sortiment spiritueller Lockerungsübungen ist, sondern die Waffe des Evangeliums.

Das Leben in einem Orden ist nicht unbedingt „religiöser" als das von Menschen in anderen Ständen. Es ist einleuchtend, dass es zuerst und vor allem hingebungsvoll, pflichtbewusst und verantwortlich dafür sein muss, das Spirituelle auf die Ebene des Sichtbaren zu erheben und die Aufmerksamkeit der Welt auf die spirituellen Dimensionen ihrer Taten zu lenken. Es muss einen Bund mit der Welt in ihrem ganzen Facettenreichtum schließen, es muss versprechen, ja garantieren, die Fragen, die Anliegen und den geistlichen Zusammenhang der bedeutsamen Belange der Welt um der spirituellen Suche der Menschheit willen im Auge zu haben, sie wachsam zu beobachten und sie zum Thema zu machen.

Die eigentliche Frage ist offensichtlich nicht die der theoretischen Beziehung des Ordenslebens zur Welt. Die Frage ist, ob Ordensmitglieder heute psychologisch und spirituell fähig oder aber ob sie unfähig sind, die neue Beziehung zu verwirklichen. Die eigentliche Frage ist, ob in den Gemeinschaften noch ausreichend Kraft und bei ihren Mitgliedern genügend Einsatzfreude vorhanden ist, damit sie nicht das Hauptaugenmerk darauf richten, die Individuen im Prozess der Selbstentfaltung zur Geltung zu bringen, sondern sich als Gruppen darauf zu konzentrieren, tiefgreifende gesellschaftliche Wirkungen zu entfalten.

Um auf ihre Kultur zu reagieren, müssen die Orden bereit sein, gegenwärtige Werte zu kritisieren und neue Werte zu formulieren.

Um das Leben von Frauen zu verändern, müssen sie den Bedürfnissen von Frauen dieser Zeit sowohl in der Kirche als auch in der Gesellschaft Raum und Gewicht verschaffen und sie müssen das gleiche von sich selber verlangen.

Um in der gegenwärtigen Gesellschaft ihre Identität neu zu begründen, müssen sie alles, was sie tun, mit kontemplativer Präsenz und dem Mut von Propheten und Prophetinnen angehen.

Um sich erfolgreich in die Kultur einzugliedern statt von ihr geschluckt zu werden, müssen sie etwas Größeres vertreten als das, was sie sind, und es wie früher als Gruppe vertreten, die bereit ist, ein hohes Risiko einzugehen. Anders gesagt: Sie müssen den Fragen von heute in konkreter Weise jetzt Gehör verschaffen.

Welche Werte und Tugenden brauchen wir, wenn das Ordensleben unserer Zeit gottgefällig, einflussreich und so handgreiflich wie das Ordensleben der Vergangenheit sein soll, das die Zivilisation rettete, den Glauben ausbreitete und die Armen und Marginalisierten in Gesellschaften eingliederte, in denen sie nichts galten, man sich nicht um sie kümmerte und sie oftmals ausbeutete?

Catherine de Hueck Doherty hat einmal geschrieben: „Ich hätte nicht gerne gelebt, ohne je jemanden aufgeschreckt zu haben." Die Frage lautet nicht: „Sollte das Ordensleben weiterhin bestehen?" Die Frage heute lautet: „Kann das Ordensleben unserer Zeit noch aufrüttelnd genug sein, um das Verlangen zu stillen, das die Welt nach ihm verspürt?"

Die eigentliche Frage lautet: Birgt diese Asche noch genügend Glut, damit die Kraft auflodert, die nötig ist, um das Ordensleben jetzt authentisch zu machen? Die Frage lautet: Welche Qualitäten sind heute erforderlich, um das Ordensleben wieder mit dem Feuereifer des Lebens nach dem Evangelium zu erfüllen? Was ist, wenn überhaupt, im Ordensleben, wie wir es heute kennen, tugendhaft und gottgefällig? Was ist, wenn überhaupt, im heutigen Ordensleben vorhanden, das es für morgen sichert und schützt?

Tatsache ist, dass die neuen Tugenden des Ordenslebens auf der Hand liegen und zwingend sind. Die Herausforderung liegt darin, sie freudig aufzunehmen, sie deutlich auszusprechen, sich darauf zu verlassen, dass sie für unsere Zeit das erreichen, was Tugenden einer anderen Ausprägung für die Vergangenheit geschafft haben. Die Herausforderung liegt darin, in uns selbst die nötige seelische Kraft freizusetzen, um für unsere Zeit das zu tun, was wir für die vergangene getan haben, wie auch einer Gesellschaft, die durch eine pathologische Konzentration auf das Ich verdorben wurde, und einem wildgewordenen Globus den Ruf Gottes nach Gemeinschaft laut und deutlich zu verkünden.

Das Ziel des Ordenslebens ist nicht sein Überleben; es ist Prophezeiung. Seine Aufgabe ist es, das sichtbar zu machen, was das Evangelium für unsere Zeit bedeutet, nicht aber eine längst vergangene Zeit am Leben zu erhalten, die der Herausforderung neuer Fragen nicht mehr standhält. Die Aufgabe des Ordenslebens besteht darin, die Gegenwart zu heiligen. Die Frage lautet nicht: „Ist das Ordensleben wirklich noch Ordensleben?“ Die Frage lautet: „Was ist die geistliche Schulung dieser Epoche, die ebenso unerschrocken wie die vorangegangenen, aber der Zeit angemessen ist?“ Mit anderen Worten: Welche von allen gegenwärtigen Qualitäten des Ordenslebens fördern jene Art von Spiritualität, die das zeitgenössische Ordensleben für das 21. Jahrhundert lebensfähig machen kann?

2. UNTER DER ASCHE EIN HEIMLICHES FEUER

Fast 30 Jahre nach Beendigung des Zweiten Vatikanums, des ökumenischen Konzils, das von Papst Johannes XXIII. einberufen wurde, um Reform und Erneuerung in der römisch-katholischen Kirche einzuleiten, berief ein anderer Papst, Johannes Paul II., eine Synode über das Ordensleben ein. Laut Vatikan war das Ziel der Synode, die Veränderungen, die das Konzil eingeleitet hatte, zu beurteilen, die gegenwärtige Lage des Ordenslebens zu bewerten und ihm eine neue Ausrichtung zu geben. Die Auswirkungen des Vatikanischen Konzils waren vielfältig und revolutionär. Überall kam es zu Veränderungen; alles brannte in heller Aufregung; es entstand eine Unmenge neuer Richtungen. Die Synode über das Ordensleben vollzog sich jedoch ohne großes Getöse und ging lautlos über die Bühne, anscheinend ohne neue Initiativen in Gang gesetzt und große Hoffnungen erweckt zu haben. Nichts wirklich Neues oder Belebendes stand am Ende, abgesehen von dem Bewusstsein, dass die Kirche das Ordensleben wahrnahm.

In meinen rein rationalen Augenblicken weiß ich, dass vielleicht das Beste, was man über jede Synode – und das gilt vor allem für diese Synode zum Ordensleben – sagen kann, ist, dass sie zumindest nicht behindert hat, was sie weder erschaffen kann noch zerstören darf. Trotz des Schlussdokuments hat diese Synode zumindest kein Zetergeschrei gegen den gegenwärtigen Zustand des Ordenslebens angestimmt, das trotz seines Schlingerkurses auf ein neues Leben hin viel besser dran ist, als die meisten Menschen wissen oder viele zugeben wollen. Tatsächlich werden, dürfen oder können alle Synoden der Welt das Ordensleben nicht erneuern, gleichgültig wie amtlich ihre Verlautbarungen auch sind. Nur Ordensmitglieder können das Ordensleben erneuern.

Das Ordensleben ist nun einmal kein Beschluss, den man absegnen könnte. Keine offizielle Versammlung der Welt kann anhand von Diskussionen oder Gesetzgebung das Ordensleben zum Ordensleben machen. Ordensleben übersteigt jede Gesetzgebung zu diesem Thema. Ordensleben ist ein Geschenk an die Kirche, auf dass das Leben nach dem Evangelium durch die Zeiten hindurch kühn und berührbar da sei. Es ist eine Gnade, die in einem Tempel aus Beton freigesetzt wird, ein Feuersturm an einem winterlichen Himmel. Es ist mehr Geist als Gesetz, weniger Gesetz denn Energiequelle für das göttliche Leben, das in einer Gruppe pulsiert und sie für kleinere Hindernisse, wie real oder vernünftig sie auch sein mögen, völlig unangreifbar macht.

Nichtsdestotrotz hat die Kirche das Ordensleben, wie auch immer sich die historische Wahrheit seiner Entwicklung darstellt, ständig zu zähmen versucht – so wie man ein störrisches Pferd sattelt; aber kein noch so umfangreiches Kirchenrecht hat es je geschafft, seinen unbezähmbaren Geist zu brechen. Immer wieder ist das Ordensleben aus seiner vorgezeichneten Spur ausgebrochen, um nach den Sternen zu greifen, auch wenn es dabei nach kirchlich Unerlaubtem griff. Orden schufen inmitten des sozialen Chaos christliche Gemeinschaften, retteten die Kultur aus den Fängen der Barbarei, kümmerten sich um Frauen, die in von Männern dominierten Systemen ohne Bildung blieben, umsorgten Kranke, Sterbende und für die Gesellschaft Wertlose, gaben den Waisen ein Heim, nahmen sich der Untergebenen an, redeten für die Sprachlosen im Lande und wagten sich weit über die Grenzen aller Nationen hinaus, um anderen Menschen an anderen Orten heilende Hände zu reichen. Diese Zeit des Ordenslebens unterscheidet sich in dieser Hinsicht keineswegs von anderen, ähnlich schwierigen Epochen vorher.

Ordensmitglieder unserer Zeit haben ihre mittelalterlichen Trachten abgelegt, um zum Sauerteig einer leidenden Welt zu werden; sie haben Tabus gebrochen, um Geschiedene, Homosexuelle und Exkommunizierte auf ihrem Weg zu begleiten; sie haben die bewährten Einrichtungen verlassen, die, einst radikal, im Laufe der Zeit aber fest etabliert waren, um neue zu gründen, die nur so gerade noch geduldet werden – Armenküchen, Frauenhäuser, Hospize für die Obdachlosen und Zentren für Frieden und Gerechtigkeit in einer Welt, in der Gewalt theologisch untermauert wurde. Das Ordensleben ist schon immer ein chaotisches, unordentliches Etwas im Herzen der Kirche gewesen, heute mehr als je zuvor. In einigen Dokumenten wird es „die prophetische Dimension“ der Kirche genannt, in anderen „ein Charisma". Welche Wörter auch benutzt werden, der Begriff zählt: Ein Charisma ist ein Geschenk, das anerkannt und freigelassen, nicht aber eine Organisation, die kontrolliert werden soll. Alle kirchenrechtlichen Vorschriften der Christenheit können aus Legalismen nicht etwas konstruieren, was nicht im Geist bereits existiert. Ein Charisma ist Quecksilber, kein Lehm, Geist, kein Amt, eine Bewegung, kein Arbeitsbataillon.

Andererseits gehören Synoden definitionsgemäß zum Apparat, der bestimmen und steuern will, was sich in diesem Falle um seines Überlebens willen einer Bestimmung widersetzen und was vor jedem Dirigismus fliehen müsste wie vor der Pest, wenn Ordensleben vom Tode bedroht überhaupt weiterleben sollte.

Eines hat die Synode zum Ordensleben sehr wohl erreicht: Sie hat sowohl die Spannungen wie auch die Stärken der Zeit enthüllt, damit wir jede von ihnen als das Geschenk schätzen können, das es ist. Die Synode wurde zu einem Tauziehen zwischen den Hütern der Institution und ihren offiziellen Neuerern, selbst Ordensleute. Von daher ist es fast amüsant, ihre Arbeit zu verfolgen. Das, was jede Gruppe bei der anderen fürchtete, könnte sehr wohl das sein, was jede Gruppe für sich der Kirche grundsätzlich schenkt – die Institution zu erhalten und sie gleichzeitig vorwärts zu treiben. In diesem Fall könnte das echte Problem wohl dann erst entstehen, wenn eine der Seiten schließlich den Sieg davon trüge.

Die Reaktionen auf die *Instrumenta Laboris*, das Arbeitspapier der Synode, spiegelten sehr deutlich jene Elemente von Kraft und Gegenkraft, die heute im Ordensleben und in der Kirche am Werk sind. Die Hierarchie sprach von

Kontrolle; die Ordensmitglieder betonten die Freiheit, die sie benötigen, um in einer sich rasch wandelnden Welt wiederum prophetisch leben und wirken zu können. Die Hierarchie bezog sich auf kanonische Kategorien und Regeln; die Ordensmitglieder bestanden auf Autonomie und Spontaneität. Die Hierarchie sprach von Gelübden; die Ordensmitglieder konzentrierten sich auf die Entwicklung eines bestimmten Lebensstils. Die Hierarchie betonte den Gehorsam; die Ordensmitglieder unterstrichen, dass sie Bestätigung und Ermutigung brauchten, um ihre verrückte und kühne Nachfolge eines Christus fortzusetzen, der Aussätzige am Sabbat heilte. Ganz ohne Zweifel ähnelte der Verlauf dieser Synode einem Gang in Schneeschuhen durch ein Minenfeld. Und einzig und allein aus diesem Grunde verdienen alle, die den Gang für uns gemacht haben, zweifellos unsere Anerkennung – und unseren Dank.

Die problematische Seite der Ordenssynode

Das Problem mit der Synode zum Ordensleben liegt meiner Meinung nach nicht darin, dass es sie gab. Das Problem liegt in zwei ganz subtilen Vorstellungen: Erstens sprach die Synode von Charisma, verharrte aber eher in einer Vorsichtshaltung als dass sie sich auf die berauschende Energie des ungehemmten Christuslebens unserer Zeit eingelassen hätte. Sie war eindeutig eher eine innerkirchliche Fingerübung als ein Ausflug in das Leben des Geistes. Offensichtlich lag ihr eher daran, den Geist Gottes zu regulieren, als das selbstlose Wagnis und die schlichte Offenheit des Vatikanischen Konzils zu bestätigen, das sie inspirierte. Folglich verpasste die Synode die Gelegenheit, die Strömungen des kirchlichen Argwohns dem Auf und Ab im heutigen Leben gegenüber in einen Strom der Hoffnung und Bestätigung zu verwandeln. Statt dessen hing sie wie ein luftleerer Ballon über den Köpfen der Teilnehmenden. Sie hauchte kein neues Leben ein, setzte nichts in Brand, erzeugte keine Hitze, wirbelte keine Asche auf. Alles, was sie unternahm, waren vorsichtige Ausflüge in bekanntes Terrain mit einer neuen Höflichkeit. Sie vermittelte überdeutlich, dass die ganze Übung eine schlechte Imitation einer altbekannten abendlichen Szene war: Stirnrunzelnde Eltern an der Schlafzimmertür und flachatmende Kinder, die zu schlafen vorgaben, während sie auf Comics lagen, die sie nicht lesen durften. Aber tatsächlich täuschte sich niemand. Die Eltern wissen, dass etwas Neues im Gange ist, und wollen es korrigieren, wenn sie nur herausbekommen könnten, was es ist, während sich die Kinder unschuldig geben, aber fest entschlossen sind, neue Schritte im Leben zu unternehmen. Das Problem ist, dass weder die einen noch die anderen verlauten lassen, dass es sich um Menschen handelt, die mittlerweile reif genug sind, das Licht auszuschalten, wenn sie dazu bereit sind, die das Licht ausschalten werden, wenn es ihnen passt, und die das Licht selbst ausschalten müssen, wenn sie je wirklich erwachsen werden sollen. Statt dessen spielen die Eltern weiterhin die Rolle der Eltern und die Kinder täuschen weiterhin vor, Kinder zu sein, während beide insgeheim wissen, dass sie es nicht mehr sind.

Wir können nicht in einer Sammlung von Dokumenten über das Ordensleben als der prophetischen Dimension der

Kirche sprechen und es dann in allen anderen Bereichen mit peinlicher Vorsicht und elterlichem Argwohn behandeln. Im Gegenteil: Es geht hier um Gleichberechtigte, die zwei unterschiedliche Rollen in der Kirche haben und die sich aufeinander einlassen müssen, damit Kirche und Ordensleben die nächste Entwicklungsstufe erreichen können.

Die Synode warf daneben ein weiteres Problem auf, das noch stärker tabuisiert ist und noch seltener als das erste angesprochen wird. Die Synode basierte auf der Annahme, dass das Ordensleben eine lebensfähige, notwendige, gesunde, gute, inspirierende Lebensform ist, die immer noch zur Heiligkeit führen kann und ein allumfassendes Wohl im Auge hat. Ob diese Annahme so stimmt, danach hat nie jemand gefragt. Und so hat niemand darauf geantwortet. Das bedeutet, dass niemand danach gefragt hat, wofür das Ordensleben heute eigentlich gut sein soll. Und niemand hat danach gefragt, was das Ordensleben zur Zeit wirklich braucht, wenn es Kraft haben und Kraft spenden soll, Visionen haben und Visionen vermitteln soll, Mut haben und Mut geben soll. Nein, die Synode hat lediglich den Staub vom Erprobten und Bewährten, vom Gleichbleibenden und Berechenbaren, vom Klaren und Sicheren, vom Institutionalisierten und theologisch Abgesegneten weggeblasen. Den neuen Fragen stellte sie sich nicht. Jenen Ordensmitgliedern, die ein weiteres Mal in der Geschichte dabei sind, die Kirche dahin zu führen, wo sie sonst nie hingehen würde, spendete sie keinen Beifall. Statt dessen beschloss sie, sich lieber mit institutionellen Werten zu befassen als die charismatischen Dimensionen des Ordenslebens herauszustellen. Insofern hat sie kaum etwas getan, um das Charismatische des Ordenslebens freizusetzen.

Form und Gesetz, Tradition und System zu Hilfe zu nehmen, um Fragen des Geistes zu beantworten, ist in der Geschichte nicht neu, aber ich hätte mir einen anderen Ansatz gewünscht, wie etwa den, der in der *Weisung der Väter* beschrieben wird. „Abbas Lot besuchte den Altvater Joseph und sagte zu ihm: ‚Nach meinem Vermögen verrichte ich mein kleines gottesdienstliches Gebet, mein bescheidenes Fasten, das Privatgebet, die Betrachtung und übe die Herzensruhe, und entsprechend meiner Kraft bin ich rein in Gedanken. Was soll ich weiter tun?' Da erhob sich der Greis, streckte seine Hände zum Himmel aus, und seine Finger wurden wie zehn Feuerlampen, und er sprach zu ihm: ‚Wenn du willst, dann werde ganz wie Feuer!'" (Aus: *Weisung der Väter. Apophthegmata Patrum, auch Gerontikon oder Alphabeticum genannt, eingeleitet v. Wilhelm Nyssen, übersetzt v. Bonifaz Miller, Trier: Paulinus-Verlag, 1980^2, 137).*

Was dem Ordensleben heute Not tut, ist wieder völlig zu Feuer zu werden. Dann wird keine seiner Zerreißproben von Bedeutung sein, und durch alle Spannungen hindurch wird jede und jeder von uns immer mehr denen ähneln, die wir eigentlich sein sollten.

3. DIE GLUT BEWAHREN

Seit gut 30 Jahren, jedenfalls seit Beginn des Zweiten Vatikanums, werden der Lebensstil religiöser Gemeinschaften und ihre Rolle in der Gesellschaft einer an Lähmung grenzenden Analyse unterzogen. Für die beteiligten Ordensmitglieder wurde diese ungewisse, aufregende, ermüdende, ambivalente Periode zur größten Askese überhaupt, schwieriger als härene Gewänder, anstrengender als Konformität, mühsamer als Rituale und Zucht. In der *Glasmenagerie* von Tennessee Williams bemerkt Tom: „Zeit ist die weiteste Entfernung zwischen zwei Orten." Für Ordensmitglieder, die glaubten, dass die Erneuerung des Ordenslebens eine Aufgabe und nicht ein Lebensstil sein würde, ist das zweifellos zu einer bitteren Wahrheit geworden. Es wurden für sie Jahre der Veränderung, Jahrzehnte der Anpassung und ganze Lebenszeiten der Ungewissheit und Ambivalenz, der Auseinandersetzung und Verwirrung.

Für Menschen, die heute in einen Orden eintreten, liegt die Aufgabe vielleicht darin, das Ordensleben aus den dürftigsten Traditionen für die kommenden Jahrzehnte wiederaufzubauen, aber für die Generation, die vor dem Vatikanischen Konzil oder während seiner Dauer eintrat, lag die Aufgabe darin, ein System aufzubrechen, das von den Ablagerungen der Zeiten verkrustet war. Nach Jahren von klösterlicher Routine und scheinbar unwandelbarem Brauchtum wurde das Ordensleben plötzlich zu einer Art gesellschaftlichem Experiment, zu einer Übung des organisatorischen Umbauens und des sozialen Einsatzes. Die Erneuerung des Ordenslebens nahm den Charakter einer archäologischen Ausgrabung an. Schicht für Schicht seiner Theologie, seiner Geschichte, seiner institutionellen Formen, seiner organisatorischen Impulse und seiner psychologischen Auswirkungen wurde nach und nach freigelegt, um der Allgemeinheit seine Arbeitsweisen, seine Impulse und seine gesellschaftlichen, emotionalen und individuellen Verästelungen vor Augen zu führen. Jedes Element, jede Angewohnheit, jeder Brauch, jedes Tüpfelchen auf dem i der Regeln, gleichgültig wie uralt und hochheilig sie waren, wurde erfrischend verdächtig, ja bis zur Ermüdung verdächtig. Es war ein soziales Großreinemachen von ungeheurem Ausmaß, vielleicht eins der umfassendsten in der Sozialgeschichte überhaupt.

Während Anthropologen, die für sich in Anspruch nehmen, an Subkulturen interessiert zu sein, zumeist untätig da saßen, drehte sich eine ganze Lebensform 360° um die eigene Achse. In seinem Ausmaß umwälzend, aber in seinen langfristigen Auswirkungen nahezu unabsehbar, wurde der Wandel zur Norm für Gruppen, die sich seit Hunderten von Jahren nicht im Geringsten verändert hatten. Die Erneuerung als akademische Übung entwickelte eine eigene Dynamik. Für viele wurde sie sogar zum eigentlichen Inhalt des Gemeinschaftslebens. Die Erneuerung des Ordenslebens wurde nun zum Sinn des Ordenslebens selbst. Und während all das in der Institution vor sich ging, entfremdeten sich einzelne Ordensmitglieder diesem Leben mehr und mehr. Erneuerung allein konnte die Abnahme der Mitgliederzahl nicht mehr aufhalten. Viele gingen fort, um zu heiraten oder um sich Berufen zu widmen, in denen ihr Dienst unvermindert weiterging und wo der Stress eines Lebens im kulturellen Umbruch sie nicht erreichte. Wenige traten ein. Diejenigen, die blieben, entdeckten, dass sie aus ganz anderen Gründen und für ganz andere Ziele – von denen viele bestenfalls verschwommen waren – blieben, als die, die sie ursprünglich zum Ordensleben gebracht hatten.

Jetzt stellte sich die Frage, ob überhaupt irgendetwas von einem Lebensstil bleiben würde, der einst als dauerhaft, unwandelbar und überlegen galt. Schlimmer noch war die echte Sorge, ob es irgendeinen zwingenden Grund für die Existenz des Ordenslebens überhaupt gab. Was konnten Ordensmitglieder tun, was jetzt zum Beispiel nicht auch beliebige Laien ebenso gut tun konnten? Was war der Sinn der Keuschheit, die Tugend der Armut, der Wert eines Gehorsams, der genauso der Psyche schädlich wie der Organisation dienlich sein konnte? Warum sollte ein Mensch in einer Gruppe von Fremden mit wenig mehr als dem Glauben als Trost leben, selbst bei all den Wandlungen zum Guten, was menschliche Werte – persönliche Entfaltung und gesellschaftliche Anerkennung – betraf? Wenn Ordensleben keine „höhere" Berufung, kein garantierter Weg zum ewigen Leben, kein Ort gesellschaftlicher Privilegien oder öffentlicher Hochachtung, kein sichtbares

Maß an Güte und ein Moment der Unschuld war, warum sollte man es dann tun? Und was sollte man eigentlich tun?

Vergangenheit und Zukunft wurden zu den zeitlichen Fixpunkten des Ordenslebens. Was in jeder und jeder Gruppe immerfort zur Diskussion auf den organisierten Tagesordnungen stand, war, was das Ordensleben an diesen Punkt gebracht hatte, wo es jetzt stand und wohin es gehen sollte. Die Gegenwart wurde zu einer Nagelprobe für das Gewesene und das Kommende. Gleichzeitig verlor die Gegenwart für Einzelne in jeder Gemeinschaft, genauer: für diejenigen, für die die organisatorischen Anliegen der Mittelpunkt ihres alltäglichen Lebens waren, an Charakter, Wert oder eigenständiger, zu respektierender Qualität. Wir alle waren mit dem befasst, was gewesen war und was kommen würde, nicht aber mit dem, was sich tatsächlich in uns allen spirituell vollzog oder durch uns spirituell geschah. Und dennoch erschien uns die ganze Zeit über das Alltägliche immer steriler, immer unwichtiger, immer geistloser, mit der einen Ausnahme vielleicht, dass es ein vorläufiger Ersatz für das eigentliche Leben war. Das Leben wurde zu einer wissenschaftlichen Untersuchung einer auf immer verblassten Vergangenheit oder zu einer Abfolge von Strategien, die auf die Gestaltung der Zukunft ausgerichtet waren. Alles bis auf das Heute zählte in der geistlichen Marschverpflegung, alles bis auf das Heute war Wasser auf die geistliche Mühle. Das Heute war verlorene Zeit, Wartezeit, schwierige Zeit. Eine Form des Ordenslebens war verschwunden und alle versprachen, dass eine andere kommen werde. Irgendwann. Nur einige wenige äußerten sich zu Wesen, Wert, Energie und Lebensqualität des Ordenslebens heute. Die Gegenwart selbst, so schien es, hatte wenig Wert, wenig Ausdruckskraft, wenig Qualität und wenig spirituelles Leben.

Die Frage, ob das Ordensleben in der Vergangenheit wertvolle Beiträge in Kirche und Gesellschaft geleistet hat, ist zweifellos überholt. Die Geschichte bestätigt das eindeutig. Die Rolle, die Orden und religiöse Gemeinschaften bei der Entwicklung und Erhaltung von Kunst, Bildung, Architektur, sozialem Fortschritt und Kirchenleben in vergangenen Zeiten gespielt haben, übersteigt das Messbare. Wir stehen in der Tat auf solidem Grund. Die Gründerinnen und Gründer kämpften für ihre Vision, sogar gegen die Kirche, bis die Kirche wie auch der Staat sie segneten. Religiöse Gemeinschaften haben ganze Imperien sozialer Einrichtungen aufgebaut. Von Generation zu Generation genossen einzelne Mitglieder einer jeden Gemeinschaft in der bürgerlichen Gesellschaft einen hohen Bekanntheitsgrad. Den vergangenen Wert des Ordenslebens in Zweifel zu ziehen, wirkt zum gegenwärtigen Zeitpunkt schon fast langweilig.

Ganz gewiss muss die brennende Frage für das Ordensleben in unserer Zeit mehr umfassen als die Frage, welche Form es in den kommenden Jahren annehmen wird. Ehrlich gesagt, wen interessiert das schon? Wir müssen in einer Weise leben und denken, die Zukunft ermöglicht. Das ist die eine Sache. Dabei das Bewusstsein der Kraft gebenden Gegenwart preiszugeben, um in einer weit entfernten, aber noch nicht greifbaren Zukunft zu leben, ist eine grundsätzlich andere. Sich auf die Zukunft vorzubereiten, ist das eine; dadurch Kraft und Zielsetzung der Gegenwart zu verwirken, zu vergessen oder fallen zu lassen, ist etwas gänzlich anderes. Ordensmitglieder müssen in dieser Periode der Geschichte wissen, ob das Ordensleben *heute* einen Wert hat, *heute* gut ist, *heute* lebenswert ist, *heute* gottgefällig und schön ist.

Die Frage nach dem gegenwärtigen Wert des Ordenslebens ist viel schwieriger zu beantworten als die Frage, ob die Vergangenheit gut war oder die Zukunft möglich ist. Die Frage ist, ob es für die Gegenwart der Orden einen Sinn gibt. Und wenn ja, was ist der Sinn des Ordenslebens? Und: Kann es wiederbelebt werden? Sollte es wiederbelebt werden? Gibt es unter der Asche noch die Glut?

GRIESHOG

Im Gälischen wird der Vorgang, bei dem die noch warmen Kohlen nachts unter der Asche begraben werden, um das Feuer für den kommenden, kalten Morgen zu bewahren, *grieshog* genannt. Statt den kalten Herd zu reinigen, bedeckten die Menschen während der Nacht die glühenden Kohlen mit Asche, um ein schnell zu entfachendes Feuer für den nächsten Tag zu haben. Dieses Vermögen ist ungeheuer wichtig. Falls nämlich die Kohlen ausgehen, muss am nächsten Morgen ein neues Feuer aufgeschichtet und angezündet werden, eine Sache, die wertvolle Zeit kostet und die die wichtigere Arbeit des neuen Tages verzögert. So war es die Hauptsorge, das Feuer vom Vortage nicht völlig ausgehen zu lassen. Kohlen, die während der kalten, dunklen Nacht unter dem Aschehaufen nicht zu sehen waren, wurden sorgfältig gehütet, damit das Feuer beim Morgengrauen zu neuem Leben erwachen konnte. Das alte Feuer starb nicht; es behielt seine Glut und wurde somit darauf vorbereitet, das nächste zu entfachen.

Diese Bewahrung der Zielsetzung, der Energie, der Wärme und des Lichtes in der Dunkelheit ist ein heiliger Prozess. Jene Verwandlung einer Sache in eine andere, die wir in unserem Leben als Tod, Ende und Verlust bezeichnen, könnte unter diesem Gesichtspunkt besser als *grieshog* verstanden werden, als die Bewahrung der Glut, als die Weigerung, endgültig zu erkalten. Die Verantwortung sowohl der alten als auch der neuen Ordensmitglieder könnte schlichtweg darin bestehen, bis zu ihrem Todestag Ordensmitglieder zu bleiben, damit das Ordensleben noch lange nach ihnen weiterleben kann.

„Zeit ist der Stoff, aus dem ich gemacht bin", schreibt José Luis Borges. „Die Zeit ist ein Fluss, der mich mitreißt, aber ich bin der Fluss; sie ist ein Tiger, der mich verschlingt, aber ich bin der Tiger; sie ist ein Feuer, das mich verzehrt, aber ich bin das Feuer" (*Labyrinths: A New Refutation of Time*, 1964). Mit anderen Worten: Ich bin das, was werden soll. Das, was um mich herum geschieht, geschieht in mir und wird durch mich geschehen, oder es wird nicht geschehen. Ich bin zugleich das Vehikel und die Quintessenz der Zukunft. Was ich jetzt bin, wird das Ordensleben in der Zukunft sein. Es gibt keine Zukunft ohne mich, weil die Zukunft in mir ist.

Dieser Gedanke ernüchtert radikal. Das Ordensleben wird auch in der Zukunft nicht sterben, es sei denn, dass es in den Ordensmitgliedern jetzt bereits tot ist. Jedes einzelne Ordensmitglied, das heute lebt, ist sein Träger, seine Trägerin. Wir alle sind sein Leben. Ich selbst bin das, was in ihm gut ist. Wenn Menschen nach dem Zustand des Ordenslebens fragen, fragen sie nach mir.

Wie wird das Ordensleben in Zukunft aussehen? Die Antwort darauf ist einfach. Um einen flüchtigen Blick auf das zukünftige Ordensleben zu erhaschen, braucht ein Ordensmitglied nur in einen Spiegel zu schauen: Blitzt aus den Augen dort Herzensenergie? Erklingt dort eine unüberhörbare Bindung an ein ungebärdiges und unbezähmbares Evangelium? Glüht dort das spirituelle Leben? Gibt es dort unbezwingbare Risikobereitschaft? Lebt dort unermüdliches Engagement, Intensität und unzweideutige Entschlossenheit, das zu sein, was ich behaupte zu sein? Oder ist der alte Glanz erloschen? Besteht das Leben nur noch daraus, die Tage über sich ergehen zu lassen und die äußere Form einzuhalten? Oder flammt das Ordensleben in einem ganz neuen Lichtbogen auf, der mir größere Disziplin denn je abverlangt und durch mich mehr Leben denn je schenkt?

Zu viel Kapitulation

Wenn das Ordensleben heute an irgendetwas krankt, dann vielleicht daran, dass es angesichts des Niedergangs viel zu sehr kapituliert und sich viel zu wenig bewusst macht, was es bedeutet, die Glut zu erhalten und das Feuer zu schüren. Resignation herrscht, wo Wagemut walten sollte.

Der Gedanke, dass das Ordensleben tot ist, ist heute fast Allgemeingut. Für viel zu viele ist er daneben Arbeitsmotto, etwas Vorgegebenes, eine der Tatsachen eines Lebens geworden, das auf halbem Weg bitter wurde. Und dann taucht die Versuchung auf, unsere höchsten Ansprüche zu der Absicht umzuformen, das Leben zu Ende zu leben, statt es voll und ganz mit all der Sicherheit und Tiefe zu leben, mit der wir es vormals gelebt haben. Und was ist mit den Frauen und Männern – den neueren Mitgliedern religiöser Gemeinschaften, die zwar der Zahl nach gering, jedoch standhaft sind –, die ein spirituelles Feuer bei uns suchen und unter der Wucht der sich zwingend von selbst erfüllenden Prophezeiungen vom bevorstehenden Ende ersticken? Worin besteht die Verantwortung der Hüter und Hüterinnen des Feuers gegenüber denen, die zu jenem Feuer kommen, jedoch entdecken, dass man das Feuer erkalten ließ? Liegt das Problem darin, dass es weniger Berufungen gibt oder dass es weniger Feuer gibt, die hoch genug aufflammen, um noch gesehen zu werden?

Die Wahrheit ist, dass das Problem des Wandels angesichts des Problems der behaupteten Norm- und Wertlosigkeit des Ordenslebens verblasst. Wenn das Ordensleben scheitert, wird es nicht an seinem Wandel scheitern. Es wird scheitern, weil die Ordensmitglieder unserer Geschichtsepoche den Sinn für die Spiritualität der Gegenwart verloren haben und statt dessen ihre Seelen entweder an die Vergangenheit oder an die Zukunft verkauft haben. Wenn das Ordensleben scheitert, wird der Grund dafür sein, dass wir selbst, einzeln wie kollektiv, den Sinn für den Wert der Gegenwart und für ihre Kraft, für ihre Herausforderungen und ihre Bedeutung der Gegenwart und für ihr Geheiligtsein verloren haben.

Die Heilige Schrift zeigt uns ein Modell, das genau das Gegenteil davon ist. Jakob arbeitet sieben Jahre, um Lea zu bekommen, die Braut, die er nicht begehrt, und dann weitere sieben Jahre, noch immer von seinem ursprünglichen Lebenstraum getrieben, um Rachel zu heiraten, die Braut, die er will, die ihm aber lange vorenthalten wurde. In beiden Fällen arbeitet Jakob gleich schwer, mit gleicher Leidenschaft und Sorgfalt. In beiden Fällen ist ihm die Arbeit gleich wichtig. Jakob schont sich nie, gibt nie auf, verschließt sein Herz nie, obwohl die Sachlagen je für sich völlig anders sind. Jakob ist zweifellos der Schutzheilige des heutigen Ordenslebens.

In einer Zeit des Wandels lehrt Jakob uns die Beständigkeit des Geistes. Er lehrt uns, dass Umwälzungen unserer Lebenspläne bei weitem nicht die Hindernisse für das Leben sind, für die wir sie halten. An Jakob sehen wir, dass wir nicht immer in der Lage sind, die Situation, in der wir uns im Leben befinden, richtig einzuschätzen. An Jakob erkennen wir, dass Rückschläge das Herz wieder in Einklang mit höheren Dingen bringen und uns zwingen, auf die ursprüngliche Stimme zu horchen, auf den ersten Ton, der unsere Seelen anrührte, auf jenen Augenblick der Unschuld, als alles zwischen der Seele und Gott entfiel und das Leben ein Tanz auf gewienertem Parkett und kein Durchhaltetest war. Vor allem lehrt uns Jakob, dass es nicht die Veränderung ist, die das Ordensleben bedroht; es ist die Beschränkung, die die Seele austrocknet; es ist das Knausern, das das Leben aus dem Leben würgt; es ist das Knausern, das uns aushöhlt und zu Staub zerbröseln lässt. Nichts zu versprechen ist schlimmer, als ein Versprechen zu brechen. Wenn das Feuer erst einmal erlischt, wenn die Kohlen erst einmal erkalten, wenn das Schüren der Seele erst einmal aufhört, ist es nicht die Kälte, die tötet, sondern die Unfähigkeit, die Flamme wieder zu entfachen, die wir einmal in der Brust hegten und die wir dem Ersticken überlassen haben. Diese Unfähigkeit lähmt das Herz und verwirrt den Geist, ermüdet den Körper und tötet die Seele.

Es ist jedoch nicht an der Zeit, dass das Ordensleben stirbt. Es ist jetzt eine wichtige Zeit für das Ordensleben, eine Zeit der großen Wiedergeburt im Keim, eine Zeit für umfassende Preisgabe und umfassendes Engagement zugleich. Diese Generation von Ordensmitgliedern entscheidet über die Geburt der nächsten – abgetrieben oder totgeboren, mit wacher Vernunft und empfängnisbereiten Seelen.

Was jetzt im Ordensleben geschieht, wird für kommende Generationen der Maßstab für seine Güte, seine heilige Beharrlichkeit, seine geistliche Tiefe sein. Was jetzt geschieht, ist die Aufgabe einer heiligen Beharrlichkeit und eines unbeugsamen Eifers, die die Jungen befähigen, das Unmögliche zu erwarten, und den Alten ermöglicht, bereitwillig von neuem zu beginnen.

Verwirrung des Geistes

Das wirklich Tragische im gegenwärtigen Ordensleben ist also nicht, dass es sich in Aufruhr befindet. Das wirklich Tragische liegt darin, dass es an einer Verwirrung des Geistes leidet. Als das Ordensleben unseres Erachtens höchst lebendig wirkte – als seine religiöse Mechanisierung den Hochstand des industriellen Vorbildes erreicht hatte, das es erzeugte, und in irrsinnigem Tempo Produkte herstellte wie auch Menschen zu Tausenden organisierte –, da war es eigentlich mausetot. Und wusste es nicht einmal. Das Fragen hatte aufgehört; das Denken hatte aufgehört; selbst die persönliche geistliche Entwicklung war auf äußere Formen, fromme Übungen und leere Floskeln reduziert worden. Ein Leben nach Regeln war an die Stelle des geistlichen Lebens getreten.

Aber selbst heute, wenn das Ordensleben sich gelassen und gemeinhin für tot erklärt, könnte es lebendiger sein, als es seit Generationen gewesen ist. Zum ersten Mal seit Jahrzehnten, vielleicht sogar seit Jahrhunderten, pulsiert es mit neuer Energie und ist von den brennendsten Fragen der Zeit durchdrungen. Ganz sicherlich sind es die Ordensmitglieder in der Kirche, die für sich eine verzehrende Leidenschaft für Gott beanspruchen, die als erste jene Fragen stellen, mit deren Ergründung die Welt sich Zeit lässt: Wo ist Gott in einer Welt, die mit der Magie flirtet und die aufgrund der Verführungen, die der Wissenschaft eigen sind, gegen das Mysterium gefeit ist? Was verbindet das Materielle mit dem Spirituellen und was macht das Spirituelle zugleich materiell? Was definiert Kirche? Was widersteht den unterdrückenden Erwartungen, die der Geschlechtlichkeit des Menschen anhaften? Was definiert das Alter? Was definiert den Tod? Was ist der Maßstab für das Leben? Was ist authentisch und was nicht? Worin besteht die spirituelle Zweckmäßigkeit eines Zeitalters, das ohne sichtbaren Zweck existiert? Was ist das Ordensleben selbst und welche Spiritualität liegt ihm in einer Zeit zu Grunde, in der die Fragen entscheidend sind, die Glut hingegen schwach ist und die Asche erkaltet?

Die Spiritualität des Ordenslebens heute ist weder die Spiritualität des Kreuzes noch die Spiritualität der Auferstehung. Die Spiritualität unserer Zeit ist die Spiritualität des Karsamstags: eine Spiritualität der Verwirrung und Bestürzung, der Wirkungslosigkeit und Machtlosigkeit, des Glaubens in der Dunkelheit und der Macht der Hoffnung. Sie ist eine Spiritualität, die ausharrt, wenn das Ausharren als höchst sinnlos erscheint.

Es ist nicht an der Zeit einfach aufzugeben, weil die Vergangenheit vorbei und die Gegenwart unklar ist. Es ist nicht an der Zeit nicht zu beginnen, nur weil der Weg nicht vorgegeben ist. Was eine ältere Generation von Ordensmitgliedern vor einem Lebensalter versprach, könnte tatsächlich erst jetzt eintreten, seine Forderungen stellen und seinen Sinn erkennen lassen. Was eine neuere, jüngere Generation von Ordensmitgliedern jetzt tut, um aus dem Staub der alten Generation den nächsten Augenblick in der Geschichte des Ordenslebens zu schaffen, könnte erst in den kommenden Jahren Frucht tragen. Aber das macht nichts. Die Verpflichtung, die dem Ordensleben zugrunde liegt, hat wenig oder nichts damit zu tun, was Ordensmitglieder tun. Bei religiösem Engagement geht es darum, warum man tun, was man tut.

Die Spiritualität der Produktivität ist vorüber. Ordensmitglieder verschenken ihr Leben nicht, weil ihre Gemeinschaft Krankenhäuser leitet, gleichgültig wie gut diese Krankenhäuser auch sein mögen. Sie beschränken ihre eigenen Lebensoptionen nicht, um mehr Gebete für die zu sprechen, deren hektische Unrast an kein Ende kommt. Sie existieren nicht, um Arbeitskräfte für Menschen bereitzustellen, die es nicht einmal bemerken würden, wenn sie nicht mehr da wären. In einer Gesellschaft, in der die einst radikalen Anliegen von Erziehung, Gesundheitsfürsorge und Sozialleistungen fest verankert sind, können solche spezifizierten Tätigkeitsfelder das Ordensleben nicht rechtfertigen, erklären oder beflügeln. Heute muss die Spiritualität der Schöpfung das Ordensleben dort antreiben, wo für viel zu viele die Hoffnung in der Dunkelheit abstirbt; sie glimmt noch in der Asche und wartet auf die Dämmerung jenes Tages, an dem das Recht, die schwierigen Fragen aufzuwerfen, als Glaubensakt und als Zeichen der Treue Gott gegenüber verstanden werden wird, der uns von jenseits des Geheimnisses anruft.

Die Bibel umreißt ein deutliches Modell von Dienst und Wandel, von Wandel und neuem Dienst, in dem allein die Selbstverpflichtung den Abgrund zwischen alten Sicherheiten und neuen Herausforderungen überbrückt. In der Genesis, dem ersten Buch der Bibel, macht Jakob sich auf, um ein Ziel zu erreichen, und sieht sich dann einer neuen und anderen Aufgabe gegenüber, als er gedacht hatte. Jakob bot sein Leben für Rachel und bekam statt dessen Lea. Es war für ihn nicht nur ein privater Rückschlag, eine Lebensherausforderung, ein Augenblick des Ringens. Es war im göttlichen Plan auch ein persönlicher Glaubensakt, der die Saat einer ganz neuen Welt für das auserwählte Volk in seiner Gesamtheit säte. Ältere Ordensmitglieder wissen sehr genau um die Bedeutung eines Lebens, das mit einer Aufgabe beginnt, die sich dann aber völlig wandelt, und jüngere Ordensmitglieder wissen, was es bedeutet, die Last eines Neubeginns im Geiste des alten Lebens zu tragen. Wichtig ist, dass der Zusammenhang zwischen den beiden Lebensaufgaben nie vergessen, nie missverstanden wird.

Jakob gab ein Versprechen und hielt es durch beide Durststrecken durch.

Als Jakob Rachel, seinen Lebenstraum, heiraten durfte, waren damit auch Auseinandersetzungen und Herausforderungen verbunden, die weit über seine kühnsten Vorstellungen hinausgingen. Ihm wurde ein zweites Leben geschenkt.

Das gegenwärtige Ordensleben hat ja auch zwei Leben gelebt. Das erste Leben war gesetzt und normal, ein gutes Leben mit klaren Regeln und festgelegten Belohnungen, eine private Übung persönlicher Tugenden. Das zweite Leben jedoch ist wild und unklar, stellt Forderungen an uns, die wir nicht einmal im Traum für möglich hielten, fordert, dass alle, Junge wie Alte, von neuem beginnen. Vor allem hat es eine Bedeutung, die weit über die Kirche selbst, das katholische Ghetto und den Kampf um das persönliche Heil hinausreicht. Dieses Mal hat das Ordensleben eine Bedeutung für die Welt in ihrer Gesamtheit.

Wie Jakob sich für Lea abmühte, so ist es für uns an der Zeit, von neuem zu beginnen und dieses Mal das Ziel zu erreichen, für das wir ursprünglich angetreten sind. Ein französisches Sprichwort lehrt: „Alles geht vorüber, alles geht zugrunde, alles verliert an Reiz." Dass etwas von uns geht, ist kein Zeichen des Verlustes. Es ist ein Zeichen dafür, dass wir auf etwas anderes zugehen sollen, das wir uns, wie Jakob, von Anfang an schon als Ziel gesetzt haben. Aber das verlangt, dass die Glut gehütet wird.

4. AUF DEM WEG ZU EINEM HOHEN BERG

Irgendwann und vielleicht aus vielen guten Gründen wurde es unmodern zu sagen, dass der einzige Zweck des Ordenslebens die zielstrebige Suche nach Gott ist. Bessere Antworten – Dienen, öffentliches Zeugnis, die Bedürfnisse der Gemeinschaft – sind erfunden worden, um dem Rationalismus einer säkularen und technologischen Welt Genüge zu tun. Keine von diesen Antworten scheint einer ernsthaften Prüfung standzuhalten. Gute Werke, moralische Anliegen und rechtschaffene, menschliche Interaktionen obliegen der Verantwortung der gesamten christlichen Gemeinschaft, nicht nur religiöser Berufsgruppen. Nur diese Begriffe zu verwenden, um den Sinn des Ordenslebens zu verstehen, riecht deshalb nach Irrtum, wenn nicht sogar nach Verfälschung. Soziale Anliegen reichen nicht aus, um die Neuformung gemeinschaftlicher Lebensmuster durch eine ganze Gruppe von Menschen zu rechtfertigen. Viele Institutionen widmen sich guten Werken, und die meisten sind von Laien organisiert; fast alle sind nicht konfessionell gebunden. Ordensmitglieder brauchen sich hier nicht zu bewerben. In dieser Hinsicht ist das Ordensleben völlig überflüssig und entbehrt jeder Grundlage.

Aber da ist auch Mutter Sylvester, meine erste Priorin, die unser Novizenhaus zweimal im Jahr besuchte. Beide Male kam sie, um uns nur eine Frage zu stellen. Ihr Gütezeichen war Geduld; sie schulte uns gemessenen Schrittes. In der Tat ließ sie Güte walten, wenn die meisten Novizinnen in schöner Regelmäßigkeit die Prüfung bei ihrem ersten Besuch nicht bestanden. Gleichzeitig war sie alles andere als zufrieden, wenn wir bei ihrem zweiten Besuch versagten. „Warum haben Sie das Ordensleben gewählt?", fragte sie jede von uns der Reihe nach, die Arme unter ihrem Skapulier verschränkt und den Kopf nach unten geneigt, um uns über ihre Brille hinweg genau zu prüfen, während sie uns rund um den Tisch kritisch betrachtete. Ohne viel zu überlegen gaben wir wunderbare Antworten: „Um der Kirche unser Leben zu schenken", sagten die Frommen. „Um unsere Seele zu retten", sagten die Vorsichtigen. „Um die Welt zu bekehren", sagten die Eifernden. Aber nein, nein, nein signalisierte sie mit einem Kopfschütteln. Nicht das. Nicht das. Nicht das. „Sie haben das Ordensleben gewählt, meine lieben Schwestern", sagte sie traurig, „einzig und allein um Gott zu suchen."

Nur um Gott zu suchen. Die Antwort verblüfft in ihrer Einfachheit, ihrer Allgegenwärtigkeit, ihrer Universalität, ihren Forderungen. Die erschreckende Wahrheit dieser Antwort verändert alles. Für den Menschen, der Gott hier nicht finden kann, ist es ein Fehler, hier zu bleiben. Für den Menschen, der Gott hier nicht sucht, ist es ein Gebot, von hier fortzugehen. Für den Menschen, der Gott anderswo besser finden kann, ist es eine Gnade, von hier fortzugehen.

Es war eine einfache Antwort, und dennoch hatte sie in allen Epochen Bestand. Wichtiger noch, sie gab Halt. Als das Ordensleben starr bis an die Grenze der Lächerlichkeit war, gab „Gott suchen“ Halt. Als Stunden der Arbeit und gleichviel Stunden des Chorgebets den Körper bis an die Grenze der Gefühllosigkeit betäubten, gab „Gott suchen“ Halt. Als der Verlust menschlichen Kontaktes und menschlichen Komforts das Leben der meisten irdischen Freuden oder gesunder Ventile beraubte, gab „Gott suchen“ Halt. Tatsächlich kann die Antwort, so einfach sie sein mag, so kompromisslos sie ist, nicht übertroffen werden, auch heute nicht. Unter Umständen vor allem heute nicht. Von allen Generationen sollte diese, in der sich alle Fundamente verschoben haben, die einst als unumstößlich galten, die Wahrheit der Antwort kennen, wie kaum andere sie je gekannt haben. Wenn das als absolut Gesetzte uns im Stich lässt, wenn Dienste ins Wanken geraten und wenn selbst die Kirche für Menschen mit neuen Ideen oder unbequemen Fragen ein kalter und unbehaglicher Ort wird, dann gewinnt die Suche nach Gott und nach Gott allein neue Kraft im Leben.

Im Laufe des Lebens dieser Generation von Ordensmitgliedern ist ein ganzes System rings um sie her eingestürzt. Für sie hat es kaum mehr eine Zuflucht denn die Vorstellung gegeben, dass das sich entfaltende Gottesgeheimnis der einzige Grund ist, der es wert ist, durch ein Leben der Dunkelheit auf jenes Mehr an Dunkelheit zuzugehen, das noch kommen kann. Wenn die ganze Welt uns lachend zuruft „Genießt!“ oder „Warum?“ oder schlimmer noch „Lächerlich!“, wenn es keine sicheren Antworten auf die ständigen Vorhersagen des institutionellen Todes und auf die makabre Art der Resignation gibt, die ein offensichtliches und unvermeidliches Scheitern begleitet, dann wird die Unklarheit zur Einsicht. In Wahrheit hat es überhaupt niemals einen guten Grund gegeben, ins Ordensleben einzutreten, außer „Gott zu suchen".

Universale menschliche Suche

Die Suche nach Gott ist die universale menschliche Suche. Sie ist allen Kulturen gemeinsam. Sie ist das fundamentale Projekt der Menschen. Sie ist der gemeinsame Nenner allen menschlichen Tuns. Sie ist allen Menschen gemeinsam, für alles menschliche Bemühen notwendig, für alle menschlichen Anstrengungen von zentraler Bedeutung und für alles menschliche Tun grundlegend. Darüber hinaus ist sie der einzige Grund, der dem Ordensleben überhaupt einen Sinn verleiht. Das Ordensleben ist nicht einfach eine andere Lebensform. Es ist eine Lebensform, deren Organisation auf die menschliche Suche nach Gott ausgerichtet ist.

Für das Ordensmitglied wird das Eintauchen in Gott, das Streben nach dem Geheimnis unter uns zum einzigen, absoluten, eindeutigen Grund, dem jedes andere glaubwürdige, wertvolle und entscheidende Motiv im Leben – Liebe, Geld, Kinder, persönlicher Erfolg – nachgeordnet wird. Das Eintauchen in Gott ist die Vorstellung, die nichts Größeres als sich selbst duldet. Es verleiht jedem Tag Kraft, es ist die Sehnsucht, für die jeglicher Verlust, jegliches Maß an Veränderung, jeglicher Grad an Anstrengung sich lohnt.

Wir wurden jedoch allzu häufig von anderen Erklärungen für das Ordensleben verführt, die mit größerem Nachdruck vorgetragen wurden und die allesamt wertvoll waren und bis zu einem gewissen Grad auch der Wahrheit entsprachen. Wir wollten „sachdienlich" sein. Wir haben uns vorgenommen, „Menschwerdung" zu leben. Wir haben uns unermüdlich der „Option für die Armen" verschrieben. Wir haben uns „der Umgestaltung der Strukturen" gewidmet. Wir haben evangelisiert, erneuert, verändert und verbessert, bis wir vor Erschöpfung zusammenbrachen. Und all diese übernommenen Aufgaben sind gut und notwendig, heilig und der Aufmerksamkeit wert, fundamental und dringend erforderlich. Trotz allem aber ist es eine Sache und nur eine Sache, die das Ordensleben erhalten, befruchten und rechtfertigen kann: Das Ordensmitglied muss jener Mensch sein, der zuallererst, jederzeit, unaufhörlich und unter welchen Umständen auch immer Gott und nur Gott sucht, Gott und nur Gott sieht und in all dieser Verwirrung, in all dieser Ungewissheit und in jedweder Situation von Gott und nur von Gott allein spricht.

Wenn das Ordensleben für das kommende Ordensleben, gleichgültig wie es geartet sein mag, ein Feuer bewahren und eine Flamme entfachen soll, muss sich sein Schwerpunkt wieder einmal verschieben. Wir müssen uns von der ausschließlichen Konzentration darauf, was Ordensmitglieder tun, lösen und uns der Frage zuwenden, warum sie es tun und was sie sein sollen. Ordensmitglieder sind Gottsuchende, die wie Leuchtfeuer in der Nacht brennen sollen, damit auch andere sich an den einzigen Grund erinnern, warum wir überhaupt etwas im Leben tun: an den endgültigen Maßstab all unseres Handelns, den wir nie vergessen dürfen. Ordensmitglieder müssen der Sache Gottes ebenso viel bewusste Aufmerksamkeit wie den winzigen, privaten, persönlichen, kleinen Welten der Welt schenken, in der wir alle leben, ganz gleich wie herausfordernd, gut und notwendig diese persönlichen Räume sein mögen. Andernfalls ist das Ordensleben lediglich eine weitere soziale Institution, auf die weitere soziale Institutionen folgen, statt ein Ort der Kontemplation zu sein, an dem wir hoffen dürfen, dass der Geist Gottes den Geist der Menschheit anrühren kann.

Seit mehr als 25 Jahren haben sich Ordensleute vielleicht viel zu viel mit den Charismen der Gemeinschaften und ihren kanonischen Ausprägungen als mit den Grundlagen der Erneuerung beschäftigt. Es mag sogar sein, dass wir viel zu sehr damit befasst waren, „Benediktinerinnen", „Franziskanerinnen", „Ursulinen", eine bestimmte Gruppe zu sein, die eine bestimmte Geschichte aufrechterhalten wollte, statt Zentren der Reflexion zu sein, in denen das Evangelium und unsere Welt für alle sichtbar zusammengeführt werden. Wir haben ganz gewiss viel mehr darauf geachtet, erneuerte Gemeinschaften als evangelikale Gruppen, kontemplative Menschen, Zentren der Reflexion und Zuflucht für gebrochene Herzen oder heimatlose Seelen zu sein. Wir haben uns sicherlich zu sehr darauf konzentriert, kanonisch korrekte und kirchlich definierte Menschen statt Jesusmenschen zu sein. Wir liefen Gefahr, der Bestimmung von Charismen zu viel Aufmerksamkeit zu schenken, statt sie in uns und dadurch in unserer Zeit wieder lebendig zu machen.

Darin liegt das Problem. Wir haben über diese Sache geredet, während wir im tiefsten Innern die ganze Zeit wussten, dass wir uns auf eine andere Sache konzentrieren sollten, nämlich das zu sein, wofür wir eigentlich eingetreten sind, nämlich an der großen spirituellen Suche der modernen Welt teilzunehmen, ohne die das Leben überhaupt keinen Wert hat, und davon ohne Unterlass zu sprechen.

Nicht unser Tun macht aus uns Ordensmitglieder. Warum wir es tun und wie wir es tun, lässt die Glocke der Glaubwürdigkeit in einer zu Recht misstrauischen Welt erklingen. Was die Welt ganz gewiss nicht braucht, ist eine weitere Gruppe von Menschen, so wohlmeinend sie auch sein mögen, die ohne klare Prioritäten vorgehen, ohne handhabbare Prinzipien, die eine gute Tätigkeit von einer anderen unterscheiden, ohne eine ebenso wache Aufmerksamkeit für Gerechtigkeit wie für jene Art von Mitleid, die erdrückende Systeme aufrechterhält, anstatt sie zu reformieren, ohne eine echte Offenheit für die Armen Gottes um Gottes willen. Die Suche nach Gott und nach der Herrschaft Gottes macht das Handeln von Ordensmitgliedern erst religiös. Alles andere ist gutherzig, aber fragwürdig, freundlich, aber nicht religiös, wohlwollend, aber nicht ernsthaft effektiv, vielleicht höflich, aber nicht prophetisch. Im Geist Gottes versunken zu sein, ist das grundlegende religiöse Tun. Und daraus erfolgt alles andere.

Als Abraham das Land Ur verließ, fand er Gott, indem er ging, ja weit mehr als das: Es war Gott, um dessen willen er ging. Weil Abraham auf Gottes Stimme hörte, überlebte er das, was er sonst nicht hätte überstehen können. Immer wieder gerät die Reise Abrahams ins Stocken. Immer wieder windet und wendet sich der Weg. Immer wieder bedrohen ihn Gefahren. Immer wieder behindert ihn die Staatsgewalt.

Immer wieder verliert er seine Habe. Aber Abraham empfindet all das nicht als Niederlage, nicht die Misserfolge, nicht die Richtungsveränderungen, nicht die bedrohlichen Umstände oder die verschlungenen Wege. Weil er mit Gott gesprochen hat, weil Gott mit ihm gesprochen hat, bestimmt nur die Stimme Gottes selbst das Maß seiner Bestimmung und seines Erfolges.

Die Stimme Gottes lebendig erhalten

Wenn das Feuer für eine andere Generation bewahrt werden soll, muss das Ordensleben in dieser Zeit die Stimme Gottes lebendig erhalten, ungeachtet der Folgen für die Werke der Gemeinschaften, die Strukturen des Ordens oder gar die kirchlichen Definitionen des Ordenslebens.

Aber wir können uns nicht selber täuschen. Die geistliche Suche ist eine geistliche Suche. Darüber zu reden hilft nicht. Wenn wir uns wegen der Werke des Evangeliums, die wir verrichten, keine Zeit nehmen, uns in das Evangelium zu vertiefen, haben wir uns selbst zu unserem eigenen Gott und unsere Arbeit zu unserem Ziel gemacht. Und der Prozess wird ganz gewiss misslingen, wenn nicht außerhalb unserer selbst, dann in uns. Ordensmitglieder, die sich nicht um das geistliche Leben kümmern, haben keines, gleichgültig, wie gut ihre Motivation, wie kultiviert ihr Professionalismus ist und wie lobenswert die Werke sind, mit denen sie sich beschäftigen. Ohne eine Bindung an das geistliche Leben bedecken wir keine Kohlen für die Zukunft, zünden wir keine Feuer an, hinterlassen wir keine Glut, um die fortschreitende Suche bei anderen, die noch kommen werden, zu entfachen.

Es bleibt allerdings noch herauszufinden, ob die beiden Elemente des menschlichen Daseins – das materielle und das geistliche – wirklich wesentliche Bestandteile ein und desselben Lebens bilden können. Oder kann das Leben nur dann intensiv gelebt werden, wenn es eindeutig aufgeteilt ist? Sind die Suche nach Gott und die nach dem Leben diametral entgegengesetzt? Der institutionelle Legalismus besteht natürlich darauf, dass dies der Fall ist. Über Jahre hinweg hat die Kirche – insbesondere mit Blick auf die Frauen – das eine Element gegen das andere in einem Dualismus ausgespielt, der sogar das geistliche Leben in eine Hierarchie von Tugenden des Ordenslebens verwandelte. Einige traten in „aktive" Gemeinschaften ein, wie es die Canones nannten, und sprachen Gebete; andere traten in streng klausurierte Gemeinschaften ein und vergaßen über der Kontemplation die Dinge der Schöpfung. Die kirchliche Botschaft war deutlich: Das aktive Leben, das sich mit dem Leben und den Bedürfnissen von Menschen, also mit „materiellen" statt „geistlichen" Dingen beschäftigte, war der weniger radikale, der weniger heroische Weg zu Gott. Das apostolische Ordensleben war – so die Schlussfolgerung dieser Kosmologie – also nicht ganz so heilig wie das abgeschiedene Ordensleben – als ob schon das Gehen durch die Welt, die Gott schuf, eine Bedrohung für das geistliche Leben sei. Auf der anderen Seite war das kontemplative Leben mit seiner scharfen Trennung von „der Welt" von hoher Tugendhaftigkeit – und, wie man uns glauben machte, mit göttlicher Billigung versehen –, als ob das Bestreben, von der Schöpfung abgeschnitten zu leben, das Leben selbst heiligen würde. Es war eine unglückliche Unterscheidung. Meines Erachtens war es auch eine falsche Unterscheidung, deren schädliche Auswirkungen für das Ordensleben, welcher Art auch immer, sich erst jetzt zeigen.

Wir sprechen von „aktivem“ Leben und „kontemplativem“ Leben, als seien sie echte Gegensätze und stünden in Spannung zueinander. In Wahrheit sind jedoch das „aktive Leben“ und das „klösterlich abgeschiedene Leben“ einander gegenüberstehende Kategorien. Beiden liegt die Kontemplation zugrunde. Mit anderen Worten: Die Begriffe „Kloster“ und „Kontemplation“ sind keine Synonyme. Kontemplation so zu sehen, wie Gott sieht, wird von uns allen verlangt. Für manche ist das Kloster das Vehikel zur Kontemplation; andere finden Gott in den Gesichtern der Armen. In beiden Fällen ist Kontemplation sowohl der Anfang als auch das Ende des Unternehmens.

Bei einer Aufteilung der geistlichen Welt in „aktive“ und „kontemplative“ Orden – statt sie einfach als Klausurierte oder Nichtklausurierte zu identifizieren – haben wir die eigentliche Natur und das Leben Jesu übersehen. Oder sagen wir etwa, dass Jesus nicht kontemplativ war, nicht in Gott versunken war, nicht in allem Gott sah, nicht die Welt so sah, wie Gott sie sieht, nur weil er auf den staubigen Wegen Galiläas ging, schmutzige Menschen heilte, von Bettlern umringt war, vom Drängen der Massen, von den Fragen der Pharisäer, von den Nöten der Kinder, von den Schreien der Armen erschöpft war? Was haben wir bei unserem Verständnis des geistlichen Lebens so grundfalsch gemacht, welche Folgen hat das heute für das Ordensleben?

Das geistliche Fragen, die Suche nach Gott in der Zeit, die Errichtung der Gottesherrschaft, die Achtsamkeit für Gottes Anwesenheit in den Menschen hält das Ordensleben in Bewegung und treibt es durch alle anderen Ziele des Lebens hindurch, gleichgültig wie lobenswert diese anderen Ziele auch sein mögen. Die geistliche Suche duldet keinen Kompromiss; sie erstrebt einzig und allein die spürbare Gegenwart Gottes an diesem Ort, bei diesen Menschen und diesem Wagnis.

Die geistliche Suche in uns ist das, was immerzu mehr verlangt, als das Leben zu bieten hat. Der Mensch, dessen Leben darauf ausgerichtet ist, kennt kein Scheitern und erwartet keinen Erfolg, kennt keinen Erfolg und erliegt dem Scheitern nie. Gott in dem zu finden, was wir tun, ist die Messlatte unseres Erfolges; ein Gehen mit Gott, wohin auch immer, macht Misserfolg unmöglich.

Sich der geistlichen Suche voll und ganz zu verpflichten heißt, immer wieder aufs neue auf das zu antworten, was uns jenseits unseres jetzigen Standortes dahin lockt, wo wir dem Willen Gottes für uns noch näher sind. Die geistliche Suche entfernt uns im Leben immer wieder von diesem Dienst, von diesen Menschen, von diesem Ort, damit Gott in frischer und erregender Weise in uns und in die Welt einbrechen kann. Wenn wir uns damit begnügen, dort zu bleiben, wo wir sind, ist die geistliche Suche in uns gestorben. Geistliche Suche bedeutet, dass wir nie mit weniger zufrieden sind als mit einem geistlichen Leben, das in den Leben spendenden Gnaden des materiellen Lebens um uns her voll und ganz gelebt wird. Die geistliche Suche flieht das Leben nicht. Die geistliche Suche sucht Gott in allem und überall und hört nicht auf, bis jeder Schritt der

Suche heilige Vollendung findet. Die geistliche Suche verlangt, dass wir dahin gehen, wo Gott ist. Sie verlangt, dass wir in Situationen, in denen Gott nicht zu finden ist, genau jene Vision einbringen, die dem Augenblick fehlt. Um das zu tun, müssen wir uns jedoch selbst Schritt für Schritt in den Geist Gottes hineinwagen, müssen wir im Geist lebendig sein, müssen wir mehr auf den Geist als auf die konkrete Aufgabe eingestellt sein.

Problemanzeigen

Wenn die Arbeit, jede Art von Arbeit, wichtiger wird als geistliches Suchen selbst und das, was die Suche von uns hier und jetzt verlangt, ist das ein erstes Anzeichen dafür, dass mit unserem Ordensleben etwas falsch gelaufen ist. Lehren, Heilen, die Arbeit in pastoralen Berufen, selbst die Arbeit, ein Ordensmitglied zu sein, ist nicht so wichtig wie Suchen. Wo immer wir sind und bei allem, was wir tun, müssen wir den größeren Willen Gottes im Sinne haben. Das ist der Unterschied zwischen einer Ordensfrau, einem Ordensmann und einem Sozialarbeiter oder einer Sozialarbeiterin. Sozialarbeiterinnen und Sozialarbeiter leisten Arbeit, die getan werden muss und die wert ist, getan zu werden. Ordensleute fallen so rückhaltlos in die Arme Christi und in den Willen Gottes, dass ihnen nichts genügt, außer das zu werden, was sie suchen: der Barmherzige, der Liebende, der Eine, der die Wahrheit sagt, der Eine, der sagt „Geh und tu desgleichen". Der springende Punkt ist: Es ist keine bestimmte Arbeit, wie gut und notwendig sie auch sein mag, die Ordensleute gefangen nimmt. Es ist der Gott, den sie in ihren Herzen halten und den sie im Gebet, in den Menschen und in der Umwandlung der Erde in die Gottesherrschaft finden, der ihr Leben antreibt.

Gott zu suchen heißt also zum Handeln genötigt zu sein. Die Suche nach Gott und das Verrichten der Werke Gottes zu trennen, läuft auf das genaue Gegenteil geistlicher Suche hinaus. Das Kunststück besteht darin, das zerbrechliche Gleichgewicht zwischen beidem zu halten. In diesem Jahrhundert hat das Ordensleben unter beiden Extremen gelitten. Der religiöse Dualismus, auf die Spitze getrieben, sagt zweierlei – einerseits, dass das Gebet genügt, andererseits, dass das Arbeiten genügt. Die Generation, in der wir selbst uns vorfinden, hat beides gesagt. Wir haben die öffentlich wahrnehmbare Arbeit zur Grundlage der Evangelisierung und zum bestimmenden Merkmal des Ordenslebens gemacht. Wo diese scheiterte oder ins Wanken geriet, haben wir folglich das Ordensleben selbst zum Misserfolg erklärt. Wir haben auch vermutet, dass klausuriertes Ordensleben dem Himmel näher sei, weil es der Welt, die es umgab, fern war. Keine der beiden Haltungen könnte weiter von der Wahrheit entfernt sein, wenn die Propheten wirklich Gottes Propheten waren und wenn Jesus in Wahrheit ein kontemplativer Mensch war. Die Geschichte bestätigt, dass nur in der Verflechtung beider – Handeln *und* Kontemplation, Kontemplation *und* Handeln – das Ordensleben gedeiht. Die größten Kontemplativen sind auch die aktivsten Handelnden gewesen: Hildegard von Bingen, Bernhard von Clairvaux und Teresa von Avila. Die aktivsten Mitglieder sind die kontemplativsten gewesen: Katharina von Siena, Charles de Foucauld, Ignatius von Loyola. In unserer eigenen Zeit unterhielt der kontemplative Mönch Thomas Merton zwar kein Zentrum für Frieden und Gerechtigkeit, er machte jedoch die Frage nach Frieden und Gerechtigkeit zu einer brennenden Frage für die Kirche. Gleichzeitig leiteten der „aktive" Jesuit Dan Berrigan und sein verheirateter Bruder Phil ein Zentrum für Frieden und Gerechtigkeit, aus einer intensiven öffentlich-geistlichen Perspektive heraus.

Was das Ordensleben heute braucht ist die Kultivierung des Heiligen, das nicht vom Weltlichen getrennt, sondern Substanz von seiner Substanz ist. Das Ordensleben hat die Funktion, die Frage nach Gott – und Gottes Fragen an uns – im Blickfeld der Welt zu halten, damit sie aus allen Winkeln, von allen und jedem gesehen und verfolgt werden können. Ohne ein starkes, klares Zeugnis gebendes geistliches Leben, das vom Geist Christi durchdrungen ist und das sich auf das Evangelium gründet, ist das beste Tätigsein in der Welt reine Sozialarbeit, ob es von Ordensmitgliedern getan wird oder nicht. Dann schwinden die geistlichen Fragen, die Fragen aller Fragen aus dem Blickwinkel der Welt, dann wird das Leben von innen her unfruchtbar und fragwürdig, dann erkaltet die Asche und es gibt nichts, was wert wäre, für eine kommende Generation erhalten und an sie weitergegeben zu werden.

Die Aufgabe des Ordenslebens ist im Grunde genommen keine Aufgabe, wie andere Aufgaben es sind. Es ist die Übersetzung der großen Fragen des Lebens in die Sprachen aller Lebensbereiche hinein. Die Ordensfrau, der Ordensmann übt keine Nächstenliebe aus, ohne zu fragen: „Warum gibt es diese Ungerechtigkeit?" Sie oder er lehrt nicht, ohne zu fragen: „Was muss gelernt werden, damit die Welt verändert werden kann?“ Er oder sie handelt nicht, ohne zuvor über den Grund für dieses Handeln, seine Folgen, seine Kosten und seinen Beitrag für das Kommen des Gottesreiches nachzudenken. Das Ordensleben macht aus der Kontemplation etwas sehr Aktives.

Der Sinn des Ordenslebens ist die Jagd nach der geistlichen Suche, die Aufrechterhaltung der geistlichen Fragen und die Artikulation der geistlichen Herausforderungen von Epoche zur Epoche in jeder Form und zu jeder Zeit.

Wenn das so ist, dann ist die gegenwärtige Sorge um den Wert des Ordenslebens zumindest irregeleitet, wenn nicht völlig missverstanden. Hat das Ordensleben noch einen Sinn, da seine Kennzeichen nicht mehr die bedeutenden Institutionen sind, die errichtet wurden, um die großen sozialen Fragen vorangegangener Generationen zu lösen? Ja, und jetzt erst recht! Denn das Ordensleben hat nun die Möglichkeit, neu damit zu beginnen, das Evangelium auszuloten und lautstark die Fragen zu stellen, mit denen es die kommende Welt konfrontiert. Die Frage, die die Gesellschaft herausfordernd jetzt an uns stellt, lautet nicht: „Ist das Ordensleben wertvoll?“ Solange das Evangelium wertvoll ist, wird das Ordensleben wertvoll sein. Nein, die wirkliche Frage lautet: „Ist das Ordensleben lebensfähig? Ist das Ordensleben selbst religiös genug, um sich wieder auf das Evangelium zu besinnen, statt sich auf die Institutionen zu konzentrieren, die es früher sicherlich am treffendsten charakterisierten, in dieser neuen Zeit aber anderweitig verankert und eher Teil der Kultur sind, als ihr gegenüber prophetisch zu wirken?“

Zunächst müssen wir die Evangelien ausloten. Jeden Tag. Immer. Ohne Unterlass. In jeder Situation. Wir müssen zweifelsohne ein geistliches Leben leben, das auflodert, damit alle es sehen können. Vor allem aber müssen wir ein geistliches Leben leben, so innig, so regelmäßig, so klar, dass uns Widerstände nicht überraschen können. Wir müssen geistliche Reservoire in uns anlegen, die uns mit Frieden im Herzen und Gelassenheit im Alltag jede Hürde in Kirche und Staat nehmen lassen, und uns in dem eindeutigen Bewusstsein tragen, dass die Fragen, die wir stellen, nicht nur aus uns stammen.

Die Zenmeister erzählen, dass einst eine alte Frau während der schlimmsten Periode der Regenzeit zu einem weit entfernten Bergheiligtum pilgerte. Bevor sie den heiligen Berg bestieg, hielt sie an einem Gasthaus an und bat um ein Nachtquartier. „Du wirst bei diesem Wetter und bei dem glitschigen Lehm niemals auf den Berg steigen können", sagte der Wirt. „Es ist unmöglich." „Oh, das wird ganz einfach sein", sagte die alte Frau. „Schau, mein Herz ist schon seit Jahren dort oben. Jetzt geht es nur darum, meinen Körper dorthin zu bringen."

Es gibt kein Ordensleben ohne echtes religiöses Leben. Aber mit einem echten religiösen Leben wird alles andere – die Zweideutigkeit dieser Zeit, die Umbrüche in dieser Zeit, die neuen sozialen Herausforderungen, der Auftrag dieser Zeit, der da heißt: das Feuer bewahren – sehr einfach sein.

5. ZEIT FÜR DAS WAGNIS

Das Alter", sagte Bette Davis einmal, „ist nun mal nichts für Schwächlinge." Das Alter verlangt eine besondere Art von Mut. Seine Energie hängt von jener seltenen Stärke ab, die nicht nachlässt zu tun, was getan werden muss, nicht weil es leicht oder aufregend, sondern weil es wert ist, getan zu werden. Mit seinem Durchhaltevermögen und kraft seiner Erfahrungsstärke zeigt das Alter eine ganz besondere Qualität, eine ungewöhnliche Begabung für das Leben. Das Alter ist nicht das Ende des Lebens, sondern ein Lebensabschnitt, der neue Herausforderungen stellt und neue Antworten erfordert. Das Alter bringt seine eigenen Geschenke und seine eigenen Verpflichtungen hervor. Für das Ordensleben unserer Zeit jedoch könnte die Erkenntnis am wichtigsten sein, dass das Alter alles Menschliche, nicht nur den einzelnen Menschen, berührt.

Wenn religiöse Gemeinschaften, die selbst weit über die erste Blüte der Jugend hinaus sind, in dieser Geschichtsepoche überhaupt etwas lernen müssen, dann müssen sie etwas über den besonderen Charakter des Alters lernen. Es gibt noch sehr viel Lebenskraft im Alter. Alles hängt davon ab, wie wir es leben. Wir können Jahre vor unserer Zeit sterben. Wir können aber auch leben, bis wir sterben. Jedes Lebewesen sieht sich vor diese Wahl gestellt.

Insofern geht das Alter das Ordensleben in zweifacher Weise an. Erstens steigt das Alter seiner Mitglieder. Selbst neue Mitglieder sind jetzt in der Regel ältere Mitglieder. Zweitens hat sich das Alter der Institution selbst verschoben, und zwar mit allem, was das bezüglich ihrer gemeinschaftlichen Bräuche, kulturellen Ausprägungen, Lebensgewohnheiten und theologischen Ideale beinhaltet. Die Herausforderungen sind damit klar: Ältere Mitglieder müssen neue Ideen aufnehmen. Neuere Mitglieder müssen ihre jugendliche Frische und ihre unverbrauchte Vision in einer Umgebung bewahren, in der die unmittelbare Vergangenheit vielleicht viel zu lange als ewige Wahrheit galt. Wo das Alter überwiegt, muss der Gemeinschaftsgeist zu einer jungen Vision werden, die in alten Werten wurzelt; andernfalls könnten wir das, was wir immer getan haben, mit dem, was wir jetzt tun sollten, zu leicht verwechseln.

Das Ordensleben, das in einer vergangenen Ära seine höchste Blüte erreichte und nun vor dem Aufbau neuen Lebens steht, kann jene Resignation nicht dulden, die dem Tod vorausgeht. Für ein wahrhaftiges geistliches Leben brauchen wir heute Mut von ungewöhnlichem Format.

Irgendwann altert jeder Mensch und jede Materie. Die gängige Weisheit einer Kultur, in der Jugendlichkeit zum nationalen Ideal erhoben wird, fordert, dass Menschen in einem gewissen Alter den Geist zugunsten der nächsten Generation „aufgeben" und sich in eine Art Senilität zurückziehen, die geduldig und passiv auf den Tod wartet.

Dass Menschen in einer solchen Umgebung sterben, längst bevor ihr Leben vorüber ist, kann dann nicht mehr überraschen. Das ist ein trauriger Prozess. Für diejenigen, die vor ihrer Zeit sterben, wird die Vergangenheit unsterblich; schon die Vorstellung von einer Leben spendenden und frischen Zukunft wird undenkbar. Nur das, was gewesen ist, zählt; was sein könnte und sein müsste, findet keine Beachtung. Ohne es zu merken und auch ohne jeglichen Grund werden diese lebenden Toten stumpf, tatterig und langweilig. In der Tat: Es gibt solche Menschen, die auch schon in jungen Jahren todlangweilig sind.

Das hat zur Konsequenz, dass in dieser Kultur das Alter als solches eine der größten Gefahren für das Ordensleben in Amerika – Ähnliches gilt für Europa – darstellt. Das Alter wird zur Schnittmenge zwischen amerikanischer Kultur und amerikanischem Ordensleben. Hier prallen die Kultur und das geistliche Leben zwar subtil, aber deutlich wahrnehmbar aufeinander. Der Konflikt zwischen dem, was die Kultur vom Alter hält, und dem, wie Ordensmitglieder das Alter sehen, muss gelöst werden.

Eine Jugendkultur setzt Zeitpunkte fest, an denen das Leben praktisch und in vielfachen Bereichen zu Ende geht. Wir schließen offizielle Ausbildungsprogramme ab und wissen, dass unsere berufliche Talfahrt begonnen hat. Wir erreichen das Alter von 40 Jahren und verlieren das Gespür für neue berufliche Möglichkeiten. Wir nehmen Abschied von einer Position und verlieren das Gefühl öffentlicher Bedeutsamkeit. In einem solchen gesellschaftlichen Klima bietet das Ordensleben einen Kontrapunkt von Qualitäten, die ohne Rücksicht auf irgendwelche Schlusspunkte oder Grenzen auf das wahre Unsterbliche hindeuten.

Die Jugendlichkeitskultur versetzt Menschen in den „Ruhestand", verdrängt sie immer früher vom Markt, um eine zerbrechliche Wirtschaft aufrechtzuerhalten und den ständig wachsenden Einsatz von Computern zu rechtfertigen. Menschen, die einst ihre überschaubaren Welten bewegten und aufrüttelten, verlieren die Orientierung, fühlen sich wertlos und betrachten sich in genau dem Alter als nutzlos, in dem sie endlich genügend Erfahrung gesammelt haben können, um etwas zu wissen. In einer Gesellschaft, die auf Steigerung des Bruttosozialprodukts ausgerichtet ist und die am Geldwert gemessen wird, geht für viele Menschen das Leben zu Ende, gerade wenn es seinen Anfang nimmt. Als „alt" abgestempelt erweckt es den Anschein zu leben, aber es lebt ohne Horizont.

ORDENSLEBEN GEHT NIE IN DEN RUHESTAND

Das Ordensleben hingegen bündelt die Energie und die Vision eines Menschen auf einen Punkt jenseits des Lebens selbst und kommt insofern nie wirklich an, ist nie vollendet, geht nie in den Ruhestand. Für Ordensmitglieder beginnt das Leben immer wieder neu. Es geht nie wirklich zu Ende, sondern bewegt sich immer wieder auf den nächsten Augenblick des Werdens zu. Natürlich kommt der Tod auch für Ordensmitglieder, aber er kommt erst, wenn jede Minute des Lebens voll und ganz ausgelebt wurde. Der Tod eines Ordensmitglieds wird weder durch den Besitz eines Arbeitsplatzes noch durch das Sozialsystem zeitlich bestimmt, noch gehört er einem bestimmten Alter an. In jedem Lebensabschnitt gibt es jeweils etwas Wichtiges zu tun, etwas Neues zu lernen, etwas Unverzichtbares zu geben. Somit ist das Ordensleben an diesem Punkt der Geschichte aufgefordert, die Folgen beider Zeitkonzepte aufzuzeigen. In dem einen Konzept mindert die Zeit unseren Wert und wir geben auf, lange bevor unser Ende naht. In dem anderen ist die Zeit eine Folge von Schritten auf die Fülle des Lebens hin und wir hören nie auf zu gehen. Die Kultur betont die Brüchigkeit des Alters, das Ordensleben schätzt seine wirksame Kraft und seinen Sinn.

Es stimmt einfach nicht, dass das Alter uns daran hindert, ein erfülltes und kraftvolles Leben zu leben. Ganz im Gegenteil: Das Alter verfeinert uns, formt uns und erneuert uns. Gerade das Alter ist der Punkt im Leben, an dem sich Werte wandeln und Tugend neu definiert wird, an dem das, was wir einst für wirklich wichtig, wirklich gut hielten, endlich für Fragen und Wahlmöglichkeiten offen ist. Erst wenn das Alter kommt, entscheiden wir ganz frei, ob wir wirklich leben werden und wie und warum wir leben werden.

Die Jungen und Unerfahrenen schätzen Vorsicht höher als Risiken. Der junge Mensch, der vorankommen will, lernt schon früh, dass sein Weg zum Erfolg führt, wenn er sich an die Spielregeln hält, wenn er sich anpasst, wenn er sich unauffällig verhält, wenn er nichts und niemanden bedroht. Junge Menschen begreifen sehr schnell, dass der bessere Teil der Tapferkeit darin besteht, Boden zu gewinnen, indem sie vorsichtig zu Werke gehen, bis die Erfahrung den Mangel an Fertigkeit aufwiegt. Von daher neigen junge Menschen, die sich ihrer Schritte nicht sicher sind, oft dazu, sich an das zu klammern, was sie kennen. Wir nennen sie eine konservative Generation, wenngleich es eher der Wahrheit entspricht, dass jede junge Generation unter großem Druck steht, sich anzupassen, von einigen Rebellinnen und Rebellen hier und dort einmal abgesehen. Anders ausgedrückt haben auch junge Menschen trotz aller Bilder von den Wilden und Leichtsinnigen ihre Probleme mit dem Risiko. Junge Leute lernen geduldig zu warten, bis ihre Zeit kommt.

Dem Leben der Alten aber, für die die hart erkämpfte Sicherheit allzu leicht zu einer Versuchung wird und der Erfolg allzu selbstgefällig als gegeben gilt, könnte Vorsicht gerade dann Fesseln anlegen, wenn es am nötigsten Freiheit braucht. Dann wird die Bereitschaft, ein Risiko einzugehen und nicht die Bereitschaft zu warten zum endgültigen Maßstab von Charakter und Wert, Qualität und Glück. Daher schockieren alte Pionierpersönlichkeiten weit mehr und beeinflussen die Gesellschaft viel stärker als jüngere. Albert Schweitzer, Albert Einstein, Dr. Seuss, Mother Jones, Grandma Moses und Maria Balanchine versetzen das Blut in Wallung und erwecken in uns eine weit größere Hoffnung als die Jugendlichen um sie herum, die möglicherweise bis zum Ende durchhalten, möglicherweise das werden, was sie sich ursprünglich vorgenommen haben und vielleicht sogar die Fähigkeiten wie auch den Kampfgeist dazu mitbringen – oder auch nicht. Was könnte den Status quo tatsächlich mehr gefährden als erfahrene, furchtlose, selbstsichere ältere Menschen, die nicht eingeschüchtert, nicht gezähmt, und nicht dafür bestraft werden können, dass sie unverschämt lebendig sind?

Die schlichte Wahrheit ist, dass neue Ordensmitglieder, die mit der Erwartung in einen Orden eintreten, soziale

Sicherheit an einem Ort zu haben, der für sich in Anspruch nimmt, jenem Jesus zu folgen, der von der Synagoge gehetzt, vom Staat gefürchtet, von seinen Verwandten für verrückt gehalten, von seinen Nachbarn abgelehnt und nur von den Ausgestoßenen der Gesellschaft geliebt wurde, genau den falschen Ort gewählt haben. Tatsächlich ist das Alter keineswegs die Zeit, sich zur Ruhe zu setzen. Nicht hier, nicht jetzt, nirgends. Das Alter ist die richtige Zeit, um mit Leib und Seele und mit Fantasie Neues anzugehen, wenn das Leben von morgen nicht einer langen, traurigen Litanei von sich nostalgisch nach der Vergangenheit zurücksehnenden Tagen gleichen soll. Zu leben, bis wir sterben, könnte letztendlich das endgültige Ziel im Leben sein.

Das Ordensleben, wie wir es kennen gelernt haben, ist jetzt selber alt. Religiöse Gemeinschaften finden sich jenseits der ungestümen Energie vor, die die Hingabe an neue Projekte, große Vorhaben und öffentliche Triumphe begleitet. Das Ordensleben selbst hat einen Meilenstein von großer Bedeutung passiert. Die alte Arbeit existiert kaum noch, ist fast unsichtbar geworden und zählt kaum noch angesichts der Überfülle ähnlicher Einrichtungen, die sie umgeben und von denen die meisten größer, reicher und umfassender sind als das, was die vergangene Herrlichkeit zahlreicher Gemeinschaften einmal ausgemacht hat. Diese Gemeinschaften sind aus welchen Gründen auch immer weitgehend verschwunden. Und so quält uns die Frage: Ist damit auch das Ordensleben dahin? Wenn nicht, was ist dann die Spiritualität dieser Zeit? Was könnte unser Gefühl von Scheitern und Zerfall wettmachen, das aufkommt, wenn wir sehen, dass eine Periode den zeitlich bedingten Tod stirbt, bevor wir bereit sind, sie loszulassen?

LEBEN UND LEBENDIGKEIT

Was das Ordensleben heute in einer Zeit der rückläufigen Zahlen eindeutig braucht, ist nicht Resignation angesichts des Todes. Es braucht Leben und Lebendigkeit. Es braucht einen neuen Sinn. Es braucht Zuversicht, um neue Wege mit neuem Eifer und ohne Furcht zu beschreiten. Was haben wir denn noch zu verlieren, wenn alles, was war, schon verloren ist? Genau zu dem Zeitpunkt, in dem die Welt den Niedergang erwarten, ja fordern würde, muss sich das Ordensleben weigern, weniger als es selbst zu sein. Das Ordensleben benötigt heute eher Risiko als Vorsicht, als Konformität und als einen Konservatismus, der nachdrücklicher bestrebt ist, die Güter der Vergangenheit denn die Weisheit der Vergangenheit zu bewahren. Das Ordensleben braucht ältere Mitglieder, die sich weigern, einem gealterten Lebensstil, und neue Mitglieder, die sich weigern, einer alt gewordenen Seele zu erliegen.

Dass Ordensleute in einer alten Institution leben, entschuldigt nicht, dass sie keine jungen Ideen entwickeln und Neues in Angriff nehmen. Im Gegenteil, das Alter der Institution selbst verlangt es. Dass wir selbst alt sind, ist keine Entschuldigung dafür, wie tot zu sein, zurückhaltend zu sein, bis in die Bewegungslosigkeit hineingesetzt zu sein, die Hände in den Schoß zu legen und darauf zu warten, dass wir von uns selbst erlöst werden. „Wer soll mich vom Körper dieses Todes retten?", fragt der Psalmist. Gottes taubes Schweigen ist die Antwort. Nur wir selbst können uns vor dem Tod in uns retten, gleichgültig ob wir alt oder jung sind.

Es ist nicht unsere Pflicht, das Ordensleben zu erhalten. Unsere einzige Pflicht besteht darin, als Ordensmitglieder zu sterben. Wir müssen aufhören, nach Gründen zu suchen, Ausreden zu erfinden und uns unsere selbst gemachten Prophezeiungen vorzubeten, die es uns erlauben, auf der Stelle zu treten. Wir reden von abnehmenden Zahlen und steigendem Durchschnittsalter, als ob Zahlen und Zeiten der Sinn unseres Engagements, das Maß unseres Erfolges wären. Wir sprechen über Tradition und „das geistliche Leben", als ob Tagesordnungen und die Unveränderbarkeit der Rituale Kennzeichen unserer Treue oder Ausdruck unseres Glaubens wären. Wir vergleichen vergangene mit gegenwärtigen Formen und finden dann die neue Form unannehmbar, nicht weil sie den Geist des Lebens verfälscht, sondern weil sie uns fremd ist. Wir sprechen von neuen Anforderungen und finden sie dann wegen „der alten Schwestern, der alten Brüder" unannehmbar, nicht weil sie ihnen nicht gerecht werden könnten, sondern weil wir selbst uns nicht mit ihnen belasten wollen. Wir zaudern gerade dann, wenn wir – nach einem Leben des Gebetes – am stärksten sein sollten, und schaffen es nicht, genau das zu werden, wofür wir unser ganzes Leben gebetet haben: glaubende Menschen, prophetische Menschen. Statt dessen gelten bei uns, wie bei allen anderen Institutionen in der Kultur, unsere Einrichtungen als Zeichen unseres Erfolges und ihr Verlust als Zeichen unseres Versagens, als Begründung dafür, uns zur Ruhe zu setzen und die Welt an uns vorbeiziehen zu lassen.

Am meisten schmerzt vielleicht die Möglichkeit, dass die geistliche Suche selbst zur Falle wird, wenn sie erst einmal auf die Ebene von Tagesabläufen und Routine heruntergesunken und zusammengeschrumpft ist. Die „geistliche Suche“ kann tatsächlich ebenso leicht zum Totengeläut des Ordenslebens werden wie jeder Aktivismus, der einer hektischen und wurzellosen Veränderung entspringt oder sich aus gesellschaftlichen Moden heraus entwickelt. Die geistliche Suche könnte sogar schlimmstenfalls eine fromme Ausrede sein, überhaupt nichts Geistliches mehr zu tun. In Namen des geistlichen Lebens gehen wir früh zu Bett und übersehen die Armen. Wir stehen früh auf, um zu beten, und vergessen die Erschöpften. Wir leben in unseren warmen Klöstern und vergessen die Menschen in Mietskasernen. Wir sagen uns, dass wir zu alt, zu jung, zu klein, zu unbedeutend sind, um das zu tun, was wir früher getan haben, und geben uns damit selber die Erlaubnis, keine Präsenz, keine prophetische Stimme mehr zu sein. Und das nennen wir dann Ordensleben und fragen uns auch noch, warum es stirbt.

Das Problem des Altseins liegt darin, dass es eine große Versuchung mit sich bringt, vor der Zeit zu sterben, in eine Art lebenden Todes einzugehen, in der jede Anstrengung zu viel ist und jede Energie dafür genutzt wird, den nächsten lustlosen Atemzug zu tun. Manche Menschen legen sich vor dem Einsetzen des Alters einfach hin und überlassen sich dem Altwerden. Sie warten auf den Tod, sterben den Tod der Leblosigkeit, begeben sich abgestumpft in eine lange, graue Nacht, bis der Tod tatsächlich über ihnen schwebt wie Geier über einem verwundeten Tier. Wir sehen es überall. Wer aufhört zu leben, beginnt zu sterben, und wer weiterlebt, macht aus dem Tod einen Anachronismus. Wir machen uns nicht klar, dass mit Gemeinschaften das Gleiche geschehen kann. Und es oft geschieht. Und es geschehen ist. Noch immer.

Ein Teil des Problems unserer Zeit liegt gewiss darin, dass das, was einst jung war und seriös sein musste, jetzt alt ist, aber adrett sein muss. In Bezug auf das Ordensleben könnte natürlich das Problem sein, dass es so lange eine Jugendkultur war, dass Menschen vergessen haben, wie sie ab 50 leben sollen. Die Berufungen während des Weltkrieges bereiteten den Weg für riesige Noviziatshäuser und ein frühes Sich-zurückziehen. Es gab stets jüngere Menschen, die die Bürde der Werke weiterhin tragen konnten, so dass Menschen, die kaum älter als sie waren, sich in eine ländliche Routine des religiösen Lebens eingewöhnen konnten, ohne sich um große Lasten zu sorgen, ohne sich Herausforderungen zu stellen und ohne Visionen zu entwickeln. Wenn sie einmal über 50 waren, brauchten sie nur noch Gebete zu sprechen, den Tagesablauf zu beachten und eine bestimmte Routine einzuhalten – und das alles im Namen des Ordenslebens.

Das ist eine sehr traurige Situation. Die Zahl der wirklich jungen Menschen, die eintreten, ist gering. In dieser Kultur gehen Menschen erst ab 30 langfristige Verpflichtungen wie Ehe, Elternschaft, Berufswahl ein. Von daher sind heute fast alle Ordensmitglieder über 50 oder nicht weit davon entfernt. Fünfzig zu sein ist keineswegs schlimm. Fünfzig ist ein herrliches Alter – reich an Erfahrung, Weisheit und Furchtlosigkeit. Nein, das Einzige, was am Fünfzigsein schlimm ist, ist so zu tun, als ob das Leben vorbei sei, wenn wir einmal 50 sind. Was früher im Ordensleben „alt" war, ist heute jung. Menschen, die in der Gesellschaft für alt gelten und ihren „Abschied" vom Leben nehmen mussten, obwohl sie noch Jahre zu leben haben, sehen sich jetzt dem Problem gegenüber, im Alter ein ganz neues Leben anfangen zu müssen. Das ist eine Lehre für religiöse Gemeinschaften, die sie ernsthaft erwägen müssen.

Leben bis zuletzt

Leben bis zuletzt: Diese Tugend wird jetzt vom Ordensleben verlangt, wenn das Feuer je wieder aufflammen soll. Es ist die Tugend der Risikobereitschaft, die das Ordensleben erneut braucht: Risikobereitschaft bei älteren Mitgliedern, die meinten, die großen Wagnisse ihres Lebens lägen bereits hinter ihnen, Risikobereitschaft bei jüngeren Mitgliedern, die naiv genug waren, ein Leben vorgeschriebener Gebete und Dienste für ein risikofreies Leben zu halten.

Risikobereitschaft beinhaltet konkrete Merkmale, von denen viele jedoch in einer Sprache verlorengegangen sind, die durch gedankenloses Wiederholen verflacht ist. Was man beim Risiko als erstes bedenken sollte, ist, dass ein Risiko ohne die große Wahrscheinlichkeit zu scheitern keine Tugend ist. Mit anderen Worten, ein Risiko gibt es erst, wenn von uns etwas verlangt wird, das zumindest auf den ersten Blick zum sicheren Scheitern verurteilt zu sein scheint, trotzdem aber unbedingt angegangen werden muss. Der Trapezkünstler, der mitten in der Luft eine Schaukel loslässt, um im freien Flug nach einer anderen zu greifen, geht ein Risiko ein. Der Philanthrop, der ein Vermögen vom Geldmarkt nimmt, um ein privates Rehabilitationszentrum für straffällige Jugendliche zu finanzieren, geht ein Risiko ein. Die Reporterin, die Hunderte von unbezahlten Stunden mit der Enthüllung eines politischen Betrugs aufwendet, geht ein Risiko ein. Die Theologinnen und Theologen, die zugeben, dass sie mit dem Lehramt in bestimmten Debatten nicht übereinstimmen, gehen im Interesse intellektueller Redlichkeit ein Risiko ein. Aber sie sind nicht allein. Das Risiko gehört zum Wesen eines unversehrten geistlichen Lebens. Die Propheten, die Baalsgötter verwarfen, den König verurteilten, die Priester schalten und das Volk verärgerten, wussten um das Risiko. Die Witwe Judit, die es mit einer einzigen Magd gegen eine ganze Armee aufnahm, verkörperte die Tugend des Risikos überdeutlich. Mutter McAuley, Angela Merici, Maria Ward, Benedicta Riepp und all die großen Gründer und Gründerinnen von religiösen Gemeinschaften gingen hohe Risiken ein, weil ein Risiko im Namen des Evangeliums dem Geist der Zeit entsprach.

Risiko heißt nicht, an einem warmen Feuer in dunkler Nacht mutige Reden zu schwingen. Nein, Risiko heißt Ungewissheit. Risiko heißt wagemutig auf etwas Wünschenswertes, aber Unsicheres zu setzen. Risiko ist Glaube, der frei ist von Kalkül.

Das Risiko hat nur Gott als zuverlässigen Begleiter. Die religiösen Gemeinschaften, die ihren Ruf um neuer Fragen willen, ihre Geldgeber um des Friedens willen, die Unterstützung ihrer Priester und Bischöfe um der Frauen willen, ihren Lebensstil um der ökologischen Erhaltung der Erde willen und ihre Renten und Pensionen um der Armen willen riskiert, geht den Weg eines heiligen Risikos. Es ist kein einfacher Weg für das Ordensleben. Es gibt jedoch keinen anderen Weg, wenn das Leben wahrhaftig sein soll, wenn das Feuer aus der Glut der Vergangenheit wieder entzündet werden soll.

Das Risiko verleiht Energie und entnervt, schickt Adrenalin in den Kreislauf einer Gruppe und macht das Leben wieder lebenswert. Das Risiko macht ironischerweise wieder Leben aus dem Leben. Eine religiöse Gemeinschaft, die ein Risiko eingeht, balanciert auf des Messers Schneide, getragen von schwindelerregender Treue zur Vergangenheit, die sie ursprünglich hierher brachte. Die Mitglieder werden ihrer Vorfahren würdig und ihren Töchtern und Söhnen im hohen Alter ein Vorbild.

DIE PREISGABE DER ERNEUERUNG

Das Problem könnte sein, dass wir schon viel zu lange versuchen, dem Ordensleben jedes Risiko zu nehmen. Wir begannen mit der Erneuerung und ließen sie dann mitten im Flug fallen. Wir wissen, dass die Erneuerung an Tempo verloren hat. Uns ist aber nicht bewusst, dass wir sie völlig aufgegeben haben. Wir wollen, dass die Kirche ihre Regeln ändert, um Frauen in die Liturgie und in entscheidungstragende Positionen miteinzubeziehen, aber in der Zwischenzeit leben wir gehorsam und pflichtgetreu im Rahmen all dieser Regeln und riskieren für die Erreichung unserer Ziele herzlich wenig – nicht unseren guten Ruf, nicht unsere guten Verbindungen zu Priestern und Bischöfen, noch nicht einmal den Frieden an unseren Esstischen. Wir reden uns ein, dass wir die Dienste der Gemeinschaft fortführen möchten. Aber viel zu häufig kümmern wir uns mehr um Altersversorgung, als die Dienste zu unterstützen, die gebraucht werden, und als uns darauf zu verlassen, dass die Altersversorgung für sich selber sorgen wird, wenn wir uns um andere sorgen, wie es unsere Gründerinnen und Gründer vor uns getan haben. Ordenskapitel um Ordenskapitel stimmen wir für Haltungen, Positionen und Taten, die wild prophetisch und prophetisch wild sind, und dann ziehen wir uns in unsere abgeschiedene kleine Welt zurück und warten darauf, dass jemand anders handelt, weil wir selbst zu alt, zu schlecht vorbereitet, zu müde, zu sehr mit anderen wichtigen Dingen beschäftigt sind, um jetzt die Richtung zu ändern. Oder schlimmer noch: Wir unterstützen nichts, was auf irgendeine Weise den guten Ruf oder die Sicherheit der Gruppe schädigen könnte, denn: Wozu sollte es gut sein, Menschen zu ärgern, wenn wir genauso gut herausfordern können, ohne dass wir jemanden konfrontieren müssen? Wir wollen die Zukunft, ohne den Preis für sie zu zahlen. Wir beäugen die Propheten und Prophetinnen vor Ort argwöhnisch und versinken täglich immer tiefer in uns selbst. Wir werden alte, religiöse Feiglinge, die sich weit von der Charakterstärke der Visionäre entfernt haben, die den gesellschaftlichen, politischen und theologischen Widerstand ihrer Zeit unbeirrt aushielten, damit wir das gleiche in unserer Zeit tun können.

Es liegt auf der Hand, dass abgestumpfte Gruppen Menschen hervorbringen, die dem Leben gegenüber teilnahmslos, dem Ruf nach Leben in ihnen selbst gegenüber abgestumpft und für den Ruf nach Leben ringsumher unempfänglich sind. Alle Altersversorgungen der Welt können eine solche Gruppe nicht retten. Alle „guten Werke“ auf der Welt können eine Gruppe nicht retten, die sich einer unbeweglichen Bindung an alte Ideen, alte Systeme und alte Lebensformen in einer Welt verschrieben hat, die kühnes Risiko zugunsten von neuen Ideen, Systemen und Formen benötigt.

Das Ordensleben, wie wir es kennen, ist eindeutig tot. Das einzige Leben, das ihm noch geblieben ist, ist das, was in den Herzen der Mitglieder lebt und im Herzen der Welt Gehör findet.

Sie wollen uns einreden, dass das Alter das Leben in uns drosselt und es uns untersagt zu reagieren, dass es unseren Einfluss mindert und uns das Recht vorenthält, dahin zu gehen, wo wir gebraucht werden. Das sollte man Sara und Abraham, Dorothy Day und Mutter Teresa, Bede Griffith und Dom Helder Camara versuchen zu erklären! Nein, unser Problem ist nicht das Alter. Unser Problem sind Veraltetsein und Verknöcherung der Seele, gleichgültig wie alt wir sind. Unser Problem ist, dass wir, geschult in einer Spiritualität des Schweigens und des Erfolgs, die Spiritualität des Risikos aus den Augen verloren haben. Dennoch, wenn diese Zeit zu einer weiteren Zeit führen soll, muss das ach so behäbige Dasein eine Brutstätte des Risikos werden, nicht nur in allen Mitgliedern, sondern auch in allen Gemeinschaften. Genau das ist der Sinn dieser Zeit, unserer Zeit. Das ist der Maßstab des Ordenslebens in unserer Zeit. Tatsächlich wird unser ganzes Leben danach beurteilt. Die Zeit für ein neues Leben im Alter ist gekommen, und das Alter, wie jedes Ordensmitglied nur zu gut weiß, ist keine Entschuldigung dafür, nicht zu leben. Die Zeit ist gekommen, voll und ganz zu leben. Nichts anderes wird heute Gottgefälligkeit ausmachen.

„Sag uns, welchen Platz das Risiko im geistlichen Leben hat“, baten die Jünger. Der Zenmeister erzählte die Geschichte von den Arbeitern, die Monat für Monat eingeflogen wurden, um an der Straße von Burma zu arbeiten. Der Flug dauerte lange und die Arbeit war langweilig, so dass die Männer sich angewöhnten, Karten zu spielen, während sie von einem Ort zum nächsten geflogen wurden. Da sie jedoch kein Geld hatten, beschlossen sie, dass der Verlierer ohne Fallschirm aus dem Flugzeug springen musste. „Das ist ja furchtbar!“, keuchten die Jünger. „Ah ja“, sagte der Meister, „aber es hat das Spiel gewiss spannender gemacht.“

Die Botschaft ist deutlich: Es gibt nichts im Leben, das bedeutender wäre, als unser Leben aufs Spiel zu setzen. Ist das nicht auch der Grund, weswegen Menschen überhaupt erst Jüngerinnen und Jünger Jesu werden?

6. SPIRITUALITÄT DER BESCHEIDUNG

In der Heiligen Schrift reihen sich endlos Geschichten aneinander, die von machtlosen Menschen erzählen, die im Streit liegen mit mächtigen Gruppen, die sie überwältigen, sie an Zahl übertreffen und sie oft völlig zu vernichten scheinen. Die Israeliten in Ägypten erleiden die Sklaverei. David ringt mit Goliat. Die Verbannten, die nach dem Fall des Tempels aus Jerusalem abgeführt werden, erleben tiefe Demütigung. Josef, von seinen eigenen Brüdern verlassen, gerät in völlige Isolierung. Rut, eine Witwe in einer männlichen Welt, übersteht das Verlassensein. Ester, vom jüdischen Volk getrennt und an den Hof des Perserkönigs gebracht, sieht dem Tod ins Auge. Judit, allein gelassen, um dem Kämpfer Holofernes entgegenzutreten, trägt die Hoffnungen der ganzen Gesellschaft auf dem Rücken. Sie alle treffen auf Kräfte, die für sie zu stark sind, und sie überleben, um neu zu beginnen.

Aber ungeachtet der biblischen Aussagen sind Ohnmacht, Unvermögen und Schwäche keine Zustände, die wir in dieser Kultur oder dieser Welt schätzen. Und erst recht sind sie keine Umstände, die wir gelassen hinnehmen. Der anfänglichen Verfolgung zum Trotz florierte das Christentum und mit ihm christliche Institutionen. Die christliche Kirche gewann an Macht und Privilegien, Reichtum und politischem Einfluss. Ganz Europa atmete katholische Luft, und wenn nicht ausschließlich katholische, dann doch fast ausschließlich christliche. Größe zählte und triumphierte. Ohnmacht war in der Kirche nicht gern gesehen.

Das Zählen von Seelen und Konvertiten hat noch immer nicht aufgehört. Jedes Jahr registriert die Kirche die Zahl der neu Aufgenommenen und der neu errichteten Pfarreien. Die Kirche, die Demut predigt und die Kreuzigung verehrt, hat ungeachtet all der Persönlichkeiten in der Bibel ihre weltliche Macht und ihre privilegierte Stellung in der westlichen Gesellschaft nur zögernd und höchst widerwillig aufgegeben.

Der säkulare Westen, der die Goten vertrieben und über Kolonien geherrscht hat, findet seinerseits ebenfalls keinen Gefallen an Verlust. Der Wettlauf um die Vorherrschaft tobt bis heute in allen Bereichen: Wirtschaft, Handel, Wissenschaft, Militär, selbst Sport und internationale Politik, die das umfasst, was einst Spiele waren und heute als Spiel gilt.

Wir leben in einer konkurrenzorientierten Welt, die Werte in Zahlen ausdrückt und ihre Bedeutung an Größe misst. Werbebotschaften betonen eher die Dimensionen als die Qualität eines Produktes: „Die größte Institution ihrer Art" triumphieren wir ... „Die meisten Mitglieder in diesem Bereich ... die größte Abschlussklasse der Geschichte ... das umfassendste System der Welt." Unsere Werbeslogans sprechen von Macht und Herrschaft: „Wir sind die Nummer eins", belehren wir. „Die Führungsclique der westlichen Welt" nennen wir uns. „Wir strengen uns mehr an", sagen wir im Hinblick auf die zweite Mannschaft, die auf dem Wege zur Nummer eins ist. Offensichtlich wissen wir nahezu nichts von der Vitalität der Bescheidenheit und des Geringseins, ganz zu schweigen davon, dass wir sie uns wünschen. Wir wissen kaum etwas von der Hand Gottes in Augenblicken der Verzweiflung. Wir wissen leider herzlich wenig von der Macht eines einzigen Menschen, dessen Herz in Flammen steht im Gegensatz zur nutzlosen Teilnahmslosigkeit der Masse. Wir sind mehr auf Größe als auf Engagement spezialisiert.

Es ist kein Wunder, dass das Ordensleben durch den Mitgliederschwund in jüngster Zeit so verblüfft ist. Es überrascht nicht, da sein Wert ja an seiner Größe gemessen wird. Und es überrascht auch kaum, dass wir von seinem bevorstehenden Untergang reden, während wir lieber über positive wie negative Auswirkungen seiner Dezimierung sprechen sollten.

Das Problem der Dezimierung schreit nach Lösung. Die institutionelle Depression, an der das Ordensleben derzeit krankt, hat viel mit Alter und Zahlen zu tun. Aber als Mose die Israeliten in die Wüste führte, fragte sie niemand, ob sie glaubten, ihre Zahl reiche aus, um ihren Weg durch die Wüste ohne Führung zu finden oder ob das Durchschnittsalter der Gruppe für die Reise niedrig genug war. Sie erwarteten ganz einfach, dass alle mit ihrer Habe ins neue Land ziehen würden, und, wenn sie das getan hätten, Jahwe sie zu einem mächtigen Volk machen würde. Wenn es im Ordensleben heute überhaupt noch

Glauben, überhaupt noch Platz für Hoffnung gibt, dann nur genau so.

Dieses Mal werden wir einer nach dem anderen aufgerufen, nicht zu einer riesigen Versammlung mit einer vorgeschriebenen Aufgabe an einem besonderen Platz, sondern wir sollen uns dem Rest anschließen, der schon den Prozess des Weitermachens selbst als notwendig für die Erhaltung des Feuers und als fundamental für die Deutung des Lebens ansieht.

Ordensleben vor dem Untergang?

Es ist durchaus möglich, dass Frauen und Männer trotz der Tatsache, dass sie sich zu zölibatären, gemeinschaftlichen Lebensformen hingezogen fühlen, vor dem Eintritt in religiöse Gemeinschaften aus keinem anderen Grund zurückschrecken, weil die Ordensmitglieder selbst ihr Leben als vom Untergang bedroht sehen und dieses Faktum nicht nur als Übergangsstadium begreifen. Ordensmitglieder selbst bezweifeln nur zu häufig, dass Gott alte Wurzeln zum Ausschlagen bringen und aus alten Kohlen ein neues Feuer lodern lassen kann. Ordensmitglieder selbst erkennen die Beziehung zwischen dem Anwachsen von institutioneller Arbeit und dem Abnehmen von echtem religiösem Zeugnis nicht. Ordensmitglieder selbst reagieren vielleicht eher mit Resignation auf den Verlust des Alten als mit dem Durchhaltewillen unerschütterlicher Opfer um des Neuen willen, das aus dieser Periode kommen soll.

Ordensmitglieder wollen Kanaan wenigstens kurz sehen, bevor sie bereit sind, Ägypten für immer zu verlassen. Ordensmitglieder selbst verstehen nicht, dass das Ordensleben kein Zahlenspiel, kein Schutzschild, kein elitärer, etablierter Zustand ist. Im Gegenteil. Es könnte sein, dass das Ordensleben gerade dann in die Irre geht, wenn es die höchste Produktivität erzielt, die größte gesellschaftliche Anerkennung genießt, triumphale Erfolge feiert, die größte Ausdehnung erreicht und am gründlichsten in Institutionen involviert ist.

Ordensleben braucht für seine Legitimierung keine Tausende von Mitgliedern. Es sind nicht die Scharen von Menschen, die seinen Wert beweisen. Das Ordensleben war nie als Masse gesichtsloser Menschen, eine Welt für sich, ein Fließband anonymer, unsichtbarer, austauschbarer Teile gedacht. Das Ordensleben ist bestenfalls nichts anderes als ein Wachtposten auf der Mauer, ein Signalbläser bei Tagesanbruch, ein Laternenanzünder bei Nacht oder eine Kerze auf einem fernen Hügel. All diese sind schlichte Aufgaben, sehr besinnliche, einsame und einzigartige Posten. Alle können leicht „zu zweit", wie die Schrift empfiehlt, mit der Absicht besetzt werden, dass die beiden sich gegenseitig stützen, einander weiterhelfen und sich von Ort zu Ort antreiben, um dort zu reden, wo das Evangelium verstummt ist oder gar völlig fehlt.

Was also das Ordensleben zur Zeit braucht, ist eine Spiritualität des Kleinwerdens, ein Verständnis dafür, dass das Ordensleben Stimme, Ruf, Präsenz und Prophet in der Welt ist, keinesfalls aber ein Arbeitstrupp – nicht einmal für die Kirche.

„Zweifeln Sie niemals daran, dass eine kleine Gruppe die Welt verändern kann", schrieb die berühmte Anthropologin Margaret Mead. „Tatsächlich sind kleine Gruppen die Einzigen, die es je geschafft haben." Es gab nur einen Gandhi und eine verschwindend geringe Zahl von Anhängerinnen und Anhängern, nur einen Martin Luther King mit wenigen persönlichen Beratern und Beraterinnen, einen Thomas Merton und eine Handvoll gleichgesinnter Freunde und Freundinnen; in jedem Fall jedoch überstieg der Einfluss dieser wenigen ihre Zahl bei weitem. Qualität, nicht Quantität, zeichnete ihr Auftreten aus. Ihre Substanz, nicht die Größe der Gruppe, verschaffte ihrer Botschaft Aufmerksamkeit und einen vorderen Platz in der Gesellschaft. Sie waren Stimmen, die zu den Herzen der Welt um sie herum sprachen, über die Fragen, die wenige andere anzugehen gewillt waren. Sie sprachen wahrhaftig in einer Welt, die sich selber belog, sich frei nannte und Millionen von Menschen versklavte, sich als gerecht bezeichnete und der Welt Ungerechtigkeit aufzwang, sich friedliebend gab und die Wehrlosen mit schonungsloser Gewalt behandelte. Ihre Kraft gründete nicht auf Zahlen; sonst hätten sie ihre Werke nie begonnen, geschweige denn erfolgreich zu Ende geführt. Sie waren jedoch außergewöhnliche Persönlichkeiten in einer Gesellschaft, die Sicherheit in Megatonnen, Reichsein in Reichtümern und Erfolg in numerischen Kategorien zählt. In einer solchen Welt sind Kleinsein und Scheitern gleichbedeutend.

Während eine Welt, in der die Oberschicht mit Gütern vollgestopft und die Unterschicht bis auf die Knochen abgemagert ist, den Standort für und die Forderung nach Beschränkung zu verstehen sucht, ist das Ordensleben in der

Lage, sie vorzuleben. Es aber weigert sich. Es folgt den gleichen Normen wie der Rest der Welt, um über seinen Sinn und Zweck, seine Wirksamkeit und gesellschaftliche Stellung Rechenschaft abzulegen. Wir sind als Kirche, Kultur und Gemeinschaft so besetzt von der Verführungskraft der Zahlen, dass uns eine Spiritualität der Bescheidung, ein Verlangen nach der Armut des Geistes völlig abgeht. Gerade das, was unsere Stärke sein könnte, verstehen wir als Versagen. Wir betrachten das, was sehr wohl neues Leben in uns sein könnte, als Tod. Wir beklagen unsere schrumpfenden Zahlen wie Gideon, der glaubte, die Größe seiner Armee sei für die Besiegung des Feindes wichtiger als die Anwesenheit Gottes.

Weil unsere Mitgliederzahlen geschrumpft sind, halten wir uns selbst für nutzlos, statt zu begreifen, dass der Geist wie bei Gideon auch bei uns heute die Macht Gottes offenlegen kann. Wir beurteilen jede religiöse Gemeinschaft in der Welt nach der Mitgliederzahl, die sie im Jahre 1950 hatte, und halten ihr die Länge der Namensliste im Jahre 2000 entgegen. Wir gehen ohne es zu belegen davon aus, dass Größe und Alter die Zeichen der Bedeutsamkeit sind, obwohl eine bunt zusammengewürfelte Schar von Israeliten und Sara für das Gegenteil stehen.

Die Spiritualität der Bescheidung bringt natürlich die Herausforderung mit sich, der Unsicherheit zu vertrauen, wie auch die Kraft, sich aller beruflich bedingter Gegebenheiten zu entledigen, die wir einst für selbstverständlich hielten – professionelle Vorbereitung, öffentliche Unterstützung, stabile Ressourcen, klare Ziele, höhere Besoldung bei steigendem Dienstalter und institutionelle Wertschätzung. Bescheidung verlangt den Mut, auch ohne das Gewohnte weiterzumachen: angenehme, akzeptable Posten in eindeutig definierten Aufgabenbereichen unter komfortablen und gesellschaftlich anerkannten Bedingungen. Sie verlangt, dass wir uns von dem Gedanken verabschieden, mit immer weniger Verantwortung in den Ruhestand abzudriften. Sie verlangt die Art von Engagement, das unsere Gründerinnen und Gründer zum Altar brachten – Arbeit ohne Rast, Vertrauen ohne Grund, Beten ohne Unterlass und Hoffnung ohne Ende.

Die Spiritualität der Bescheidung beinhaltet, dass wir weitermachen ohne Erfolgsversprechen, ohne Denkmäler für unsere Mühen, ohne Institutionen als Merkposten unserer Leistungen, ohne Rücksicht auf das Alter, ohne die Gewissheit, dass nach uns irgend jemand kommen wird – erst recht keine Unmengen von Menschen, die keine Fragen haben, um unsere Arbeit zu vollenden. Wie Gideon vor den Mauern von Jericho haben wir in der Tat betrüblich wenig Ressourcen für eine Aufgabe, die weit über unsere Käfte geht, und für eine Aufforderung, sie trotzdem zu erledigen. Die Tugend der Konformität konnte sich mit dem unverbrüchlichen Glauben einer Spiritualität der Bescheidung gewiss nie messen.

Wir stehen aber in diesem Prozess nicht allein. Die ganze westliche Welt ist zu Qualen der Entbehrung verurteilt und sie muss mit weniger Mitteln mehr erreichen, wenn die Völker der Welt gedeihen sollen, wenn unsere Erde überleben soll. In diesem Augenblick der Geschichte ist Bescheidung kein Zeichen des Scheiterns oder ein trauriges Vorspiel zum Tod. Sie ist der Stoff, aus dem neues Leben entsteht, wenn wir der Stimme der Wissenschaft, den Warnungen der Ökologen glauben sollen. Wenn Ordensmitglieder die einzigen Menschen in der Gesellschaft sind, für die die Tugend der Bescheidung unmöglich ist, dann wird die Integrität ihrer Vergangenheit ebenso in Frage gestellt werden wie die Authentizität ihrer Gegenwart. Worum ist es uns eigentlich gegangen? Was haben uns all die Übungen und Entbehrungen der Vergangenheit gelehrt? Worum ist es in unserem ganzen Leben gegangen? Wenn wir heute die Disziplin der Bescheidung nicht mit dem gleichen Feuereifer verfolgen, wie wir einst die Entwicklung der Einrichtungen der Gemeinschaften verfolgt haben, werden wir mit Sicherheit den Kairos unserer Zeit verpasst haben. Wir werden vielleicht genau jenen Zeitpunkt versäumt haben, weswegen wir ursprünglich ins Ordensleben eintraten, den göttlichen Augenblick jenseits aller anderen Augenblicke, die heilige Zeit, die mehr als jede andere rein macht. Das Problem wird nicht sein, dass die alte Form des Ordenslebens heute versagt; das Problem wird sein, dass wir genau in dem Augenblick versagten, der der wertvollste, der realste, der heiligste in unserem Ordensleben hätte sein können, der Augenblick, in dem wir aufgefordert wurden, unser ganzes Leben allein deshalb, weil Gott es will und weil es richtig ist, einer Sache zu verschreiben, die nur eine verschwindend geringe Aussicht auf Erfolg hat. Wenn das Ordensleben in der Vergangenheit überhaupt etwas wert war, hätte es uns ganz bestimmt auf diesen Augenblick vor allen anderen Augenblicken vorbereiten können.

Vertrauen in das Loslassen

Es ist eine Sache, etwas aufzubauen, jedoch eine völlig andere Sache, sich zu trauen, es mit göttlicher Hingabe niederzureißen, es aufzugeben, es loszulassen und sich in die Arme eines Gottes zu werfen, der, siehe da, alles neu macht.

Die plötzliche Reduktion der Gemeinschaften hat dem Ordensleben die Möglichkeit verschafft, auf neue Weisen mit neuen Erkenntnissen und neuem Verständnis zu leben. Nie zuvor war es in der jüngsten Geschichte des Ordenslebens zum Beispiel so einsichtig, welche Bedeutung ältere Mitglieder für die Gruppe haben oder wie kompetent jüngere Menschen sind. Jetzt zählen alle. Jetzt ist jede und jeder ein einzigartiges Geschenk. Jetzt wiegen alle doppelt schwer. Von daher haben sowohl der Grad an Reife als auch der Sinn für ein Weitergehen im Leben und eine stetige Formung in Gemeinschaften überall auf der Welt zugenommen. Die Mechanismen, die Ordnung in große Gruppen bringen sollten – kleine repräsentative Kapitel, strenge Gemeinschaftsregeln, institutionell geregelte Platzzuweisungen – sind persönlicheren Prozessen und echter Anerkennung und Entdeckung der Einzelnen mit ihrem Einfluss auf die Gruppe wie auch auf die Gesellschaft gewichen.

Die alten Vorgaben von der Notwendigkeit elterlicher Autorität, von der Tugend weiblicher Abhängigkeit und von der Notwendigkeit, die Handlungen derer zu kontrollieren, die einst als eine Schar kaum erwachsener Kindern betrachtet wurde, sind verblasst. An ihre Stelle sind Gruppen von eigenverantwortlichen, höchst produktiven und weiblichen Frauen getreten, die jederzeit Gott und gleichermaßen das Leben im Blick haben, die der Gemeinschaft der Fremden, die die Welt ist, als Vorbild dienen und die davon überzeugt sind, dass das Ordensleben eine sehr individuelle Lebensform ist, die darauf abzielt, Gruppen furchtlos und geisterfüllt statt nur funktionsfähig zu machen. Wir können uns nicht länger hinter der Wertschätzung unserer Einrichtungen als Gütesiegel und Maß unserer eigenen Bedeutsamkeit verstecken. Wir müssen unsere eigenen Gelübde wirklich ernst nehmen, vielleicht noch ernster als je zuvor. Wir müssen uns jederzeit bemühen, genau das zu sein, was wir zu sein behaupten. In der Tat ist das Ordensleben dank seiner Schrumpfung wieder lebendig geworden, aber nicht nur um seiner selbst willen.

Die Rede über die Solidarität mit den Armen muss beginnen mit dem Respekt für jene Art von Solidarität, der aus dem Bewusstsein unserer eigenen Verwundbarkeit kommt. Wenn religiöse Gemeinschaften weiterhin zahlenmäßig aufgebläht und völlig abgesichert von einer Welt isoliert sind, in der sich Millionen isoliert, allein gelassen und wie in einem Belagerungszustand fühlen, wie können sie dann je die Bedeutung der Armut begreifen, zu deren Linderung sie laut eigener Aussagen aufgebrochen sind? Wenn Ordensmitglieder das Gefühl der Ohnmacht nicht kennen, können sie auch nicht nachvollziehen, warum zwei Drittel der Welt in der Wut der Ohnmacht, in der Hoffnungslosigkeit der Ohnmacht, in der Frustration der Ohnmacht oder im Glauben an die Ohnmacht leben. Frauen, die die Unterdrückung von Frauen nicht verstehen, können nicht vorgeben, sich mit den Unterdrückten zu identifizieren.

Menschen, die die Folgen des Älterwerdens nie erlebt haben, können sich den Schmerz der Altersdiskriminierung nicht einmal vorstellen. Mit anderen Worten: Den Ordensmitgliedern wird durch ihre Bescheidung ermöglicht, das zu werden, was sie behaupten sein zu wollen – einer oder eine der Kleinen, der Einfachen, der Demütigen, der Enteigneten. Wenn wir die Bescheidung zulassen, wenn wir sie umarmen, wenn wir sie als die geistliche Schulung sehen, die sie ist, dann kann sie uns davor bewahren, aus dem Ordensleben einen Kindergarten zu machen. Die Bescheidung, das Gefühl, klein zu sein, das aufkommt, wenn wir uns der Unermesslichkeit Gottes überlassen und tun, was ohne die ermächtigende Gegenwart Gottes unmöglich gelingen kann, kann das Ordensleben bis zur Schmerzgrenze wieder lebendig machen.

Die einzige Frage ist, was Ordensmitglieder mit ihrer neuentdeckten Beschränkung anfangen werden, das die Armen um sie her ermutigen könnte, die beobachten, hinschauen und mit Interesse verfolgen, warum die Anmaßenden und Arroganten wieder bescheiden werden?

Negative Folgen

So reinigend und belebend die positiven Folgen der Bescheidung auch sein mögen, ihre negativen Folgen stellen eine ebenso ernstliche Bedrohung für die Bedeutung des Augenblickes dar. Es ist so leicht aufzugeben, wenn die Kräfte nicht im Gleichgewicht sind und das Wagnis so aussichtslos erscheint. Dann steigt wie eine wilde Woge die Versuchung auf, den Systemen um uns nachzugeben und sich dem Sinnverlust zu unterwerfen. Den zurückgehenden Zahlen ergeben, verabschieden wir uns selber von der Auseinandersetzung. Dann äußern wir uns zynisch zu neuen Bemühungen, neuen Inhalten, neuen Gebetsformen, neuen Aspekten und neuen Ideen. Oder wir leugnen die gegenwärtige Situation völlig und lehnen uns zurück, um auf die Rückkehr eines anderen Zeitalters zu warten. Es ist ein ernster Augenblick im Leben der Seele. Ein Leben voller Engagement wird verschachert. Das Leben nach dem Evangelium wird zum Gespött.

Wenn wir sehen, wie die alten Ressourcen um uns herum zusammenbrechen, wie die alten Institutionen ihren Glanz und ihre Glorie verlieren und wie das alte soziale Umfeld austrocknet und vom Winde verweht wird, verlagert sich nach und nach unsere eigene Perspektive. Der Lebenskampf des religiösen Engagements, das einst als selbstverständlich galt und mühelos durchgehalten wurde, erscheint unmöglich oder nicht akzeptabel. Die Vorstellung, neue Arbeit mit erneuerter Energie aufzunehmen, ermüdet uns bis ins Mark. Ohne die unzähligen Kandidaten und Kandidatinnen, die großen, stabilen Systeme, ohne öffentliche Anerkennung und Unterstützung seitens der Pfarrgemeinden zerfrisst uns die Frage, wer wir sind und was wir tun, das Herz und lässt unsere Seele verdorren.

Es ist jedoch ein großartiger Augenblick für diejenigen unter uns, deren Seelen noch von Gott erfüllt sind. Bescheidung verlangt mehr Leben von uns, als wir es uns je hätten vorstellen können. Sie bringt uns dazu, wir selbst zu sein, alles zu geben, was wir haben, die Macht Gottes, die weit über unsere Kraft und Vision hinaus wirkt, zu erkennen. Bescheidung gibt uns die Möglichkeit, die Begründung und den Auftrag, unser Leben zu überprüfen, neu zu beginnen, das Beste aus uns herauszuholen und es furchtlos über der Erde zu verteilen und in uns das Feuer der Hingabe ein weiteres Mal zu entfachen. Die Bescheidung, wichtigste Lehrerin der Seele, besiegelt das ganze Unterfangen. Jetzt wissen wir, dass es ebenso wenig unser Werk ist wie das von David, Josef, Rut, Ester, Judit, den Israeliten in der Wüste und den Gefangenen in Babylon. Nein, Bescheidung wirft uns ungeteilt und unversehrt, demütig und voller Vertrauen, mit Feuer und Flamme auf Gott zurück. Ein Leben in Gott ist alles andere als tot. Es ist Herrlichkeit über Herrlichkeit über Herrlichkeit. Das Leben wird zunehmen und abnehmen, das eine wird immer im Dienst des anderen stehen. Die Mönche drücken es folgendermaßen aus:

> Eines Tages traf ein Pilger auf seinem Weg auf einen Mann, der auf einer Wiese saß und wie ein Mönch aussah. In der Nähe arbeiteten Männer an einem Gebäude aus Stein. „Sie sehen wie ein Mönch aus", sagte der Pilger. „Das bin ich auch", sagte der Mönch. „Und wer sind die, die an der Abtei arbeiten?" „Meine Mönche", sagte der Mann. „Ich bin der Abt." „Oh, das ist wunderbar", sagte der Pilger. „Es tut gut zu sehen, dass ein Kloster gebaut wird." „Wir reißen es ab", sagte der Abt. „Reißen es ab?", rief der Pilger. „Warum denn das?" „Damit wir im Morgengrauen den Sonnenaufgang sehen können", sagte der Abt.

Etwas zu verlieren, bedeutet oft, es zu erneuern.

7. DEM RUF GOTTES FOLGEN

Ideale sind wie Sterne“, schrieb Carl Schurz. „Wir erreichen sie nie, aber wie Seeleute richten wir unseren Kurs an ihnen aus.“ Mit anderen Worten ist die Suche nach vollkommener Freiheit ein Trugbild. Der Versuch, in unseren kleinen Welten ohne Bindungen und unberührt von der Welt um uns zu leben, macht das Leben nicht frei; er gefährdet es bis ins Mark. Alle Menschen brauchen etwas, das außer ihnen selbst liegt, an dem sie sich orientieren können, wenn auch nur aus dem einzigen Grund: Wir wissen ohne Führung nicht, wohin wir gehen sollen. Wir hätten Energie ohne Orientierung – ein Chaos für die Seele.

Von allen Fragen, die sich dem Ordensleben heute stellen, ist die Frage nach der Treue vielleicht die wichtigste und schwierigste. In einer Kultur, in der Veränderung rasch und allgegenwärtig ist, in einer Welt, in der Bewegung global ist und vorausgesetzt wird, in einer Gesellschaft, in der drei Berufswechsel und zwei Ehen an der Tagesordnung sind, fordert uns die Vorstellung von Treue aufs Äußerste heraus. Gibt es heute tatsächlich so etwas wie Treue? Und warum?

Wir halten diese Fragen, die eine Kultur sozialen Wandels und unbegrenzter Alternativen aufwirft, für neu. Man braucht jedoch nicht lange nachzudenken, um zu erkennen, dass gerade Veränderung, vielleicht mehr als irgendetwas sonst, das Wesen des spirituellen Lebens ausmacht. Nur auf Grund der Veränderungen, die unsere Toleranz gegenüber der Gegenwart allerdings stark strapazieren und auf die Probe stellen können, und nur auf Grund der Fähigkeit, Gott dort zu finden, wo Gott ist, und nicht dort, wo Gott unserer Meinung nach sein sollte, wächst die Seele. Meinungsänderung, Sinneswandel, neue Hoffnungen und Einsichten verlangen immer wieder von uns, dass wir all die Pseudosicherheiten unseres Lebens durchforsten, manches behalten, anderes verändern und die restlichen Vorstellungen verwerfen, auch wenn sie einst unerschütterliche Überzeugungen oder das absolut Gesetzte unseres Lebens und die Hauptnahrung unserer Seele waren. Für Ordensleute dieser jüngsten Geschichtsepoche ist die Wiederentdeckung des Existenzgrundes ihres Lebens ein langwieriges, endloses Unternehmen gewesen. Die Frage, warum und wem treu zu sein, und andere unüberhörbare Fragen, die auf sie einstürmen und Aufmerksamkeit verlangen, treffen sie Schlag auf Schlag. Eines ist sicher: Was wir früher für das Wesen der Treue hielten, hat sich als gefälscht erwiesen.

TREUE

Die Vorstellung, dass Treue einen Menschen an die Vergangenheit fesselt, so dass er für immer an Entscheidungen gebunden ist, die er einst in guter Absicht, aber ohne volle Einsicht oder spätere Erfahrung traf, stirbt in einer Periode raschen gesellschaftlichen Wandels einen würdigen Tod. Die Bindung an die Vergangenheit in einer Zeit wie dieser vergöttert etwas Kurioses, wenn nicht sogar etwas Todbringendes. Sie heiligt nicht das Heilige, die Herausforderungen, denen wir uns heute gegenübersehen, die Forderungen des Hier und Jetzt. Und alle wissen das. Menschen, die im Namen der Treue zur Vergangenheit versuchen, die heutige Gangart zu drosseln, haben einer Welt, in der sich „die guten alten Zeiten" überlebt haben, nichts zu bieten. Die Frage lautet nicht, wem wir in der Vergangenheit hätten treu sein sollten. Die Frage lautet, wem wir in der Gegenwart treu sein müssen.

Andererseits ist die Gefahr nicht zu übersehen, bei zu viel Veränderung gerade jene Ideen zu erschüttern, die unser Leben tragen und die die Veränderung überhaupt erst ermöglichen. Wenn Wandel zum Hohepriester der Geschichte wird, ist alles fragwürdig und alles verhandlungswürdig. Nichts ist mehr selbstverständlich, nichts ist heilig. Es gibt nichts, wonach man sich richtet, nichts, worauf man sich verlässt, nichts, dessen man sich sicher ist, und nichts, was man aufrechterhalten soll. Dann setzt der Aufruhr erst recht ein. Die Normen- und Wertelosigkeit des Lebens, der Sinnverlust beginnen die Seele auszuhöhlen. Aus dem Gefühl, dass alles möglich ist, wird das Gefühl, dass nichts möglich ist.

Obwohl es paradox erscheint, hängt Wandel von dem Bewusstsein ab, dass manches unwandelbar ist. Wir können alle Äußerlichkeiten des Lebens ändern – wo wir wohnen, was wir tragen, was wir tun, wie wir es tun – und noch immer treu sein, solange sich die innere Bestimmung dessen nicht verändert, wer wir sind und worum es uns geht. Eine Ehe geht nicht automatisch zu Ende, wenn die Kinder vor den Eltern sterben. Polizisten sind auch dann noch Polizisten, wenn sie in Zivil sind. Das Ordensleben ist auch dann noch Ordensleben, wenn sich seine Lebensmodalitäten – Dienst, Lebensmuster, Zeitstruktur – ändern. Um erfolgreich zu sein, baut bewusste Veränderung darauf, dass sich manche Dinge, wichtige Dinge ganz und gar nicht verändern, dass uns irgendetwas noch hält, dass unsere Füße trotz aller Verschiebungen in der Welt um uns herum auf festem Boden stehen. Und genau dort setzt die wahre Treue ein.

Treue liegt nicht in der Weigerung, sich zu verändern. Dauerhaftigkeit ist kein Synonym für Standhaftigkeit. Treue findet sich dann, wenn wir die notwendigen Veränderungen durchführen, die uns von den Idealen, die unser Handeln immer bestimmt haben, zu jenen Idealen geleiten, nach denen wir immer gestrebt haben. Wenn der Dienst an den Armen das Ideal war, das die Gemeinschaft begründete, und ich entdecke, dass ich nur denen diene, die es sich auch leisten könnten, diese Dienste anderswo her zu bekommen, dann bedeutet eine Veränderung der Aufgaben – so altehrwürdig meine Arbeit auch sein mag – ein Höchstmaß an Treue und keineswegs den Verrat am Charisma der Gemeinschaft oder an meinem eigenen Charisma, das das gemeinschaftliche ja spiegelt. Im Zugehen auf das Ganze hin offenbart Treue unseren wahren Kern. Ganz zu werden, indem wir unserem Selbst – dem Alles-was-ich-bin – und den Idealen, die uns inspirieren und leiten, treu sind, bedeutet, dass wir Treue nie als Ausrede benutzen können und dürfen, das nicht werden zu müssen, was wir mehr als alles andere sein sollten.

Wenn aber die wahre Treue eine unerschütterliche Bindung an die Werte erfordert, die uns leiten und bestimmen, die wie ein Magnet im Kern unserer Seele liegen, die über alle anderen Werte hinausgehen und unsere Glaubwürdigkeit bemessen, dann schlägt das, was vom Denken her offenkundig ist, einen warnenden Ton an.

In der Tat treten wir nicht in das Ordensleben ein, um Ordensleute zu sein. Wir treten ein, um Gott zu suchen. Wenn das richtig ist, können wir nur dann wahrhaft Ordensleute sein, solange die Einbindung in das Institut uns sowohl die zielstrebige Suche nach Gott als auch das Gelingen dieser Suche in unserem eigenen Leben ermöglicht. Wenn Gemeinschaften selbst den Begriff der Treue verzerren, indem sie aufrechterhalten, was einst um des Lebens dieser Gemeinschaft willen war, und nicht das ermöglichen, was heute um des Evangeliums willen sein muss, dann ist es diese Gemeinschaft, die aufgehört hat, treu zu sein, und nicht die Mitglieder, die sie zur Observanz anspornt. „Wenn die Kirche selbst zum Hindernis für unsere Erlösung werden sollte“, schrieb Thomas von Aquin, „müssten wir aus der Kirche austreten.“ Es ist das Wesen der Treue, alles bereitwillig fallen zu lassen, was das Beste in uns behindert. Etwas zu konservieren, was der unbeirrbaren

Bemühung und der ungebrochenen Tradition nicht würdig ist, ist keine Tugend.

Treue ist kein Verharren an Ort und Stelle, sondern Standhaftigkeit des Herzens. Treue geht dahin, wo sie hingehen muss, um dem Stern zu folgen, den sie – auf die Gefahr hin, das Leben auf immer ohne klare Richtungsangaben zu verbringen –, nicht aus den Augen zu verlieren wagt. Treue ist Bereitschaft, sich zu ändern, um sich treu zu bleiben.

Das Tragische ist, dass wir im Laufe der Jahre die Idee der Treue in die einer moralischen Vollkommenheit wie die einer ewig gleichen Dauerhaftigkeit ungemünzt haben, als ob es dergleichen überhaupt gäbe. Den Gelübden treu zu sein hieß, sie nie zu „brechen", als ob sie wie zerbrechliche Gläser auf einem wackeligen Brett wären. Treue implizierte der Lehre zufolge, sich nie gegen einen Befehl zu sträuben, nie etwas für sich zu kaufen, nie mit den Bürden und Segnungen menschlicher Liebe zu ringen, nie etwas in Frage zu stellen, nie den Preis echten Engagements zu zahlen. Diese Treue gegenüber Regeln wurde zu einer traurigen, verkümmerten Idee, die es nicht ermöglichte, dem individuellen eigenen Leben und seinen Fragen, seinen Kämpfen und seiner Ganzwerdung gegenüber treu zu sein. Treue wurde im Lauf der Zeit als Bindung an unaufhörliches Kindsein verstanden, als das Sichverschließen vor menschlicher Entwicklung anstatt als Hinwendung zu dem Wunden schlagenden und erschreckenden Prozess des schrittweise Erwachsenwerdens. Heranzureifen mit all den Versuchen und Irrtümern, die ein solch komplizierter Prozess mit sich bringt, wurde mit Missachtung gestraft, anstatt freudig begrüßt zu werden.

Das alles klingt nach einer sehr begrenzten Einsicht in die menschliche Natur wie auch nach einem begrenzten Vertrauen in das Gute im Menschen. War David nicht trotz seiner Raserei und Begierde dem Gott treu, der ihn über sie hinausführte? War Jona im Kampf mit seiner Kleingläubigkeit und Feigheit Jahwe letztendlich weniger treu als ein Mensch ohne derartige Probleme? Als Gott Jona befahl, zu den Menschen in Ninive zu gehen, wollte er das ganz und gar nicht. Er kaufte eine Fahrkarte nach Tarschisch und fuhr in die genau entgegengesetzte Richtung, ein Verhalten, das auf den ersten Blick wie unerhörte Untreue aussieht. Und dann war es in Tarschisch, wo Jona schließlich die wichtigste Lektion seines Lebens lernte: Gott zu entkommen war unmöglich! War Petrus' Treue weniger echt, weil er unter Druck und aus Sorge um seine eigene Sicherheit und Stellung seine Beziehung zu Christus zunächst leugnete? Ganz im Gegenteil: Indem Petrus zeitweilig einen anderen Weg ging, entdeckte er, welch ein Minigott er für sich selber war im Vergleich zu Christus, dem er die Nachfolge gelobt hatte. Zweifellos ist Treue gegenüber dem Wachsen Gottes in uns und gegenüber der Verwirklichung gesetzestreuer „Vollkommenheit" oder regelkonformer Bindung nicht das gleiche. Es gibt in jedem Leben verschlungene Wege, die uns letztendlich an den Ort bringen können, den wir anstreben: das Herz Gottes und der Gott unseres Herzens.

Es ist eine schockierende Vorstellung, dass Treue nicht darin besteht, auf der Stelle zu treten, sondern darin, sich immerfort auf das hin zu bewegen, was unserem Herzen mehr Ganzheit, unserer Seele mehr Gewissheit, unserem Verstand mehr Klarheit und unserem Verhalten mehr Integrität verschafft, so lange bis wir in unserem tiefsten Innern endlich wissen, welche Sterne uns in Wahrheit führen. Treue ist die Fähigkeit, sich freihändig durch das Leben zu bewegen auf dem Boden jener unerschütterlichen Ideale, die uns von dort, wo wir jetzt sind, dahin rufen, wo wir einst sein müssen, wenn wir diese Ideale überhaupt jemals verwirklichen und aufrechterhalten sollen. Treue ist kein Zustand, in dem wir keine Fehler begehen. Treue heißt, nicht bei diesen Fehlern stehen zu bleiben. War Mose „treu", als er den Ägypter tötete? War David „treu", als er Natans Frau nahm? Ganz sicher nicht, wenn Treue ein Synonym für Vollkommenheit ist, ganz sicher doch, wenn Treue bedeutet, dass wir uns durch das Leben durcharbeiten, nichts als selbstverständlich hinnehmen und kämpfen, bis der Kampf sein seliges Ende nimmt.

Den eigentlichen Wert in Frage stellen

Treue verlangt, dass wir auf unserem Weg stets den eigentlichen Wert in Frage stellen – vor allem bei uns selbst und bei allem, was wir tun. Treue ist nicht die schöne Kunst, das Wachstum anzuhalten, wenn es seinen Höhepunkt erreicht. Treue, wenn wir sie auf die Probe stellen, veranlasst uns zu denken, zwingt uns zu Entscheidungen und nötigt uns zu wählen zwischen dem, was wir sein können, was wir gerade sind und was wir letztendlich sein wollen.

Das spirituelle Leben baut nicht darauf, Entwicklung an dem Punkt einzufrieren, an dem eine Entscheidung fällig ist. Treue ermöglicht Wachstum, indem sie uns zwingt, immer wieder neu zu wählen. Wir schlängeln uns durch das Leben und greifen über die Gegenwart, wie verworren und verlockend sie auch sein mag, nach jenem Ziel, für das wir geschaffen wurden. Oft scheitern wir. Oft kann uns nur das Scheitern lehren, was wir wirklich über das Leben wissen müssen. Unsere Treue wird dann immer wieder auf Herz und Nieren geprüft, wenn wir der fortwährenden Notwendigkeit treu bleiben zu wählen zwischen Dingen, die gleichzeitig gut und schlecht sind. Nur so können wir uns immer wieder neu dem für uns Besseren zuwenden statt dem, das gerade nur so eben ausreichend ist.

Bindungen lösen jene Unwägbarkeiten auf, die in unserem Leben wie atmosphärische Störungen wirken. Indem wir uns binden, gewinnen wir Normen zur Orientierung und Raum zum Wachsen. Bindungen zwingen uns, das zu sein, was wir vorgeben sein zu wollen. Bindungen zwingen uns, für andere wie für uns selbst Verantwortung zu übernehmen. Bindungen unterziehen das Holz, aus dem wir geschnitzt sind, einer unbestechlichen Prüfung.

Wenn wir uns für eine Sache entschieden haben, sind wir offen dafür, uns ihr auszusetzen, uns von ihr herausfordern und durch sie das Beste aus uns herausholen zu lassen. Bindungen zeigen uns einen Weg, geben uns die Richtung an und bewahren uns vor einem Wirrwarr von Möglichkeiten, die vielleicht alle gleich gut sind, aber einander widersprechende Erwartungen beinhalten. Mit anderen Worten: Bindungen halten uns bei der Stange, bis sich unsere Seele, im Feuer erprobt und vom Feuer des Lebens in Brand gesetzt, voll entfaltet.

Bindungen haben persönliche und gesellschaftliche Zielsetzungen. Um zu lernen, was das Leben uns lehren soll, müssen wir uns zwingen, nicht vor dem Leben davonzulaufen, wenn es schwer wird, wenn es uns etwas abverlangt, wenn es mehr von uns fordert als das, was wir jemals erwartet hätten geben zu können. Treue bedeutet nicht, an einem Platz zu sein, damit wir sagen können, dass wir dort gewesen sind. Treue ist der Brennofen des Lebens, in dem wir, durch Hitze und Flammen geläutert, zu Formen und Lasuren gebrannt werden, von denen wir nie geträumt hätten.

Treue ist erst dann Treue, wenn sie auf die Probe gestellt wird. Treue ereignet sich dann, wenn uns – in unserer Untreue – die Augen darüber aufgehen, was wir durch unser konkretes Scheitern verloren haben und wenn wir uns in diesen Momenten dennoch dafür entscheiden. „Es gibt kein Scheitern“, schrieb Kim Hubbard, „es sei denn, man unterlässt es, immer wieder einen neuen Versuch zu wagen. Es gibt keine Niederlage, außer derjenigen, die von innen kommt. Es gibt kein unüberwindliches Hindernis, außer unserer eigenen Ziellosigkeit.“ Treue gegenüber einem Ziel, ungeachtet aller Fallstricke bei der Suche, macht aus dem Leben ein täglich neues Wunder.

Für Ordensleute in dieser Geschichtsperiode hat Treue etwas mit der Bereitwilligkeit zu tun, neue Lebensformen in der Welt zu finden, damit der alte Wunsch neu aufleben kann, in einer Gesellschaft mit falschen und vielgestaltigen Göttern Gott und nur Gott allein zu dienen. Treue ist für Ordensleute in jedem Zeitalter nie das blinde Versprechen, sich an vergangene Lebensstile, vergangene Normen der Vollkommenheit, vergangene Verpflichtungen, deren prophetische Stimme verstummt ist, festzuhalten. Dinge aufrechtzuerhalten, die menschlichem Wachstum entgegenwirken – dem eigenen wie dem anderer – oder die aus geistlichen Übungen bestehen, die heute das Leben der Seele nicht mehr nähren, bedeutet, sich gegen die Treue auf treuloseste Weise zu versündigen. Wir müssen dem rufenden Gott treu sein, der uns in der Menschheitsgeschichte vorangeht, der Wunden heilt, der für alle sichtbar Gutes aus uns herauslockt, und der uns aufruft, das Gleiche zu tun.

Treue und Hartnäckigkeit

Treue und Hartnäckigkeit sind Begriffe, die sich ausschließen. Wenn ich bei einer Sache bleibe, die nicht gut für mich ist, nur um mir zu beweisen, dass ich aushalten kann, was ich nicht mehr liebe und wodurch ich die Fülle des Lebens nicht mehr erreichen kann, tue ich niemandem einen Gefallen, am allerwenigsten meiner eigenen Suche nach Gott. Treue ist keine Lebensweise, die um des Leidens willen stillschweigend leidet. Wir sind uns selbst nur dann treu, wenn wir dem Leben mit Leidenschaft nachjagen, manchmal unter Schmerzen, aber immer mit der Bereitschaft, den Preis dafür zu zahlen, was auch bedeutet, dass wir wie Mose, David und Jona unser Kleinsein erkennen. Ein gut gelebtes Leben ist seinen Preis wert!

Die herausforderndste Anfrage an unsere Treue ergibt sich heute aus der Notwendigkeit zu suchen und zu benennen, wem wir treu sein müssen. Wird Treue gemessen an unserer Bindung an eine Gemeinschaft, deren Samenkörner schon längst aufgegangen sind, die aber in der

Gangart eines längst überholten Ordenslebens weitermacht, nun aber gefordert ist, den Mut aufzubringen, ein Ordensleben aufzubauen, das Gott findet und das Gott in unsere Zeit bringt? Wird Treue an dem Grad unserer Zustimmung zu den Lehren einer Kirche ermittelt, der es auch darum gehen muss, neue Antworten auf neue Fragen zu finden und nicht darum, die Vergangenheit im Namen der Vollkommenheit zu verpfänden? Ist es Treue, wenn wir uns unter Berufung auf die Treue weigern, gemeinsam mit allen Menschen guten Willens über jene Fragen nachzudenken, die über die Zukunft des Lebens auf dieser Erde und die Authentizität des Lebens in dieser Kirche bestimmen: Abtreibung, Euthanasie, nukleare Waffen, Papsttum, Kollegialität, Sexismus und eine Naturwissenschaft, die aus dem Ruder gelaufen ist? Hat nicht auch Jesus über Aussätzige und Sünde, Frauen und Leben, Priester und Volk, Gott und Pharisäer neu nachgedacht?

Ganz bestimmt wurden wir nicht um der Treue zu einer Institution willen geboren, selbst wenn sie hohe und hehre Ansprüche stellt. Treue, schlicht und einfach, folgt nur dem Willen Gottes von einer Entwicklungsstufe zur nächsten, von einem Ort, einem Projekt zum folgenden. Sie bindet sich an die leidenschaftliche Gegenwart des Evangeliums in einer Welt, der Bekenntnisse lieber sind als Religion, der die Kirche vertrauter ist als Christus, der milde Gaben näher sind als die Gerechtigkeit, die intensiver mit Unterdrückung als mit Gleichberechtigung befasst ist, die sich eher der Aufrechterhaltung des Glaubens der Väter durch das Verbot inklusiver Sprache in liturgischen Texten widmet als sich dem befreienden Impuls der frohen Botschaft hinzugeben. In der Tat müssen wir sorgfältig prüfen, wem wir treu sind, damit solche Treue uns nicht zugrunde richtet.

„Wir formen Plastiken aus Schnee", schrieb der Dichter Walter Scott, „und weinen, wenn wir sie schmelzen sehen." Unsere Treue umgreift auch unsere Enttäuschungen. Der Grund dafür, dass wir aus den Augen verlieren, worum es uns in einer Zeit gehen muss, die die Glut zu hüten hat, könnte sein, dass wir es nie gewusst haben oder aber mit vollem Wissen falschen Dingen treu waren. Wenn unsere Treue zum Ordensleben heute überhaupt noch von Bedeutung sein soll, dann nur wenn sie Treue gegenüber der Teilhabe am Geheimnis Gottes ist – in welcher Ausprägung auch immer – und Treue zu unserer eigenen Suche danach. Treusein heißt, sich nicht zur Ruhe zu setzen und leeres Stroh zu dreschen, heißt, Trägheit des Herzens nicht durch rastloses Engagement zu überdecken. Wir üben noch längst nicht die Treue zu irgendetwas, wenn wir nichts anpacken, was die Richtung ändert. Ganz im Gegenteil.

Treue ist unsere Antwort auf das Treusein Gottes. Dieses Verständnis von Gottes Treue beinhaltet nicht, dass Gott Veränderung ablehnte. Es bedeutet einfach, dass Gott in jeder Veränderung, in jedem Richtungswechsel mit Blick auf die Heimat des Herzens hin bei uns ist. Was auch immer in unserem Leben nach Veränderung ruft, fordert uns auf, durch alles hindurch bei Gott und in ihm zu bleiben, Gott im Innersten aller Veränderung zu suchen. Gott ist das Fundament, auf dem unser Leben und alle Veränderungen des Lebens aufruhen. Solche Treue trägt uns, wenn der Verstand versagt. Wenn alles rings um uns her uns sagt, dass sich das, worin wir investiert haben, jetzt nicht mehr lohnt, dann wird Treue wirksam und ermöglicht es uns das zu tragen, was uns nicht länger tragen kann.

Treue und Zähigkeit

Wir müssen sehr vorsichtig auch zwischen Treue und Zähigkeit unterscheiden. Treue ist nicht die schöne Kunst, die Zähne zusammenzubeißen und nur um des Beharrens willen bei einer Sache zu bleiben. Treue impliziert, dass wir daran arbeiten, das zu sein, was wir vorgeben sein zu wollen und dass wir uns dieser Aufgabe auch dann zuwenden, wenn es scheint, als bekämen wir nichts zurück. Vorausgesetzt ist dabei, dass dieses Leitbild den Preis unseres Lebens wert ist, dass es ein richtungsweisender Stern bleibt und sein Ziel für uns der lebendige Gott, nicht aber eine billige Kopie Gottes ist. Wir müssen uns immer wieder ins Gedächtnis rufen, wem unsere Treue letztlich gilt – dem treuen Gott. Wir dürfen niemals einer Sache um ihrer selbst willen treu sein; sonst wird unsere Treue zum Götzenbild, das Herz vergiftend und trügerisch.

Es stimmt, dass Dinge sich ändern, sich verschlechtern, misslingen und sterben. Was nicht stirbt, ist die Verpflichtung, der Suche treu zu bleiben, der Frage, die uns wie der Nordstern durchs Leben führt.

Es gibt Hindernisse für die Treue, die mit den Wurzeln aus dem Acker des Ordenslebens ausgegraben werden müssen. Rigorosität ist ein Hindernis für Treue. Eine starrsinnige Verpflichtung auf den Status quo beleidigt den

Heiligen Geist. Sie könnte unsere eigene Entwicklung versteinern lassen, uns hemmen und uns am Ende unseres Lebens erkennen lassen, dass wir uns selber lebendig begraben haben.

Unaufrichtigkeit ist ein Hindernis für Treue. Wenn wir unseren Part nicht mehr spielen, nicht mehr beten, nicht mehr suchen, stattdessen aufhören, den Traum erfüllten Lebens zu träumen, dann sind wir treulos. Der größte Unglaube ist, nicht mehr daran zu glauben, dass diese großartige Verpflichtung, die Gegenwart des Geistes zu suchen, für uns der direkteste Weg zum lebendigen Gott sein kann, sein soll und es auch ist. Treue besteht nicht darin, den Kurs zu ändern, nur weil es zu schwer wurde, der Richtung zu folgen, der ich – wie ich im Innersten meines Herzens weiß –, folgen soll.

Die Früchte der Treue, der Lohn dafür, dass ich den Gipfel nicht aus den Augen verliere und mich, um ihn zu erreichen, bereitwillig durch sumpfige Ebenen schleppe, entziehen sich jeder platten Beschreibung. Sie tanzen und singen. Sie bedeuten Befreiung von aller Starre, Frische des Denkens, Glaube an Gott und Stärke in belastenden Situationen. Treue ist die Bereitschaft, in einer Krise durchzuhalten, etwas zu durchschauen und es durchzuarbeiten, weil Durcharbeiten und etwas in Bewegung Bringen die Mühe lohnen. Treue bedeutet, bei einer Sache zu bleiben, auch wenn das Ausharren schwierig ist, weil ich, wenn ich es nicht täte, mich selber verlieren würde. In den Weisungen der Wüstenväter und -mütter lässt Amma Syncletica, keinen Zweifel an der Rolle der Treue im menschlichen Leben. Sie lehrte: „Wenn du in ein Koinobion [eine Gemeinschaft] gekommen bist, so ändere deinen Aufenthalt nicht. Denn du würdest dadurch großen Schaden nehmen. Wenn der Vogel von seinen Eiern aufsteht, werden sie zu Windeiern und unfruchtbar – so auch der Mönch oder die Jungfrau: Wenn sie von Ort zu Ort wandern, erkalten sie und ersterben im Glauben" (*aus: Weisung der Väter. Apophthegmata Patrum, auch Gerontikon oder Alphabeticum genannt, eingeleitet v. Wilhelm Nyssen, übersetzt v. Bonifaz Miller, Trier: Paulinus-Verlag, 1980*[2]*, 292)*. Glaubensmäßig kalt und tot zu sein tötet das gesamte Leben ab. Leidenschaftlich lebendig im Glauben zu sein – das ist das Ziel der religiösen Treue.

Das Wunder bestand nicht darin, dass Gott das Wasser des Roten Meeres teilte. Das Wunder bestand darin, dass das Volk treu genug war, um bereitwillig und vertrauensvoll zwischen den gespalteten Wassermassen hindurchzugehen. Das ist auch unsere Aufgabe. Der glaubende Mensch überwindet die Angst vor dem Gegenwärtigen und seinen Herausforderungen, um die Möglichkeiten der Zukunft anzunehmen. Treue weiß, dass es nichts zu befürchten gibt. Die Welt ist Gottes Welt. Die Probleme und die Veränderungen unserer Zeit und unseres persönlichen Lebens sind das Werk Gottes und insofern auch unser Werk. Sie im Namen der Treue zur Vergangenheit zu ignorieren, ist der Gipfel der Untreue. Wer sich im Rückzug auf die Bindung an das klammert, was früher die Ordnung des Lebens war, um heute dem auszuweichen, was jetzt sein muss, ist feige.

Wenn die Welt, wie wir sie kennen, zusammenbricht und das Leben, wie wir es gelebt haben, für uns nicht mehr weiter so lebbar ist, verlangt unsere Treue, dass wir die Fragen, die sich uns dann stellen, als Anruf Gottes verstehen, der uns auffordert, weiter in die neue oder tiefer in die alte Situation hineinzuwachsen. Aber wachsen müssen wir, da wir sonst Gefahr laufen, nicht zur Reife des Erwachsenenalters zu kommen.

Treue verlangt, dass wir dem Suchen als solchem treu bleiben und auf dem Weg keine fixierten Aufenthalte dulden. Der Dichter James Russel Lowell verstand die wahre Aufgabe der Treue im Leben so: „Es ist ein Vergehen, zu niedrig zu zielen und nicht, etwas zu verfehlen“, schrieb er. Wenn wir den Fragen des Lebens zugunsten von intellektueller Sicherheit, gesellschaftlicher Anerkennung oder persönlichem Schutz ausweichen, haben wir es versäumt, dem Leben treu zu sein, auch wenn wir noch so sehr beteuern, wie treu wir sind.

In „Tales of a Magic Monastery“ (Geschichten aus einem magischen Kloster) erzählt Theophane Boyd ein Gleichnis, das das geistliche Leben in seinem ganzen Wirrwarr offenbart:

> Ich hatte nur einen Wunsch – mich Gott ganz zu schenken. Deshalb steuerte ich ein Kloster an. Ein alter Mönch fragte mich: „Was wollen Sie?“ Ich sagte, „Ich möchte mich nur Gott schenken.“ Ich erwartete, dass er sanft, väterlich sein würde, aber er schrie mich an: „JETZT!“ Ich war bestürzt. Wieder schrie er: „JETZT!“ Dann griff er nach einem Knüppel und ging auf mich los. Ich drehte mich um und rannte davon. Er setzte mir weiter nach, schwang seinen Knüppel und schrie „JETZT, JETZT.“ Das geschah vor Jahren. Er verfolgt mich immer noch, wohin ich auch gehe. Immer dieser Knüppel, immer dieses „JETZT!“

Jetzt begegnen Treue und Glaube den Kräften des Lebens. Kein Ordensleben, das das eine oder das andere der beiden ablehnt, kann wirklich Ordensleben sein. Hier ringen wir. Hier wachsen wir. Hier sollen wir sein, mitten im Prozess, nicht abseits in irgendeinem festgesponnenen Kokon, durch den wir unser Desinteresse am Leben kundtun, seinen bohrenden Fragen ausweichen und unbelehrbar behaupten, dass die Narkotisierung der Seele eine Tugend sei – und das alles im Namen eines Gottes, der immer wieder neu ist.

8. ZUR FLAMME WERDEN

Nach der Überlieferung fragte jemand Abba Antonios: „Was muss ich tun, um Gott zu gefallen?" Der alte Mann erwiderte: „Achte auf das, was ich dir sage: Wer immer du auch bist, halte dir stets Gott vor Augen. Was immer du auch tust, tue es nach dem Zeugnis der Heiligen Schrift. An welchem Ort auch immer du lebst, verlasse ihn nicht leichtfertig. Halte diese drei Gebote und du wirst gerettet werden."

Die Geschichte fängt Dimensionen des Ordenslebens ein, die allzu leicht vergessen werden. Im Ordensleben geht es darum, Gott zu suchen, nach dem Evangelium zu leben und in der Verfolgung dieser beiden Ziele nicht nachzulassen. Das Ordensleben erobert unser Herz, sammelt unseren Geist und festigt unsere Seele für die zielbewusste Suche nach der lebendigen Herrschaft Gottes. Wie auch immer religiöse Hingabe in den Augen der Welt darum herum aussehen mag, das Ordensleben darf auf keinen Fall mit der Zugehörigkeit zu einer religiösen Institution verwechselt werden. An erster Stelle steht, dass das Ordensleben keine

Institution ist, keine Art Kirchenmaschine, die als Basis für soziale Dienste entwickelt wurde. In der Tat inspiriert der soziale Dienst als solcher die religiöse Hingabe nicht. Er ist ihr Ausdruck, ja. Er verwirklicht sie, auch das ist wahr. Er macht sie glaubwürdig, selbstverständlich. Aber er inspiriert sie nicht. Er liegt ihr zugrunde, aber er definiert sie nicht. Das Ordensleben ist eine sehr persönliche, sehr menschliche, sehr spirituelle, sehr lebensintensive Sache. Wäre das nicht so, könnte man sich für dieses Leben auf beruflichem Weg qualifizieren. Man könnte eingestellt, angestellt oder für Kurzarbeit angeworben werden. Die Wahrheit ist jedoch, dass das Ordensleben zu einem Menschen passt oder nicht. Wenn nicht, kann alles Reden von Heiligkeit oder Treue oder Hingabe den Menschen, der sich nicht wirklich eignet, keinen Fußbreit dahin bringen. Wenn ihm aber das Ordensleben wie auf den Leib zugeschnitten ist, können keine noch so großen Wechselfälle des Lebens seinen Entschluss beirren.

Nein, das Ordensleben ist kein System, das für die Anwerbung von Kirchenspezialistinnen und -spezialisten erdacht wurde. Das Ordensleben ist ein Lebensstil, ein altehrwürdiges Modell, in der Welt Christ zu sein. Es ist nur eine Form unter vielen Formen christlicher Existenz, aber es hat seine ureigene Form. Unterschieden von allen anderen Formen, der christlichen Suche gewidmet und entworfen für diejenigen, die eine Leidenschaft für das Geheimnis des Lebens mitbringen, konzentriert es sich ausschließlich darauf, das Evangelium auszuloten und zu verkündigen: Jesus lebt, er rettet und kümmert sich um alle und alles. Um die Menschen wie um den Planeten. Zu jeder Zeit. Und es tut es nicht, indem es der Welt einen speziellen Dienst anbietet, sondern durch seine unverbrüchliche Gegenwart in dieser Welt, ein Dasein, das sich aufmacht, das Evangelium in der Muttersprache der Menschen zu verkünden.

Im Ordensleben wird die Geschichte der Schöpfung in ihrer Gänze im Leben eines einzelnen Menschen erzählt. Wer törichterweise erwartet oder in romantischer Manier davon ausgeht, dass das Leben in einer religiösen Gemeinschaft ein Leben ohne die Strapazen des wirklichen Lebens ist, weiß wenig über dieses Leben und noch weniger über die menschliche Mitverantwortung für die Schöpfung. So jemand macht einen Mythos aus einem Evangelium, in dem Dämonen ausgetrieben, Pharisäer provoziert, Versuchung erlitten und Menschen aufgerichtet werden, die schon unter dem geringsten Druck völlig zusammenzubrechen drohten. Das Leben in einer religiösen Gemeinschaft ist mit all dem wohl vertraut. Menschen, die in eine religiöse Gemeinschaft eintreten, bringen die Dämonen ihrer Seelen mit, brauchen die Herausforderung, werden von höchst hartnäckigen Versuchungen gequält und sind verwundet von empfindlichen Schwächen. Menschen, die eintreten, sind allerdings keine Menschen, die vor sich selbst davonlaufen. Es sind Menschen, die das Leben mit beiden Händen anpacken, ihm entschlossen ins Auge sehen und es mit Haut und Haar leben wollen.

Das christliche Leben in einer religiösen Gemeinschaft ist nur etwas für Menschen, die in Fülle lebendig sein wollen. Es ist nichts für Menschen, die als spirituell Narkotisierte, seelisch abgestumpft und ohne großes Interesse an der Welt um sie herum durchs Leben gehen wollen. Ordensleute leben ein Leben voller Hoffnung: auf sich selber verwiesen, an ein Leben mit Fremden gebunden, von den verschiedenen

Strömungen und Phasen des geistlichen Lebens umgetrieben, empfänglich für eine leise Stimme suchenden Glaubens im eigenen Innern. Ordensfrauen und -männer unternehmen keinen halb empfindungslosen Ausflug in eine geistliche Einsamkeit, die von keiner Auseinandersetzung berührt oder von keiner Selbsterkenntnis erhellt wird.

Wenn wir das Ordensleben dazu benutzen wollen, um von den Menschen wegzukommen, versuchen wir vergeblich, uns vor dem zu schützen, was in einer Welt voll von unerwünschten und heimatlosen Menschen nicht von uns abgeschottet werden darf. Wir treten nicht in einen Orden ein, um uns von dem Evangelium zu distanzieren, das wir verkünden. Wenn überhaupt jemand, dann muss die Ordensfrau, der Ordensmann die Ausgestoßenen in das eigene Leben hineinnehmen – jede und jeden von ihnen, auch die Schwierigen und Verachteten. Ein Mensch tritt nicht in einen Orden ein, um Armut zu spielen, während er sich in Sicherheit suhlt. Ganz im Gegenteil: Das Ordensleben nimmt uns, jede und jeden von uns einzeln und alle gemeinsam, alles bis auf das Lebenswichtige, damit wir endlich mit Dingen jenseits des Materiellen erfüllt werden können. Wir treten nicht in einen Orden ein, weil wir an Unentschlossenheit leiden und ohne Anleitung nicht leben könnten. Wir tun es, um gemeinsam auf den Geist horchen zu können, der mit Stimmen redet, die nicht die unseren sind. Das Ordensleben ist nicht leicht, es ist aber auch nicht unrealistisch, exotisch oder bizarr.

Leben pur

Als Ordensmitglied zu leben nimmt unser ganzes Leben in Anspruch. Es verlangt das Herz eines Einsiedlers, die Seele einer Bergsteigerin, die Augen eines Liebenden, die Hände einer Heilenden und den Verstand eines Rabbis. Es verlangt das Einswerden mit dem Leben Jesu und ausschließliche Konzentration auf die Bedeutung eines Lebens nach dem Evangelium in unserer Zeit. Es setzt eine glühende Liebe zum Heute voraus. Vielleicht ist das der Punkt, wo alles anfing falsch zu laufen.

Vor dem 13. Jahrhundert und dem ausufernden Wachstum des Kirchenrechtes gelobten Ordensleute, formlos und zumeist inoffiziell, sich einem zutiefst spirituellen Leben zu widmen, sich bei Lebensentscheidungen allein an Gott zu halten, in einer Welt, die nur mit sich selbst beschäftigt war, rechtschaffen zu bleiben und Menschen zu werden, die nach der Heiligen Schrift leben. Ordensleute suchten Gott und nur Gott allein und wurden dabei Weise, Gurus, spirituelle Lehrerinnen und Lehrer einer Gesellschaft, die so sehr ins Weltliche verstrickt war, dass das Heilige unsichtbar geworden war, und der die Erinnerung an das Göttliche so sehr abhanden gekommen war, dass das Weltliche das Menschliche verschlang. Dann jedoch, in einem Umfeld, das in wissenschaftliche Ausbildungsstätten, Bildungskanones und philosophische Disputationen verliebt war, und angesichts der Dekadenz religiöser Gemeinschaften, die religiös eingefärbte Zufluchtsorte für die Töchter und Söhne der Reichen geworden waren, entwickelte sich das

Konzept der Gelübde. Das Leben wurde klar definiert, theologisch begründet und geregelt. Sehr schnell wurden die „evangelischen Räte“ Armut, Keuschheit und Gehorsam zum Prüfstein und Maßstab für das geistliche Leben. Mit ihnen entstanden im Laufe der Jahrhunderte Handbücher der Spiritualität, Bewertungsraster und gesetzliche Vorschriften, die die Lebensführung kontrollieren sollten. Der Prozess erstickte jedoch den Geist dieses Lebens. Allmählich, aber unaufhaltsam wurde das Engagement der Ordensleute auf bestimmte Aktivitäten reduziert. Was aber Not tat, war stattdessen eine bestimmte Geisteshaltung und das Versprechen prophetischer Präsenz. Bald wurden Ordensleute eher das, was sie taten, als das, was sie waren, sahen und dachten.

Es kam noch schlimmer. Die christliche Gesellschaft insgesamt – und manchmal die Ordensleute an der Spitze allen voran – war höchst erstaunt über den Maßstab, der zur Bewertung der Authentizität des Lebens herangezogen wurde. Die theologischen Fragen, mit denen sich die Ordensleute jetzt befassten, durch die sie sich formen ließen und die sie gleichzeitig entlarvten, wurden albern, aufgeblasen, wehleidig. Sie gaben vor, den höchsten spirituellen Idealen zu dienen, waren jedoch weit unter der Würde eines spirituell reifen Menschen. Statt der bedeutenden Themen des Ordenslebens gab es nun eine Reihe belangloser, kleinkarierter Fragen: Wie viel Geld durfte ein Ordensmitglied angesichts der versprochenen Armut in einer Summe bei sich tragen? War es Ungehorsam, wenn man die Informationen eines Vorgesetzten in Frage stellte? Gehörte die Befolgung der Klosterbräuche zum Wesen des religiösen Gehorsams, oder nicht? Waren farbige Bettdecken im

Schlafzimmer einer Ordensschwester tragbar? War Demut am korrekten Sitz des Schleiers zu messen? War Freundschaft eine Bedrohung für das Ordensleben eines Menschen? Wie viele Bücher, Statuen, Schallplatten, Kassetten, Ordenskleider oder Schuhe durfte ein Ordensmitglied besitzen, ohne gegen das Gelübde der Armut zu verstoßen? Durfte sich ein Ordensmitglied ohne die ausdrückliche Erlaubnis seines Oberen Zahnpasta besorgen? Die Liste war endlos – und wurde immer nur noch schlimmer.

Ganz ohne Zweifel blieb sie aber nicht ohne Wirkung. Ein Leben, das über die elementarsten Dinge des Lebens nicht selber bestimmen durfte, schuf eine geistliche Kultur von großer Festigkeit wie auch von großer Angst. Es sorgte für einen spirituellen Narzissmus und eine fromme Kindischkeit. Es brachte eine Egozentrik hervor, die als Tugend verschleiert wurde, aber gefährlich an das Neurotische grenzte. Es machte aus dem Ordensleben einen zwar echten, jedoch blässlichen Schatten eines Evangeliums, das von unzumutbaren Wundern und ungleichen Machtverhältnissen zwischen den Wächtern des Systems und den Menschenfischern erfüllt war. Es reduzierte einen Lebensriesen zu einem Zwerg. Jetzt beschritten unerwachsene Kinder den Weg, den einst nur Jüngerinnen und Jünger, Märtyrer und Märtyrerinnen, mutige Männer und starke Frauen beschritten hatten.

In einem Leben, das das ungeteilte Herz eines Menschen fordert, muss es gewiss um mehr gehen!

Es ist an der Zeit, das Ordensleben losgelöst von drei isolierten Verhaltensregeln – Armut, Keuschheit, Gehorsam – zu sehen und ganz schlicht zu fragen, welche Menschen, welches christliche Leben in der Welt existieren würde, wenn Ordensleute religiöses Engagement wieder mehr als Geisteshaltung und weniger als Verhaltenskodex verstünden. Sicher ist das Ordensleben zu Beginn des 21. Jahrhunderts auf Grund der Versprechen von Armut, Keuschheit und Gehorsam in einer Welt, in der Armut eine Sünde gegen die Gerechtigkeit, Keuschheit eine akademische Frage und keine Gabe mehr ist, und Gehorsam eher vom Militär als von einer Kultur, die Unabhängigkeit schätzt, gepflegt wird, eher verdächtig als imponierend.

Das Ordensleben von diesem verengten Ansatz her aufrechtzuerhalten raubt ihm jegliche Berechtigung, macht es zu einem institutionalisierten Kult und begrenzt seine geistliche Potenz.

Gottessehnsucht

Die Suche nach Gott ist ein lebenslanger Prozess, in dem die Seele Gestalt gewinnt, und keine kurzfristige Abspulung religiöser Übungen. Im Ordensleben geht es um die Freisetzung einer geistlichen Präsenz in einer Welt, die im Weltlichen verloren ist, und nicht um die Fortführung eines geheimnisvollen Lebensstils um seines eigenen Heiles willen. Religiöse Gemeinschaften wurden nicht gegründet, um Museen der Menschheitsentwicklung zu sein. In ihnen leben reale Menschen, Erwachsene, die konkrete Dinge aus wichtigen Gründen tun.

Das Ordensleben ist die Geschichte von Prophetinnen und Propheten – von ganz normalen Menschen mit Einsichten, die ihnen von Gott geoffenbart wurden und die sich auf einen Weg des Neuwerdens machen mussten, um anderen neue Einsichten zu vermitteln.

Mit anderen Worten: Das Ordensleben verlangt, dass wir uns zunächst selber bekehren. Das ist die Grundlage des Wachstums und kein Lebensstil, der bestrebt ist, Gewohnheiten beizubehalten. Es verlangt, dass wir auf dem neuesten Stand, nicht aber hoffnungslos veraltet sind. Wenn Ordensmitglieder sich nicht zum Willen Gottes, der im Jetzt lebendig und gegenwärtig ist, bekehren lassen, wem nutzen sie, gleichgültig welche Dienste sie daneben verrichten? Im Ordensleben geht es nicht um Dienst; es geht darum, ein Herz und einen Geist zu entwickeln, die das Leben sehen, wie es ist, und uns dadurch aufrütteln, selbst anders zu leben.

Wie alle ihre Mitmenschen sind auch Ordensfrauen und -männer Menschen ihrer Zeit. Das ist es, was sie gefährlich macht. Das ist es, was sie möglicherweise aber auch banal macht. Ordensmitglieder sollen nicht einfach nur Menschen der Welt sein. Sie sollen bewusst, ausdauernd und verlässlich Menschen Gottes sein, die dem Willen Gottes nachgehen und ihn verkünden, koste es sie, was es wolle.

Um die Rolle der Bekehrung im Ordensleben begreifen zu können, muss man den alten Begriff des Auserwähltseins verstehen. Die Chassidim formulierten es so: Einst wurde ein Rabbi gefragt, wie man sich als Rabbi fühlt. Er sagte: „Nun ja, ich begann es besser zu verstehen, als ich in der Schafhürde arbeitete. Dort wurde jedes zehnte Schaf zum Dienst im Tempel ausgewählt, nur weil es das zehnte war.

Und genauso wurde ich zum Rabbi erkoren." Anders gesagt: Menschen werden nicht auserwählt, weil sie sich für irgendetwas besser als andere eignen; alle sind für irgendetwas „auserwählt". Alle haben natürliche Veranlagungen, die ihnen ermöglichen, das zu tun, was sie tun müssen, die sie dazu aufrufen, sie darin bestätigen und sie für diesen Dienst bestimmen. Wie es Menschen mit einem absoluten Gehör für die Musik, Menschen mit manueller Geschicklichkeit für Handarbeiten und Menschen mit Künstlerblick für die Fotografie gibt, so findet sich bei manchen eine ausgeprägte Hingabe, die einzig und allein den spirituellen Dimensionen der menschlichen Suche und den Belangen Gottes gilt. Diese erhöhte religiöse Empfindsamkeit ruft einen Menschen an und führt ihn dahin, sich ausschließlich auf die Entwicklung der spirituellen Komponente des menschlichen Lebens zu konzentrieren.

Aber selbst wenn etwas uns naturgegeben ist – die Liebe zu Kindern, die Leidenschaft für die Kunst, die Seele eines Suchenden und die Vision eines Visionärs –, heißt das nicht, dass diese Fähigkeit, nur weil sie vorhanden ist, auch bereits voll entwickelt ist. Es bedeutet nur, dass sie geformt werden kann. Jetzt beginnt die Bekehrung erst.

Das Ordensleben nimmt sich der Seele des Suchenden an, befreit sie von den äußeren Schichten und legt ihren Kern frei, damit wir sehen können, was wir suchen, das kosten können, wonach wir hungern, werden können, wonach wir streben und schließlich der ganzen Welt die Frohe Botschaft verkünden können, die uns erfüllt.

Die Aufgabe des Ordenslebens liegt eindeutig darin, zunächst ganz normale Menschen mit den heiligen Schriften zu durchtränken und dann die Messlatte dessen an sie zu legen, der sich um des Wortes Gottes willen der Synagoge und der Staatsgewalt widersetzte. Das Leben der Bekehrung bekehrt zuallererst uns selbst. Danach verwandelt es auf Grund dieser Verwandlung vielleicht auch unseren kleinen Lebenskreis, in dem wir uns bewegen, so dass nach und nach durch einen Menschen, der in jedem und jeder von uns steckt, die Welt zu dem Einen zurückkehren kann, der sie vollkommen und ganz erschaffen hat, voller Leben, voller Feuer.

BEKEHRUNG

Bekehrung ist der Prozess, der uns die Welt anders sehen lässt, als Kultur, Bequemlichkeit und der Wunsch zu kontrollieren sie uns zu sehen verleiten. Natürlich lautet die Frage: Was ist diese Seinsweise in der Welt, die „Ordensleben" heißt? Was ist so anders am Ordensleben, als dass es nicht ebenso gut auch in einer anderen Form christlichen Lebens zu finden wäre? Einerseits lautet die Antwort: Gar nichts. Wir alle sind zum spirituellen Leben, zur Umkehr, zum ursprünglichen Christentum in seiner reinsten Form aufgerufen. Diese Form des christlichen Lebens erfordert fraglos eine besondere Ausrichtung, einen klaren und bestimmten Akzent und eine sichere und gemeinsame Qualität, die sie im Stil und in der Klarheit der Präsenz von allen anderen unterscheidet.

Diese Form verlangt, dass alles in uns, was die Welt so sehr schätzt, bekehrt wird. Sie verlangt, dass wir uns dazu verpflichten, mit Jesus auf Zinnen zu klettern, mit ihm, der in Versuchung geführt wurde und der Nein sagte zu jener Art von Macht, die andere entmachtet, unüberhörbar und mit Überzeugung, prophetisch und zielstrebig. Sie verlangt, dass wir dem Profit abschwören, der zu Lasten der Armen erworben wird, und jene Beziehungen verurteilen, die Unschuldige verführen, Unachtsame ausbeuten und die Kleinen der Welt zu klein gemachten Instrumenten persönlicher Befriedigung verformen.

Die Gaben des Ordenslebens an die Welt sind Freiheit und Perspektive. Ordensleute, die von nichts anderem als dem Reich Gottes erfüllt sind, sehen alles andere überdeutlich, gerade wegen des Abstandes, den sie von ihm halten. Da sie niemandem verpflichtet sind und von nichts verführt werden, sind Ordensmitglieder nur ihrem eigenen Gewissen verantwortlich. Die Präsenz von Ordensleuten, von Ordensleuten im echten Sinn, ist in jeder Gesellschaft gefährlich.

> Eine Zen-Geschichte erzählt, dass die chinesischen Soldaten während der Besatzung Tibets die unterworfenen Völker sehr grausam behandelten. Beliebteste Zielscheibe ihrer Gräueltaten waren die Mönche. Deshalb flohen die Mönche in die Berge, sobald die fremden Truppen die Dörfer überfielen. Als die chinesischen Invasoren in einem bestimmten Dorf ankamen, berichtete der Leutnant der Vorhut: „Eure Exzellenz, alle Mönche flohen in die Berge, sobald sie von Ihrem Vormarsch hörten." Der Kommandant lächelte selbstgefällig, weil er auf seine Fähigkeit, Angst und Schrecken zu verbreiten, stolz war. „Das heißt, alle außer

einem“, fuhr der Leutnant leise fort. Der Kommandant war außer sich vor Wut. Er marschierte zum Kloster und trat das Tor ein. Im Hof stand der eine zurückgebliebene Mönch. Der Kommandant sah ihn finster an. „Weißt du nicht, wer ich bin? Ich bin der, der dich, ohne mit der Wimper zu zucken, mit meinem Schwert durchbohren kann.“ Und der Mönch erwiderte: „Und wissen Sie nicht, wer ich bin? Ich bin der, der ohne mit der Wimper zu zucken, Ihnen erlaubt, mich mit Ihrem Schwert zu durchbohren.“

In der Tat bringt das Ordensmitglied – frei, unabhängig, auf Gott ausgerichtet – die Gesellschaft in Gefahr. Aber zunächst müssen die Ordensleute unserer Zeit neu werden wollen. Ordensleute müssen erst selbst bekehrt werden.

Aber wie und wozu? Wenn die Spiritualität der Vergangenheit zu Rechtssammlungen und Gesetzestexten, Regeln und Vorschriften, Übungen und Ritualen zusammenschrumpfte – wie gut gemacht oder wie gut gemeint auch immer –, was ist dann der Kernpunkt von Bekehrung heute? Ist irgendetwas übrig geblieben, was der Ausgangspunkt für Heiligkeit ausmachen könnte?

9. LEBENDIGES ZEUGNIS

Es ist nicht einfach, in dieser Zeit der Ordensgeschichte über Gelübde zu schreiben. Viele Ordensmitglieder bezweifeln ihren Wert ganz und gar. Wenn sie könnten, würden sie die traditionellen Versprechen als „Bindung an ein Leben nach dem Evangelium“ oder ähnlich formuliert zusammenfassen. Viele andere stellen, wenn nicht ihre Existenz, dann zumindest ihren Inhalt in Frage. Die meisten Ordensleute, die vor dem Zweiten Vatikanischen Konzil ausgebildet wurden, schenken ihnen viel heute weniger Beachtung als früher. Noch waren Gelübde in der Anfangszeit des Ordenslebens ein wesentliches Element. Die Frage lautet also: „Sind für Ordensfrauen und -männer die Gelübde ein wichtiger Teil ihres spirituellen Lebens?“ Und die Antwort könnte deutlich und überzeugt „Ja und Nein“ heißen. Nein, wenn wir sie zur Einschränkung des Lebens benutzen; ja, wenn wir sie als Haltung dem Leben gegenüber betrachten.

Da die Gelübde für die meisten Ordensmitglieder, die nach dem Zweiten Vatikanum in religiöse Gemeinschaften eingetreten sind, nie auf eine Reihe von vorgeschriebenen oder verbotenen Verhaltensweisen reduziert wurden, haben die Gelübde für die Zukunft eine bessere Chance, für die Welt zu sein, was sie immer sein sollten: Leuchtfeuer, Ideale, Hoffnungszeichen, die im Hier und Jetzt, draußen in der Welt wie auch drinnen im Leben der Gemeinschaft verwirklicht werden sollten.

Unabhängig davon, ob es so etwas wie religiöse Gelübde geben sollte oder nicht, gibt es eine weit ernstere Frage als die erste: „Warum geloben Ordensleute bei allem, was ein spiritueller Mensch im Leben geloben könnte – Gebet, Dienst, Ökumene, Ökologie – weiterhin Armut, Keuschheit und Gehorsam?" Was könnte noch trockener klingen? Was könnte sich noch bleierner anhören? Was könnte für die Entwicklung einer Welt als noch hemmender erscheinen, in der Armut ein großes Problem darstellt, Keuschheit nichts mehr ist als ein Schutz gegen unerwünschte Schwangerschaften denn eine Tugend und Gehorsam durch die Verbrechen der Massenvernichtungen, der Völkermorde und der politischen Korruption so sehr pervertiert wurde, dass es schlimmer nicht mehr geht? Wofür kann etwas spirituell genutzt werden, das allen gleichgültig ist und niemand will? Wenn ich in dieser Kultur gelobe, zum Mond zu fahren, erstarren die Menschen in Ehrfurcht. Wenn ich mich dazu verpflichte, ein großes, öffentliches Entwicklungsprojekt zu unterstützen, bewundern mich die Menschen ganz offen. Wenn ich verspreche, mein Leben den Problemen der modernen Wissenschaft zu widmen, spenden die Menschen Beifall. Wenn ich über mein Dasein als Ordensmitglied spreche, wollen die Menschen das Leben unbedingt verstehen und seine neuen Entwicklungen unterstützen. Wenn ich jedoch davon spreche, mein Leben in

Armut, Keuschheit und Gehorsam zu verbringen, reagieren die Menschen heute kaum noch. Sie sind nicht beeindruckt, nicht betroffen und von der Vorstellung, dass man ein solch ernstes öffentliches Bekenntnis zu solch wichtigen Elementen des Lebens auf sich nehmen würde, keineswegs so berührt, wie das einst der Fall war. Es scheint, dass die Gelübde sowohl innerhalb des Ordenslebens wie auch außerhalb aus irgendwelchen Gründen einfach an Bedeutung verloren haben. Aber warum? Sind die Menschen gleichgültig oder skeptisch gegenüber dem Wert von spirituellen Versprechen, die keine materielle Bedeutung haben, weil sie das Wesen der Gelübde selbst oder aber die Art in Frage stellen, wie wir das Leben der Gelübde auf das moderne Leben beziehen? Ist das Ordensleben einfach ein symbolisches Leben oder hat es genügend Substanz, dass es der Welt umher als sinnvoll erscheint?

Die Antworten auf all diese Fragen hängen selbstverständlich damit zusammen, wie Ordensmitglieder selbst die Wirkungsweise der Gelübde zunächst in ihrem eigenen persönlichen Leben und dann für das Leben der Menschen verstehen, in deren Mitte sie sie öffentlich verkünden. Laut unserer althergebrachten theologischen Ausführungen zu diesem Thema soll mit den Gelübden ein öffentliches Zeugnis über die Werte des Evangeliums abgelegt werden – ein öffentliches Zeugnis, das die Öffentlichkeit Mut fassen und Hoffnung schöpfen lässt. Die Gelübde sind nicht der private Rückzug frommer Menschen, die die Welt fürchten und sie daher fliehen. Die Gelübde verpflichten uns dazu, unser Leben für das hinzugeben, wofür wir einstehen, und nicht dem zu entkommen suchen, wogegen wir sind.

Wenn das aber der Fall ist, dann hat die Welt diese Gelübde vielleicht nie so sehr gebraucht wie heute – vorausgesetzt, wir wissen selbst, was die Gelübde für unsere Zeit bedeuten, und leben auch danach.

Die Zen-Meister lehren: „Wenn ein Mönch in eine Kneipe geht, wird die Kneipe zu seiner Zelle. Und wenn ein Kneipenbruder in eine Zelle geht, wird die Zelle zur Kneipe." Was wir sind, nehmen wir überall mit hin, und was wir sind, beeinflusst positiv oder negativ und mehr oder minder Timbre und Ton aller Orte, an denen wir uns aufhalten. Bei diesem Verständnis des Ordenslebens als Sauerteig wird meiner Meinung nach die Bedeutung einer religiösen Bindung um so vieles klarer als in allen bisherigen kanonischen Definitionen von Armut, Keuschheit und Gehorsam. Schon die Erwähnung dieser Wörter ruft in der Tat den Hauch von Mottenkugeln und ein langes, müdes Gähnen hervor.

ARMUT IM ORDENSLEBEN

Ist die Armut der Ordensleute nur ein kirchenrechtliches Spiel in einer Welt, in der nackte Armut der Fluch der meisten Kinder dieser Erde ist? Ist Keuschheit in einem einsamen Leben ohne Liebe nur die Förderung einer krankhaften Beschränkung des Herzens in einer Welt, in der eine unterdrückte, ausgebeutete oder pervertierte Sexualität die Luft, die wir atmen, verpestet? Bedeutet Gehorsam für Menschen, die bereits unterdrückt sind, nicht weitere entwürdigende Abhängigkeit in einer Welt, in der die Unabhängigkeit der Völker überall eine erhebende nationale Hoffnung ist? Mit anderen Worten: Welchen „Zeugnis"-Wert haben Sicherheit, Isolation und Abhängigkeit, wenn sie von Menschen auf der ganzen Welt für ein Joch gehalten werden, das abgeschüttelt werden muss, und nicht für Werte, die hoch geschätzt werden sollen?

Als religiöse Armut nicht länger echte Armut war, als Geschlechtsverkehr mit seiner Gefahr von unerwünschten Kindern nicht länger ein soziales Risiko war und als Gehorsam in einer Welt ohne Könige und Königinnen dem Motto „Freiheit, Gleichheit, Brüderlichkeit" Platz machte, wurde das Ordensleben mehr und mehr zu einem Abziehbild des Lebens und zu einer Abfolge sinnentleerter zuchtmeisterlicher Übungen, die alle ehrlich gemeint waren, sich aber von den Bedürfnissen der Menschen und den Strömungen einer Zeit her gesehen, die die gesamte Gesellschaft zur Neuformulierung der alten Tugenden aufrief, immer weiter von der Realität entfernten.

Das Ordensleben kann in dieser Form nicht weiterbestehen. Was die Welt heute benötigt, respektiert, fordert und versteht, sind nicht Armut, Keuschheit und Gehorsam. Es sind großzügige Gerechtigkeit, kühne Liebe und vorurteilsloses Zuhören. Mechanisches Festhalten an mechanischen Konzepten macht das Ordensleben steril und entleert es für die Menschen drinnen und draußen. Die Welt hat schon zu viele Plastikkopien des Echten, um noch eine weitere zu schätzen oder schätzen zu sollen, selbst wenn sie im Namen der Religion daherstolziert kommt. Wenn die Heilige Schrift uns überhaupt etwas lehrt, dann lehrt sie uns die Macht des Wahrhaftigen.

Es gab nur einen Abraham, einen Mose, eine Judit, einen David, eine Debora und eine Samariterin, jede und jeder von ihnen fehlerhaft, jede und jeder von ihnen schwach. Und dennoch haben sie ihre Welt auf den Kopf gestellt, nicht weil sie auffällige „Symbole" dessen gewesen wären, was sein könnte, sondern weil sie in einer Welt, die nach Wahrheit und Orientierung suchte, wahrhaftig waren. Auch die Jünger und Jüngerinnen Jesu wurden nur „zu zweit" und nicht in großen Gruppen ausgesandt, und doch veränderten sie das Gesicht der römischen Welt; nicht weil sie mächtig gewesen wären, sondern weil sie ohne jede Furcht wahrhaftig waren, ganz und gar engagiert und unerschütterlich guten Willens. Sie waren, was sie zu sein behaupteten, keine leeren Nachahmungen von irgendetwas oder irgendjemandem.

Kirchenrechtlich festgelegte Gelübde werden in einer Welt, die nach Tugend sucht, nicht ausreichen, um diese Welt zu verändern. Tugend, die über die Gelübde hinausreicht, Leben, das zum Heil der Welt und nicht zuerst um der Selbstheiligung willen über und neben dem Gesetz gelebt wird, können die Welt aus den Angeln heben.

Das Ordensleben kann es sich nicht mehr leisten, irgendein Bild von irgendetwas zu sein. Es muss das sein, was es in seinen Anfängen war. Es muss lebenserfüllte Wirklichkeit sein, wach für die Armut und ihre Auswirkungen, interessiert an einer befreienden Keuschheit, selbstverpflichtet, die Stimmen der ganzen Welt zu hören. Wenn das Ordensleben ein Geschenk in dunkler Zeit und ein lebendiges Abbild der Welt sein soll, auf die die Menschen warten, muss es auch sein, was es zu sein behauptet. Es muss zutiefst wahrhaftig sein, ein Modell dessen, was sein muss, aber noch nicht ist.

Eine Welt, die mit Flüchtlingslagern und hungernden Kindern, geschlagenen Frauen und obdachlosen Männern, Dritte-Welt-Schulden und politischen Programmen überladen ist, die die Staatshaushalte auf Kosten der Bedürfnisse der Menschen sanieren wollen, braucht ein Ordensleben, das gelobt, das zu sein, was die Welt am meisten braucht: furchtlose Liebe, Optionen für die Armen, Suchen nach der Wahrheit. Denn nur darauf, nur auf diese Art von Armut, Keuschheit und Gehorsam wartet unsere getretene, ausgebeutete und verelendete Welt. Sie schreit danach und sehnt es herbei.

Spiritualität

Spiritualität ist nicht die romantische Interpretation eines versponnenen Mystizismus oder eine überzogene religiöse Fantasie, die auf die Welt losgelassen wird, um sie zu umgarnen, sie zu schelten oder viel Wirbel um sie zu machen. Spiritualität ist Theologie auf dem Weg. Spiritualität ist das, was wir tun von dem, was wir unserer eigenen Aussage nach glauben. Was wir in Glaubensbekenntnissen aussagen, füllt die Spiritualität mit Leben, und was wir mit Leben erfüllen, das glauben wir wirklich. Wenn wir zum Beispiel glauben, dass die Menschwerdung Gottes die ganze Menschheit geheiligt hat, müssen wir entschlossen an der Seite derjenigen stehen, deren Leben missachtet, erniedrigt oder verhöhnt wird. Wenn wir an die eucharistische Gemeinschaft glauben, müssen wir das Brot unseres Lebens mit denen teilen, die wirklich hungern, und den Wein unserer Tage mit denen teilen, deren Herzen es an Lebensfreude mangelt. Wenn wir an Betlehem glauben, müssen wir dort auf die Wahrheit horchen und da für Offenbarung offen sein, wo Wahrheit und Offenbarung am unwahrscheinlichsten sind. Vor allem müssen wir endlich einsehen, dass die spirituelle Wahrheit, wie sie sich heute deutlich abzeichnet, darin besteht, dass das Ordensleben nicht durch einen neuen Katalog von Vorschriften gerettet wird. Das Ordensleben kann nur dadurch gerettet werden, dass es das ist, was es von sich selbst behauptet zu sein, dass es das tut, was es tun soll, und eine neue Seinsweise in der Welt entwickelt. Im Ordensleben muss es darum gehen, das zu sehen, was andere nicht sehen, und das zu sagen, was andere nicht sagen, ungeachtet der Gründe, ungeachtet dessen, was es uns abverlangt. Bei Ordensleuten muss es um die großen Fragen des Lebens gehen, nicht um eine religiöse Spielgruppe oder um ein spirituelles Getätschel.

Das allerdings kann nur dann erreicht werden, wenn Ordensleute mit beiden Beinen im Heute stehen und ihre Herzen dem Hier und Jetzt zugewandt sind. Schöne Worte, ja, aber auch einfordernde Worte. Wenn sich religiöse Gemeinschaften auf den Individualismus, die Ausbeutung und die Übersättigung ringsum konzentrieren, könnten sie sich sehr wohl auf holprigen Wegen wiederfinden, dunklen Pfaden folgen und auf einsamen Straßen gehen. Wenn wir Dinge in Frage stellen, die als normal, akzeptabel, ja, als wünschenswert für die Mächtigen und Privilegierten hingestellt werden, gehen wir all der Achtung und der

Freundlichkeit verlustig, an die wir uns in der Zeit unseres Aufstiegs ins Establishment gewöhnt haben.

Es war aber nicht immer so. Als das Feuer neu war und hellauf brannte, konnte keine noch so heftige Ablehnung Ordensleute abschrecken. Unsere Vorfahren kannten Widerstand und Feindseligkeit in einer Gesellschaft, die keine katholischen Schulen, keine katholischen Institutionen, ja nicht einmal Katholiken wollte, und trotzdem setzten sie ihre Aufbauarbeit fort. Sie lebten für Gott und nicht für gesellschaftliche Anerkennung. Für sie galt das Evangelium, nicht das Gesetz. Sie handelten aus dem Glauben heraus, nicht von Vorsicht bestimmt. Wir dagegen haben allzu oft die Kunst des „Bezeugens", über die wir so viel reden, verlernt. Dieses Mal ist der Spielraum des religiösen Zeugnisses weiter gefasst als je zuvor. Es ist nicht für die katholische Bevölkerung allein, für die Ordensfrauen und -männer sich einzusetzen haben, wenn das Evangelium in uns zum Klingen kommen soll. Dieses Mal müssen wir für die ganze Erde und alle Menschen sprechen, wenn das, was wir durch unser Leben bezeugen, durch die Heilige Schrift und erst recht durch unsere Gelübde nach Möglichkeit bestätigt werden soll. Es ist wieder an der Zeit, die zu sein, die das Feuer entzünden; es ist an der Zeit, zur Flamme zu werden. Wenn wir uns nur nicht an die Schatten vergangener Feuer klammerten. Wenn wir uns nur nicht so sehr vor der Hitze dieses Feuers jetzt fürchteten.

10. RUF NACH GERECHTIGKEIT

Drei Elemente des modernen Lebens ziehen sich durch die heutige Gesellschaft und rufen auf besondere Weise nach einer neuen Art religiöser Präsenz. Übersättigung, Ausbeutung und Unterdrückung halten die Menschheit gefangen, während das Ordensleben in der Gefahr ist, nur noch Gebete zu sprechen, regelmäßig Mahlzeiten einzunehmen, sich mit „netten" Menschen zu umgeben, elementare institutionelle Arbeit zu verrichten und seinen spirituellen Wert dadurch zu beweisen, dass es keine Fragen stellt und nichts aus dem Lot bringt. Das ist traurig und unsinnig. Wenn das Ordensleben in dieser Geschichtsperiode untergeht, liegt es nicht daran, dass die jüngere Generation seinen Wert nicht schätzt. Diese jüngere Generation arbeitet bis zur Erschöpfung an wichtigen Anliegen und tiefschürfenden Fragen. Nein, es ist nicht diese Generation, deren Einsatz angezweifelt werden kann. Das Ordensleben wird untergehen, weil unsere Generation es schon vor langer Zeit zu Staub werden ließ, indem wir Engagement gegen Konformität eintauschten, am Schrein des

Professionalismus statt an dem der Prophetie beteten, friedfertig waren statt prophetisch Alarm zu schlagen und uns vor dem Tod abschirmten, indem wir es vorzogen, in den Sielen zu sterben – sauber, sicher und ordnungsgemäß.

Unersättlichkeit hält die Welt wie ein riesiger Schraubstock im Griff. Durch unseren Besitz werden wir definiert, gemessen und gesellschaftlich platziert. Wer noch nicht übersättigt ist, will es sein. Die Übersättigten nehmen automatisch an, dass ihnen die Früchte der Erde in einer Überfülle zustehen, die über die Grenzen echten Bedarfs weit hinausgeht. Auch Ordensleute, für die das Schlechteste einst selbstverständlich war, haben mittlerweile – wie alle anderen ihrer sozialen Schicht und beruflichen Bildung – gelernt, das Beste als selbstverständlich zu betrachten. Trotz der Mahnung der Bibel speichern auch wir Getreide in Scheunen – genau wie alle anderen. In regelmäßigen Abständen tauschen wir unsere Welt gegen eine neue ein – genau wie alle anderen. Wir entwickeln Philosophien für Zeiten der Not – genau wie alle anderen um uns herum. Wir horten Ressourcen, sparen Geld, „schützen" unsere Besitztümer und privatisieren unsere Einrichtungen – genau wie alle anderen. Unsere Geisteshaltung ist feinsinnig und wäre fast amüsant, stünde sie nicht konträr zu allem, was wir nach eigener Aussage sind. Unsere eigene Übersättigung, unsere Güteranhäufung und unser Sicherheitsbewusstsein, alles Produkte unserer Gesellschaft, bezeichnen wir häufig als „Umsicht", „Geschäftstüchtigkeit" und „gute Verwaltung". Wie immer wir die Übersättigung rechtfertigen, letztendlich impliziert sie zumindest den unbewussten Anspruch auf ein zweifelhaftes Geburtsrecht von gewissenlosen Ausmaßen. Wenn wir mehr nehmen, als wir brauchen, rauben wir der Erde und ihren Völkern nicht nur elementare Ressourcen, sondern auch ihre menschliche Seele.

Fazit ist, dass im Ordensleben wie überall sonst in der westlichen Welt Genügsamkeit nicht länger eine Tugend ist. Statt ihrer hat sich Übersättigung breitgemacht. Was das Armutsgelübde, wie es einst praktiziert wurde, für uns auch geleistet haben mag, auf keinen Fall ließ es uns Gefallen an der Armut finden.

UM DER ARMEN WILLEN

Wenn Gelübde überhaupt einen Wert haben sollen, braucht das Ordensleben heute einen neuen und herausfordernden Ruf nach einem neuen Verständnis von Armut, das diese ganze Generation von Ordensmitgliedern in ein Leben der Armut um der Armen willen einbindet. Die alten Ausbildungshandbücher, die verstaubten Dokumente eines anderen Zeitalters, die Satzungen und Brauchtumsbücher, die aus der Armut Besitzrituale machten, und das theologische Larifari müssen mit den Wurzeln aus unserer spirituellen Sprache ausgegraben, von unseren Bücherregalen entfernt und durch unser Leben umgeschrieben werden. Es war ironischerweise genau dieses Material, das uns das Recht gab, nicht arm zu sein, und den Grund lieferte, weiterhin reich zu bleiben. Ungeachtet dessen, was die alten Traktate sagten oder ehemalige Novizenmeisterinnen lehrten – das Ordensleben fordert von uns nicht, dass wir unsere Wünsche, die Ressourcen der Erde zu besitzen, zu haben und zu nutzen, nur deswegen beherrschen, weil „Jesus arm war". Ordensleute müssen die ersten sein, die ihre Bedürfnisse einschränken und ihre Wünsche zügeln. Denn wir lügen, wenn wir sagen, wir könnten dem Jesus nachfolgen, der „die Kleinen" genug liebte, um ihretwegen Synagoge und Staat herauszufordern, solange wir selber gleichzeitig nichts gegen die Armut der Armen tun. Das Gelübde der Armut ist ja nun nicht eine solch vordergründige Sache wie Sicherheit ohne Übersättigung. Gelübde sind aus härterem Material. Wenn in unseren Tagen die ärmsten Menschen der Erde im Fernsehen verfolgen können, wie die reichsten Menschen der Erde an ihre Tiere bessere Nahrung verfüttern, als sie ihren Kindern zu geben in der Lage sind, verpflichtet uns die Armut vordringlich dazu, uns für die gerechte Verteilung der Güter dieser Erde einzusetzen. Wenn wir diese Verteilung modellhaft vorleben und unser Leben so gestalten, dass andere Anteil an diesen Gütern haben, machen wir aus dem Gelübde der Armut mehr als eine kanonische Spitzfindigkeit; wir setzen es in die Tat um.

Das Gelübde der Armut hat jedoch nichts mit institutionalisierter Not zu tun. Es bedeutet nicht, dass wir uns über Anliegen hinweg setzen dürften, die ebenso gerecht, ebenso wichtig sind – die Pflege der Alten, die Erziehung der Jungen, die Verpflichtung gegenüber Gläubigern, die Bedürfnisse des Dienstes. Eine Gemeinschaft, die selbst mittellos ist, kann niemand anderem helfen. Wir brauchen Gemeinschaften, die ihre Ressourcen klug verwalten, um sie zugunsten der Benachteiligten einsetzen zu können. Wenn die Welt etwas braucht, dann Menschen, die nicht zu arm sind, um sich mehr als die gegenwärtige Gesetzgebung, Wirtschaftspolitik und Handelspraxis darum kümmern können, dass die Öffentlichkeit erfährt, dass viele Menschen infolge dieser Gesetzgebung und Politik bettelarm sind.

Das Problem ist nicht, dass manche reich sind; das Problem ist, dass viele sehr arm sind. Insofern verflacht ein Gelübde der Armut, das sich auf das Zählen der Blusen in den Schränken der Ordensschwestern konzentriert, das Ordensleben bis zur Harmlosigkeit oder verfälscht es sogar. Die Armut im Orden ist nicht eine Übung im willkürlichen Zuweisen von persönlichen Besitztümern, von denen die meisten im besten Fall sehr simpel sind. Nein, die Armut im Orden verlangt viel mehr als die Zuteilung von notwendiger Ausrüstung. Die Armut im Orden verlangt, dass Ordensleute als Gemeinschaft ihre beträchtlichen Ressourcen nutzen, um den Armen zu dienen. Was wir als Gemeinschaften mit unseren Ressourcen tun, ist viel wichtiger, als die Zahl der Bücher, Blusen oder Schuhe festzustellen, die die Ordensschwester neben uns benutzt. Wenn Ordensleute die Armut auf den persönlichen und legalistischen Aspekt beschränken, dann ist die Armut in dieser Gemeinschaft schon längst nicht mehr real.

Echte religiös motivierte Armut nimmt die Armut ernst und bagatellisiert sie nicht. Sie stellt sich durchweg auf die Seite der Armen, sieht das Leben jederzeit aus der Perspektive der Armen und nutzt die akademischen Grade, die großen Institutionen, die auf Hochglanz polierten Konferenzräume, die gepflegten Rasenflächen und die begehrtesten Klosterimmobilien, um für die Armen zu sorgen, für die Armen zu sprechen, die Armen zu beherbergen und auf die Reichen zugunsten der Armen Einfluss auszuüben.

In einer Zeit massiver menschlicher Armut fußt eine authentische Spiritualität der Armut auf drei Tugenden: öffentliche Fürsprache, gemeinschaftliche Entprivatisierung und persönliche Bekehrung, und das in dieser Reihenfolge.

Öffentliche Fürsprache für die Armen ergibt sich aus einem erneuerten Bewusstsein der öffentlichen Dimension des Wirkens Jesu. Zu behaupten, Jesus nachzufolgen und den Wohlhabenden nichts über ihre Rolle bei der Lösung der Armut zu sagen – keine Aussätzigen zu heilen, keine Toten aufzuerwecken, kein Brot zu vermehren – spaltet das Ordensleben vom Evangelium ab und führt es in die Irre. Zu behaupten, dass wir die Heilige Schrift kennen, aber die Auswirkungen von Gesetzesvorhaben auf das Leben der Armen nicht zu kennen, macht es schwer zu glauben, dass die Evangelien uns in irgendeiner Weise berührt haben.

„Die Armen habt ihr immer bei euch", sagte Jesus, „mich aber habt ihr nicht immer bei euch." Eine erste Lesung dieses Wortes scheint anzuzeigen, dass wir angesichts der Gegenwart Jesu den Schrei der Armen vergessen dürfen, dass es möglich ist, uns von den Sorgen der Armen zeitweilig freizumachen, oder dass es wichtigere Dinge als die Sorge um die Armen gibt. Eine andere Auslegung stimmt jedoch mit der gesamten Botschaft des Evangeliums eher überein. Ohne die ständige Fixierung auf Jesu Lehre vergessen wir den Grund, weswegen es uns gibt. Wir werden nie begreifen können, welche kontinuierlichen Anforderungen die Existenz der Armen an das Leben ernsthafter Nachfolger und Nachfolgerinnen Jesu stellt. Aufmerksam auf die Heilige Schrift zu hören führt uns zu den Armen. Aufmerksamkeit für die Armen ermöglicht uns die Schrift zu verstehen. Wir können das eine nicht ohne das andere haben.

Entprivatisierung religiösen Besitzes

Ein Schlüsselbegriff für das Gelübde der Armut ist die Entprivatisierung des Ordenseigentums. In den Jahren, die unmittelbar auf das Zweite Vatikanische Konzil mit seinem Anstoß zur Erneuerung des Ordenslebens folgten, wurde sehr viel über Entäußerung, das Abtreten von Ordensbesitz als unabdingbarer Voraussetzung für eine authentische Umsetzung des Gelübdes der Armut in unserer Zeit gesprochen. Es brauchte jedoch nicht lange, um zu erkennen, dass Entäußerung keine Garantie für die Authentizität des Ordenslebens war oder dass Ordensleute durch die Abtretung von Besitz automatisch die Verteilung der Güter der Welt zugunsten der Armen erreichen würden. Erstens konnten Gemeinschaften nur in begrenztem Maße Eigentum abtreten, um weiterhin, ohne Mündel des Staates zu werden, in der Lage zu sein, sich selbst zu versorgen. Überdies garantierte der Verzicht der Orden auf Besitz keinesfalls, dass die Welt deswegen mehr gewann als eine neue Tankstelle oder einen weiteren „Klosterkeller". Langsam wuchs die Einsicht, dass es um Grundsätzlicheres ging: Echte Armut besteht nicht so sehr in dem, was Orden besitzen, als in dem, was sie mit ihrem Besitz anfangen. Wir versündigen uns gegen religiöse Armut, wenn wir unseren Besitz für uns alleine nutzen. Das ist der Prüfstein.

Der Niedergang des Ordenslebens der vergangenen Jahrhunderte resultierte aus der sozialen Isolation der religiösen Gemeinschaften. Je weiter sich die Orden von den Armen entfernten, je größer die Kluft zwischen ihnen und den Menschen wurde, desto privater wurde das Ordensleben, immer weniger mit Sinn erfüllt, immer weniger authentisch, effektiv und erleuchtend. Die Orden selbst wurden zu Institutionen – gesetzt, elitär, privilegiert und privat. Sehr, sehr privat. Das ist beim besten Willen theologisch nicht zu vertreten. Warum? Weil alles, was Ordensleute besitzen, den Armen gehört. Warum? Weil wir öffentlich bekunden, dass wir nichts besitzen. Warum? Weil wir behaupten, dass wir unsere Ressourcen nur für die Werke Gottes einsetzen. Wenn religiöse Gemeinschaften riesige Grundstücke besitzen und die Armen im Interesse der Privatsphäre, des Klosters, des persönlichen Raumes und des spirituellen Lebens aussperren, verhöhnen sie das Gelübde der Armut. Dann wird für niemanden außer uns selbst etwas verwaltet.

In den Schriften der Sufis heißt es: „Ein Dieb brach in die kleine Gebetshütte eines heiligen Mannes ein und stahl die beiden einzigen Besitztümer, die er in der Welt hatte: das heilige Buch und sein Lesepult." Der Sufi sagte: „Armer Mensch. Ich wollte, ich hätte ihm auch den Mond schenken können." Und das ist der springende Punkt: Was auch immer wir den Armen geben, es ist nie genug. Was wir besitzen, verwalten wir treuhänderisch für die Armen, muss für sie genutzt werden und bezeugt, welche Dinge wir im Leben wirklich schätzen. Auch eine flüchtige Prüfung des Finanzberichtes einer Gemeinschaft – jener Vermögenserhebung, die darstellt, was eine Gruppe mit ihrem Geld, ihren Einrichtungen und ihrem Eigentum wirklich anfängt – legt ihr Verständnis vom Gelübde der Armut und ihre wirkliche Theologie vom Ordensleben offen. Im Finanzbericht einer Gemeinschaft erscheint kein theologisches Vokabular, um die Wirkung der tatsächlichen Lebensentscheidungen einer Gruppe zu vertuschen und ihre Rücklagen erträglicher zu machen – sondern nur Zahlen, nackte und vernichtende Zahlen.

Die religiöse Gemeinschaft, die ihre Verpflichtung zur Armut vergisst, verarmt seelisch. Nur sich selbst zugewandt stirbt sie, weil sie keinen anderen Grund zum Leben mehr hat als den, ihre eigene Privatsphäre zu erhalten, ihre Institutionen zu schützen, ihren Komfort zu sichern und für ihr Alter vorzusorgen. Solch ein Ordensleben ist kein Ordensleben mehr und alle seine symbolischen Gesten sind eher eine Vorspiegelung falscher Tatsachen, als dass sie Zeichen setzen.

Persönliche Bekehrung, die einst das Hauptziel des religiösen Gelübdes der Armut war, wird in dieser neuen Spiritualität zum Ausgangspunkt der religiös motivierten Armut, der Punkt, an dem wir zuschauen können, wie Bekehrung im individuellen Leben aufbricht und möglich wird in der christlichen Gemeinschaft des Ordens. Ohne persönliche Bekehrung im Sinne religiös begründeter Armut bleibt Armut namenlos, unpersönlich, pure religiöse Fiktion in einer Welt, die verzweifelt, ja geradezu obszön verarmt ist.

Die Vorstellungen von „Loslösung“, Genehmigungen und Mittellosigkeit bestimmten das Verständnis der religiösen Armut vor dem Zweiten Vatikanum. Solche Praktiken bewirkten Abhängigkeit, schufen jedoch keine Identität oder Solidarität mit den wirklich Armen, die nichts hatten, von dem sie sich hätten lösen können, keine persönlichen Dinge besaßen, für deren Anschaffung sie die Erlaubnis hätten einholen müssen, und keinen Ort hatten, an den sie die Rechnungen hätten schicken können, für deren Begleichung ihnen das nötige Taschengeld fehlte. Das Gelübde, das auf das Niveau einer Farce herabgesunken ist, verlangt nach ernsteren Inhalten, und sei es auch nur deshalb, weil es ein Gelübde ist – ein moralisch befrachtetes Gelübde für das ganze Leben. Der Wert eines Lebens der Gelübde muss über eine Konzentration auf die spirituelle Askese des Selbst, des Ich-bin, hinausgehen, so wohlgemeint sie auch sein mag.

„Die Armut unseres Jahrhunderts", schrieb John Berger, „ähnelt keiner Armut je zuvor. Sie beruht nicht wie früher auf Knappheit, die die Natur bedingt, sondern auf einer Reihe von Prioritäten, die die Reichen dem Rest der Welt aufzwingen. Infolgedessen werden die Armen nicht bemitleidet ..., sondern als Abfall abgeschrieben. Die Konsumwirtschaft des zwanzigsten Jahrhunderts hat die erste Kultur hervorgebracht, in der ein Bettler an nichts erinnert." Das ist die Rolle von Ordensmitgliedern: nicht nur ihre persönlichen Wünsche im Zaum zu halten, sondern die übrige Welt an die Unmoral der Armut zu erinnern – indem sie auf sie zeigen, sie wild umtanzen, „Seht, seht" schreien, und nie versäumen, so lange auf das für die Armut verantwortliche Handeln und auf die dazugehörige Politik hinzuweisen, bis jemand ihnen endlich irgendwann das Handwerk legt.

Wenn das Ordensleben weitergeht, wird es wegen der Armen sein, die es neu evangelisieren werden. Sie werden den Ordensleuten das Evangelium auftun, sie lehren, wie wenig ein Mensch wirklich zum Leben braucht, und ihnen die schönsten Seiten des Lebens inmitten seiner Erniedrigungen zeigen. Wenn die Armen die Brutalität der gegen sie gerichteten globalen Politik von heute überleben, wird es sein, weil sie die Hoffnung nicht aufgaben und zäh am Leben festhielten, weil sie eine Stimme hörten, die für sie sprach, und deshalb wiederum Hoffnung schöpften, offen für einen gütigen und barmherzigen Gott, der durch Menschen wirkt. So Gott will werden – wenn das Ordensleben in diesem Zeitalter genauso authentisch sein soll wie im letzten –, wenigstens einige der Menschen, die die Armen vor Augen haben und uns an unsere Pflicht gegenüber den Armen erinnern, in einen Orden eintreten.

11. RUF NACH LIEBE

Henry Ward Beecher schrieb einmal: „Ich wusste nicht, wie man Gott verehren und anbeten sollte, bis ich wusste, wie man liebt." Es gibt vielleicht keine Erkenntnis über das Verhältnis zwischen Keuschheit und Ordensleben, die besser als diese darauf zuträfe. Der Gedanke ist bestechend. Wenn wir, wie das Sprichwort sagt, Menschen, die wir sehen können, nicht lieben, wie können wir dann Gott lieben, den wir nicht sehen können? Gleichzeitig ist das Verständnis der Keuschheit als gesellschaftliches Konzept im Laufe der Zeit so verkrüppelt und verzerrt worden, dass sie durchweg als feindselig gegenüber Leben, Wachstum und Beziehungen verstanden wird. Uns ist viel klarer deutlich, was Keuschheit uns vorenthalten hat als was sie in uns ermöglicht, in uns herausgefordert und für uns geleistet hat. Infolgedessen müssen wir auch dieses Gelübde völlig neu überdenken, wenn die gegenwärtige Spiritualität des Ordenslebens sowohl der Gesellschaft als auch Ordensmitgliedern noch etwas zu sagen haben soll.

Wenn Keuschheit die Unterdrückung von Sexualität verlangt, nur weil es sich um Sexualität handelt, dann braucht die Welt keine Keuschheit. Unterdrückung lässt Vulkane nur um so stärker auf ihren Ausbruch lauern. Wenn das, was sich ungefragt in uns regt, uns als feindlich erscheint und uns in Gefahr bringt, führen wir ohne guten Grund Krieg gegen uns selbst. Irgendwann, irgendwie wird diese Macht voller Zerstörungskraft hervorbrechen. Wenn das, was wir in uns spüren, uns jedoch wie ein Magnet auf die Menschheit hinlenkt, zum Mittel wird, das die Welt zusammenhält, zum Anstoß wird, der uns fähig macht, auch einmal an jemanden anderen als an uns selbst zu denken, dann ist diese in uns lebende Triebkraft ein Geschenk, das wir pflegen und eine Lehre, auf die wir zuversichtlich hören sollen. In diesem Fall drängt uns die Keuschheit, an Liebe ohne Fesseln zu denken.

Bevor wir die Keuschheit und ihre Rolle im Ordensleben neu überdenken können, müssen wir uns einige Voraussetzungen klarmachen: Erstens ist Lieblosigkeit keine Tugend. Zweitens ist Ausbeutung keine Tugend. Drittens liegt der Sinn der Ordensgelübde in mehr als in einer Verneinung des Menschlichen und in der Entwicklung von Selbstdisziplin. Viertens ist Keuschheit nicht destruktiv für die menschliche Entwicklung. Und schließlich liegt in der Sexualität positive Energie und Sexualität ist schön.

Das Problem liegt darin, dass verschiedene Konzepte von Sexualität in der heutigen Gesellschaft Seite an Seite existieren und hoffnungslos ineinander verstrickt sind. Keuschheit ist zu oft zu einem Synonym für Lieblosigkeit geworden. Sexuelle Ausbeutung, selbst in der Ehe, ist zur Norm geworden. Religiöse Gelübde sind in Worte des Verlustes statt in Worte des Gewinns gekleidet worden. Selbstbeherrschung hat der Zügellosigkeit Platz gemacht. Sexualität ist gegen Frauen eingesetzt worden und Sexualität ist als schlecht, schmutzig und unanständig hingestellt worden, als etwas, das niemals oder immerzu ausgeübt werden sollte. Keuschheit gibt Männern noch eine Möglichkeit mehr an die Hand, Frauen zu beherrschen, oder wird von Menschen, die von Natur aus empfindungsarm sind, als neurotischer Unsinn angesehen. G. K. Chesterton sagt es um so vieles besser und mit einer heiligen Einsicht: „Keuschheit bedeutet nicht, Abstand von sexuellem Unrecht zu halten. Sie meint etwas Flammendes, wie Johanna von Orléans es verstand."

Wenn die Keuschheit von Ordensleuten, die die Gelübde abgelegt haben, überhaupt etwas in einer Welt bedeuten soll, in der Vergewaltigung und Sexualität, Promiskuität und Engagement, Übermaß und Mangel, Sexismus und Befreiung Seite an Seite existieren, um Aufmerksamkeit wetteifern, den menschlichen Geist beanspruchen und die menschliche Seele auslaugen, muss etwas Feurigeres als sterile sexuelle Enthaltsamkeit von ihr ausgehen.

Der soziale Kontext von Keuschheit wird zunehmend schwammiger. Die Knaus-Ogino-Methode als Methode der Geburtenregelung, die Programme der natürlichen Familienplanung, chemische Abtreibungsmittel und die Pille ermöglichen Frauen und Männern heute, ein naturales Verhalten zu kontrollieren, bei dem Kontrolle nie zuvor existiert hat – gleichgültig wie wir die eine oder die andere Methode beurteilen, die zur Empfängnisverhütung benutzt wird. Eine Theologie der Keuschheit, die sagt, dass körperliche Enthaltsamkeit spiritueller und heiligmachender sei als Ausübung von Sexualität, wird in einer Welt von Heiligen, die weder Priester noch Ordensleute sind, zunehmend fragwürdiger, für die eine Ehe eher unterstützend als einschränkend ist, wenn sich ein Paar einsetzt für die Friedensbewegung etwa oder für die ökologische Bewegung, die Frauenbewegung, die Beendigung der Kriege in der Welt und für Dienste in der Kirche. Im Zuge wissenschaftlicher und theologischer Entwicklungen ist der Kontext für eine Diskussion von sexueller Praxis und Sexualität allgemein, von Ehe und Zölibat, von Keuschheit und Liebe vielleicht nie so bedeutungsvoll gewesen wie jetzt.

Zum ersten Mal in der Menschheitsgeschichte kann Sexualität mehr sein als ein Tabu, das die Welt vor einer Unzahl unerwünschter Schwangerschaften bewahren soll. Zum ersten Mal in der Kirchengeschichte kann Sexualität als das, was sie ist – und was sie nicht ist –, gesehen werden. Zum ersten Mal im Ordensleben kann das Keuschheitsgelübde aus der Perspektive der Möglichkeit statt aus der Perspektive der Verweigerung eingeschätzt werden, und aus dem Bewusstsein, was es einem Menschen zu werden ermöglicht, nicht was es einem Menschen zu tun verbietet. In der Ordensgeschichte wie auch in der Sozialgeschichte ist dieser Gesichtspunkt ganz neu. Er ruft anstelle der Trennung von Körper und Seele zu ihrer Integration auf. Es ist ein Augenblick, der die Auseinandersetzung lohnt; es ist ein aufregender Augenblick voller Chancen.

Sehr zum Ärger der vorangegangenen Generation und dank der neuen Technologien auf dem Gebiet der Sexualität betrachtet das 20. Jahrhundert Sexualverhalten freier und unbekümmerter als die Jahrhunderte zuvor. Worin besteht heute auf diesem Hintergrund die Attraktivität eines

Keuschheitsgelübdes? Was zeichnet es aus? Auf welches Ziel hin ist es ausgerichtet? In welchem Maße ist es bedingungslos? Worin besteht möglicherweise sein Geschenk?

Eines ist sicher: Trotz der üblichen Rechtfertigungen sind die traditionellen Vorstellungen von Sexualität und sexueller Praxis, von Keuschheitsgelübden und Ordensleben nicht mehr haltbar. So ist zum Beispiel die Vorstellung einer höherwertigeren Berufung verschwunden, die sagt, dass Jungfrauen ein quasi spirituelles Reich bewohnen, befreit von der Belastung eines Körpers, und mit den Engeln fliegen können.

Verschwunden ist auch die Vorstellung einer Vollkommenheit, die in sexueller Unberührtheit wurzelt, als ob Geschlechtsverkehr an sich die moralische Integrität eines Menschen stärker zerstören würde als Ungerechtigkeit, Gewalt und Habgier.

Vollkommenheit

Ebenfalls dahin ist die Auffassung, dass sich Vervollkommnung definieren oder als Fähigkeit des Menschen beschreiben lasse. Was ist denn eigentlich „Vollkommenheit" und haben wir sie je zu Gesicht bekommen? War Jakob vollkommen? War Jeremia vollkommen? War Augustinus vollkommen? War Teresa von Avila vollkommen? War Jesus vollkommen, als er gegen die jüdischen Gesetze verstieß, im Tempel in Wut geriet, die Menschenmenge in Galiläa allein ließ? Wie sollen es erst überlastete und einfache

Menschen, also wir selber, jemals schaffen, nach jenen Vorstellungen vollkommen zu sein, die menschliche Verhaltensweisen missachten und die Bedeutung des Wachsens in der Entwicklung menschlicher Reife bestreiten? So gesehen ist Vollkommenheit das unerreichbare Ziel, zu sein, was wir nicht sind. Daneben sie ist vielleicht auch der Versuch, das zu sein, was wir niemals sein dürfen, wenn menschliches Leben mit seinen Erfahrungen wirklich menschlich sein soll.

Verschwunden ist schließlich auch die Auffassung von Jungfräulichkeit als Tapferkeitsmedaille, die eine Frau mit in die Ehe zu bringen hat, um ihren Wert zu beweisen, ihn zu garantieren und um die Erben des Mannes zu legitimieren. Zum guten Schluss ist auch die Einstellung dahin, dass Geschlechtslosigkeit, die mit ins Grab genommen wird, ein Zeichen menschlicher Makellosigkeit, der ungeteilten Hingabe des menschlichen Lebens an Gott ist, als ob das Ringen um das Geschenk der Keuschheit nicht bereits selbst ein Geschenk sei, als ob eine lebenslange Verpflichtung zu einem Leben des kontemplativen Dienstes nicht wertvoller sei als die Führung einer Prüfliste namens sexueller Enthaltsamkeit.

Die gesellschaftlichen Einstellungen und Einsichten bezüglich der sexuellen Natur des Menschen haben sich so grundlegend verändert, dass das, was von Männern nie erwartet wurde, nun in gleichem Maß für die Natur von Frauen gilt. Weder die Ansicht eines Thomas von Aquin, der sagt, dass „Frauen nicht die Willensstärke besitzen, der Begierde zu widerstehen“, noch die Folgerung Sigmund Freuds, dass Frauen von Natur aus frigide sind, entsprechen den modernen Vorstellungen des Frau- bzw. Mannseins. In unserer kulturellen Umgebung heute definieren Frauen sich selbst als erwachsene Menschen, die ein Recht auf ihre eigenen Entscheidungen haben, und nicht als Objekte, die man benutzen, missbrauchen und manipulieren kann. Somit steht die Welt vor einem ganz neuen Fragenkatalog zur Bedeutung der Sexualität – sowohl der männlichen wie der weiblichen – und zu ihrer Verankerung in der Gesellschaft.

Sexualität ist zu einer Fragestellung geworden, die sich nicht übersehen lässt. Im heutigen Kontext versteht sich sexuelles Verhalten weniger als Einschränkung denn als Wahlmöglichkeit, eher als Selbsthingabe und weniger als Gefahr, eher als menschlichen Wachstumsprozessen unterworfen und weniger als Frage des Scheiterns, eher als Ort menschlicher Gleichberechtigung und weniger als ausschließlich männliche Domäne. Damit taucht das, was einst als klar geregelt galt, in einen Mahlstrom von Unsicherheiten ein. Es ist eine verstörende Zeit. Für Menschen, die lieber Antworten als Fragen wollen, zeigt die Zeit Züge eines spirituellen Wirrwarr.

Jungfräulichkeit

Für Ordensleute ist die Frage der Jungfräulichkeit als sexueller Enthaltsamkeit mit neuen Spannungen überfrachtet. Was geschieht mit den Vorstellungen von Jungfräulichkeit in einer Kultur, in der Menschen in eine religiöse Gemeinschaft eintreten, nachdem ihre Jungfräulichkeit schon längst nicht mehr gegeben ist? Die Antwort lautet selbstredend, dass Keuschheit sehr viel mehr ist als körperliches Unangetastetsein, als körperliches Tabu, als Kontrolle oder Abwesenheit von sexueller Praxis. Diese Art von Keuschheit riecht allzu sehr nach Starre, Leere, Öde und leiblich-biologischer Vereinsamung. Andererseits steckt Keuschheit, die etwas zum Leben beiträgt anstatt es abzulehnen, voller Wachstumspotenz. Sie konfrontiert einen Menschen mit solch tiefen Fragen und solch reichen Erfahrungen, dass man nur wachsen kann, wenn man sie annimmt.

Das Dilemma könnte sehr wohl sein, dass Sexualität völlig aus der Form geraten ist, weil sie zu sehr im Zaum gehalten wurde. Die Ehe romantisiert sie; das Ordensleben lehnt sie ab. Gegenstand des Keuschheitsgelübdes wird dann Geschlechtsverkehr statt Sexualität, bedeutet Besitzergreifung statt Liebe, scheidet das Spirituelle vom Materiellen und verherrlicht das Leben nach dem Tod statt ein Leben zu schätzen, das gänzlich hier und jetzt mit Leib und Seele gelebt wird.

Als Folge einer solchen Denkweise spielten im Laufe der Jahrhunderte mehr und mehr Nichtigkeiten bei der Erfüllung des Keuschheitsgelübdes eine Rolle. Das Ordensleben wurde zu einer Übung der Entkörperlichung, zu einer der Spiritualität der Geschlechtslosigkeit, der Distanz, der Sicherheit und der Angst. Ordensregeln und kirchliche Kanons verfügten, dass Ordensfrauen sich nicht ohne weibliche Begleitung in der Öffentlichkeit aufhalten durften, nachdem ähnliche gesellschaftliche Normen schon längst verschwunden waren. Das Gewand der Ordensleute, das auf mittelalterliche Vorlagen zurückging und nie modernisiert wurde, bedeckte den ganzen Körper. Kein Fleisch war entblößt, kein Haar war zu sehen, Puder oder parfümierte Seifen waren nicht erlaubt. In einigen spirituellen Handbüchern war Körperkontakt, selbst mit Babies, Blumen und Tieren verbotenen. Blumen erregten die Sinne; Babies gefährdeten die Berufung; Tiere, so wurde befürchtet, könnten das Unaussprechliche bewusst und menschliche Tröstungen normal machen. Bis heute sollen weibliche Tiere auf dem Berg Athos, dem orthodoxen Kloster in Griechenland, verboten sein, aus Furcht, dass das natürliche Verhalten der Tiere bei den dortigen Mönchen sexuelle Reaktionen hervorrufen könnte.

In einem solchen Klima stand die Begegnung zwischen Personen ganz unten auf der Leiter spiritueller Entwicklung. Freundschaften in den Gemeinschaften beschränkten sich auf flüchtige Kontakte während der Gruppentreffen. Ordensleute schwammen nicht, tanzten nicht, saßen nicht in der Sonne noch unternahmen sie irgendetwas, das dem Körper gut tat. Stühle mit steifen Lehnen, harte Holzbänke und dicke, schwarze Strümpfe ersetzten weiche Polstermöbel, Liegestühle und Freizeitkleidung. Die Umgebung, bar aller leiblichen Genüsse, roch nach Förmlichkeit, Kargheit, Leere. Der Körper – der nie verwöhnt, allezeit diszipliniert und keinesfalls angeschaut werden durfte – wurde zur Rachegöttin, zum Rivalen und zum Hindernis für ein geistliches Leben. Überall lauerte die Sinnlichkeit, erhob sich drohend Sexualität, und überall musste auf zärtliche, intime, echte, humane Kontakte verzichtet werden.

Für Ordensleute waren die Folgen dieser Theologie katastrophal. Das Leben war da, um verneint zu werden. Isolierung und Einsamkeit wurden zu Zeichen der Heiligkeit. Arbeit ersetzte menschliche Beziehungen. Das Gemeinschaftsleben wurde ein Leben, in dem Fremde lernten, miteinander einsam zu sein.

TOTALE HINGABE

Die Litanei der Entsagungen ist nicht deshalb so verheerend, weil es sie gab, sondern weil sie am Eigentlichen völlig vorbeiging. Bei der Keuschheit geht es ganz gewiss um rückhaltlose Selbsthingabe an das spirituelle Leben; es geht ganz gewiss darum, dass wir keiner hemmungslosen sexuellen Wollüstigkeit frönen; es geht ganz gewiss um Selbstbeherrschung, Selbsterkenntnis und um kontemplative Konzentration auf die mystischen Dimension des Lebens. Eine Keuschheit jedoch, die Liebe und Freundschaft unmöglich macht, die der Privatsphäre misstraut und persönliche Gefühle nicht zulassen will, verfehlt den Sinn von Keuschheit. Bei der Keuschheit geht es nicht darum, nicht zu lieben. Sie lehrt uns, gut zu lieben, großherzig zu lieben, schwungvoll zu lieben. Sie ist das Abenteuer, bei dem wir unser Inneres entdecken um anderer Menschen willen, das dem Leben neue Dimensionen, den Beziehungen Weite, der Seele Freiheit und ihren Wünschen Elastizität verleiht. Sexualität erregt, Keuschheit hingegen macht das Leben in dem gleichen Maße lebendig, wie sie uns für das spirituelle Leben ausrüstet.

„Die Leidenschaften sind wie Feuer; in tausendfacher Weise dienlich und nur in einer Hinsicht gefährlich, im Exzess“, schrieb Christina Bovee. Eine solche Art Weisheit erschüttert die Fundamente, auf denen ein seichtes Leben fußt. Leben ohne Leidenschaft ist in der Tat eine traurige Angelegenheit.

Durch die Höhen und Tiefen des Lebens zu gehen, ohne sich zutiefst um jemanden Sorge zu tragen, beraubt Ordensleute genau der Motive, die uns dazu inspiriert haben, unser Leben hinzugeben. Es muss etwas geben, für das es sich zu leben lohnt, das größer ist als wir selbst. Ironischerweise schlägt die Keuschheit eine Brücke zwischen dem Selbst, dem Ich-bin, und der Welt, indem sie den Bewegungsfreiraum erweitert und nicht indem sie ihn einschränkt. Die Keuschheit ermöglicht den Brückeschlag zu vielen anderen Menschen.

Indem die Keuschheit uns für die Liebe öffnet, wo auch immer wir sie finden, wo auch immer sie uns findet, setzt sie Ordensfrauen und -männer in Stand, der Mensch zu sein, der sich erlauben kann zu sehen, was andere Menschen mit engerem Blickfeld vielleicht nicht wahrnehmen können. Ordensmitglieder, die leidenschaftlich leben, verlieben sich in die Menschen aus den Armenküchen, in schmutzige Kinder, trauernde Witwen, sterbende AIDS-Patientinnen und -Patienten und in abgestumpfte, griesgrämige Veteranen des Lebens, die so wenig geliebt worden sind, dass sie selbst nicht lieben können.

Darüber hinaus verspricht das Ordensmitglied, Menschen bedingungslos zu lieben, damit sie loslassen können, was sie lieben. Ordensleute lieben, ohne Menschen an sich zu binden. Keuschheit ist Liebe, die mit offenen Händen gegeben wird. Die Wirkung kann erstaunlich sein. Weil sie Liebe ohne Zwang oder Erwartungen erfahren haben, können Kinder lernen zu vertrauen, Jugendliche lernen unabhängig zu sein und Erwachsene lernen andere zu lieben, ohne sie gefangen zu halten. Wahre Keuschheit erwartet von anderen keine Gegenleistung. Sie ist schlicht volles, gedrücktes, gerütteltes und überfließendes Maß an Liebe, leidenschaftlich, aber nicht besitzergreifend.

Ein gefühlloses Ordensleben, bewegt sich – wie jedes Leben ohne Emotionen – am Rande des Abgrundes. Es ist gefährlich, wenn am nuklearen Steuerpult ein Mensch sitzt, der kein Gefühl dafür hat, was es heißt, auf den Knopf zu drücken. Es ist gefährlich, wenn Geistliche Sakramente spenden, ohne je die Menschen wahrzunehmen, die durch sie genährt werden sollen. Es ist gefährlich, wenn Beraterinnen und Berater selbst nie Schmerzen erlitten, nie in das abgrundtiefe Loch eines Verlustes gefallen sind oder nie vor Freude oder Erleichterung außer Rand und Band geraten sind. Es ist gefährlich, aus Menschen, die leidenschaftliche Mystiker und Mystikerinnen sein sollen, leidenschaftslose Roboter zu machen. Das Ordensleben kann religiöse Zombies nicht vertragen und von ihnen nicht profitieren. Eine Keuschheit, die spirituelle Menschen einbetoniert, macht aus dem spirituellen Leben einen Grabstein, aber keine Einladung zur Auferstehung.

Diese Leidenschaft jedoch, zu der Ordensleute durch ihre Keuschheit befähigt werden, und die es ihnen ermöglicht, andere Menschen mit Leidenschaft zu überschütten, macht erst die Hälfte dieser reichen Gabe aus. Die Fähigkeit, Gefühle zu zeigen, ist ein Geschenk. Wenn sie beschnitten, im Keim erstickt und eingezwängt wird, treibt sie Menschen in die Enge. Wird sie freigesetzt, bekommt die Seele Flügel. Mit anderen Worten: Die Unterdrückung eines Gefühls beinhaltet die Unterdrückung aller Gefühle. Menschen, die nie Liebe erfahren, werden auch nie Freude erleben. Menschen, die nie Schmerzen gespürt haben, können auch nie im siebten Himmel schweben. Menschen, die ihre eigenen Gefühle erstickt haben, können die Gefühle anderer nicht nachempfinden, geschweige denn sie freisetzen. Keuschheit soll keine Gefühle unterdrücken. Sie soll ganz im Gegenteil diese so steuern, dass sie großherzig, echt, befreiend und Leben spendend sind.

Gefühle sind das Rüstzeug für unseren Weg durchs Leben. Wenn wir Menschen ihrer Gefühle berauben, nehmen wir ihnen ihre Kraft und ihre Orientierung. Gemeinschaften, die im Namen der religiösen Formung Gefühle abtöten, engen den Geist der Gemeinschaft selbst ein, was schon schlimm genug wäre. An Stelle des Geistes breitet sich Trübseligkeit aus. Das Haus setzt auf Erfolg statt auf Wirkung. Der geregelte Tagesablauf steht über menschlichen Bedürfnissen. Es ist wichtiger, pünktlich zu essen als den Gast an der Tür willkommen zu heißen, dringender, zu beten als ans Telefon zu gehen, notwendiger, früh zu Bett zu gehen als mit Menschen in ihrem Schmerz zusammenzusitzen, ihre Freuden mitzufeiern und ihre Geschichten anzuhören. Menschen kommen und gehen ohne dass das Geschenk, das sie mitbringen, oder der geistliche Mehltau, den sie beseitigen, Beachtung fände.

Für etwas, das wir nicht zu lieben gelernt haben, können wir nicht leben.

Ohne Liebe siecht das Leben dahin und lässt uns mit leeren Händen zurück. Dann wird alle Armut und aller Gehorsam, die wir vorgeben zu geloben, eher zu einem Schrein für kirchenrechtliche Vorschriften als zu einer Selbstverpflichtung zu einem dynamischen, kraftspendenden, liebenden, eucharistischen Leben. Das Wissen um uns selber verflüchtigt sich: es mangelt uns an Unterstützung, wenn wir sie am meisten brauchen, das Leben versickert und wir haben schließlich weder schwer erkämpfte Weisheit, noch liebende Stärke und kein Herz, das wir verschenken könnten.

Erstaunlich genug, dass gerade echte Keuschheit für den Zusammenhalt sorgt, der Beziehungen zur Entfaltung bringt, als dass sie Beziehungen verhinderte. Wenn wir ohne Zwänge lieben, sind wir frei, um viele Menschen gleichzeitig zu lieben. Wir binden sie in ein Netz der Freundschaft ein, das uns alle stärkt, weil wir einander haben, weil wir nicht mehr isoliert sind und vor dem Unheil, das Selbstsucht heißt, bewahrt bleiben. Befreit von der Notwendigkeit, haben zu müssen, zu beherrschen, zu besitzen und zu besetzen, sind wir frei, überall das Gute zu sehen, und wenn wir uns unterwegs die Zeit nehmen, es schätzen zu lernen, sind wir auch frei, jeden Einzelnen und jede Einzelne in ein neues Leben hinein zu lieben. Menschen, die keusch lieben, lieben ganz und gar um der anderen willen und, überrascht von Schönheit, stellen sie fest, dass das Leben auch für sie selber reicher wird.

Sexuelle Liebe, wunderbar auf Grund ihrer Ekstase, lehrt uns die Schönheit des Körpers und die Erhabenheit des Selbst, des Ich-bin. Liebe ohne sexuelle Praxis, wunderbar auf Grund ihrer unermüdlichen Aufmerksamkeit, lehrt uns die Schönheit der liebenden Seele und die Erfüllung, die das Überschreiten des Selbst, des Ich-bin, um der anderen willen begleitet. Keuschheit ohne Liebe zu lehren heißt soviel wie spirituelle Übungen ohne Gott zu vermitteln. Das wäre reine Routine, die sinnlos nirgendwo hinführt.

Keuschheit und Liebe

Für Menschen, die Wachstum für gefährlich halten, ist die Verbindung von Keuschheit und Liebe natürlich eine Gefahr. Die geistliche Ordnung der freien Wahl bestand bei der Erziehung zur Keuschheit weitgehend darin, Menschen in gedankliche Konstruktionen zu zwängen, die sie eben nicht bewusst gewählt hatten – Systeme die die Liebe unmöglich machten –, und das Ergebnis dann Keuschheit zu nennen. Der Trick bestand darin, Menschen so lange an die die Leine zu legen, bis die Hormone abstarben, und sie dann – keinesfalls weiser – ihrem eigenen vertrockneten Ich-bin zu überlassen.

Keuschheit birgt in der Tat zwei Risiken. Das eine liegt in der Entstehung von Beziehungen und in dem naturgemäßen Wachstum, das sie erfordern; das andere in der Oberflächlichkeit und der spirituellen Unreife, die entstehen, wenn jemand physisch „keusch" und emotional steril durchs Leben geht. Das Kunststück liegt nicht darin, nicht die Liebe zu wählen, sondern darin, mit ganzem Herzen zwischen beiden eine Wahl zu treffen, damit unsere Liebe echt und unsere Keuschheit fruchtbar ist.

Einen Raum zu eröffnen, in dem erwachsene Ordensleute öffentlich tätig sein wie auch privat reifen können, bedeutet, den Schmerz der Erfahrung und die unvermeidlichen Momente des Kampfes und der Wahl in Kauf zu nehmen, die zur Ganzheitlichkeit und zu einem sachlich fundierten Engagement führen. Die männliche Kirche, die weit von der Schöpfung und dem Aufblühen des Körpers in die Schönheit des Lebens hinein entfernt ist, betont die Verneinung des Körpers, die Aufgabe des Selbst, des Ich-bin, und die Konzentration auf das „Spirituelle" – als ob der Körper selbst nicht spirituell wäre. Frauen jedoch schenken der Kirche ein Denken, das Gefühle einschließt, Vertrauen in menschliche Gefühle und die Wertschätzung kontrollierter Nähe statt überspitzter Distanz. Vielleicht braucht die Welt heute einen weiblicheren Zugang zur Keuschheit – einen Weg, um voneinander zu lernen, ein Möglichkeit, um unser tiefstes Ich-selber-sein, das Ich-bin in unseren persönlichsten Momenten zu finden. Unter Umständen müssen wir die Angst vor dem Körper solange einfrieren, bis wir entdecken, was die Keuschheit unserem inneren Ohr zu erzählen hat über die Liebe, über das Ich-bin, über Opfer und Wachstum.

Wir haben in Wahrheit doch schon immer gewusst, dass Gehorsam nur dann erwachsen wird, wenn er auf freier Wahl statt auf Konformität beruht. Wir haben schon immer verstanden, dass Armut erst dann zur Reife kommt, wenn aus Habgier Großzügigkeit wird. Keuschheit hingegen haben wir für ein Ereignis, nicht für einen Prozess gehalten. Wir haben sie vom Augenblick der Geburt an zur Pflicht gemacht, ungeachtet aller körperlichen Veränderungen und aller hormoneller Entwicklungen. Ironischerweise war es vielleicht Tertullian, der große Verächter des menschlichen Körpers, der im tiefsten Innern wirklich etwas begriffen hatte. „Niemand kann jungfräulich sein, bis er fünfzig ist", lehrte er. Und er mag sehr wohl Recht haben. Vielleicht können wir erst dann Keuschheit erreichen, die eher Liebe als Verleugnung ist, wenn der Körper zur Ruhe gekommen ist, wenn Erkundungen und Aufregungen der Sexualität vom ständigen Kampf gezähmt und vom Leben geprüft, Selbsterkenntnis und spiritueller Tiefe Platz gemacht haben. Wenn uns klar ist, dass die bewusste, immer wiederkehrende Verpflichtung, unseren unruhigen Körper unter Kontrolle zu halten, der Keuschheit des Geistes dient, in der die Liebe zum Lebens und die Liebe Gottes zusammenkommen, dann erobert uns die Keuschheit und wird zur Liebe.

Dieser Weg zur Selbstkontrolle, Selbsthingabe und Selbsterkenntnis ist lang und beschwerlich. Er pendelt zwischen Erkundung des Naturalen, emotionaler Entwicklung, menschenwürdigem Ausdruckgeben und der Versuchung zur gewissenlosen Ausbeutung. Niemand aber kann ganz durchs Leben gehen, ohne auf diesem Weg zu gehen. Nur hier sind geistige Wachheit, Demut, Anhänglichkeit an Gott, Vertrauen, Liebe und Glaube zu finden. Wenn der Weg wirklich geheiligt, belebend und Leben spendend sein soll, muss er mit der Überzeugung beschritten werden, dass es lohnender ist ihn in Keuschheit zu gehen als mit entstellender Schuld oder sinnloser Scham über gelernte Lektionen und überstürzte Lieben. Es ist menschlich, menschlich zu sein. Es ist unmenschlich, Abklatsch eines Menschen zu sein, der das eigene Ich-bin zu befriedigen sucht und die Selbstkontrolle aus der Hand gibt, der Menschen emotional ausbeutet und ihren Körper ausnutzt, der die Bedürfnisse des Herzens um der Triebe des Körpers willen missachtet.

Ordensleute bewegen sich heute jenseits von Käfigen und Tagesordnungen, unter Frauen und Männern, an verschiedenen Orten, auf gewohnten und auf gefährlichen Wegen. In dieser Welt gibt es sehr viel Liebe zu empfangen, aber noch viel mehr, die geschenkt werden muss; es gibt viel Falsches, aber noch viel mehr Wahres. Es ist keine Schande, unterwegs zu fallen und zu versagen. Es ist Teil des Prozesses, in dem wir lernen zu lieben. Wenn wir aber unterwegs in uns selbst gefangen sind, wenn wir die Auseinandersetzung aufgeben, wenn wir in Selbstzufriedenheit versanden, statt in Selbstlosigkeit aufzugehen, heißt das, dass wir weder der Suche als solcher treu sind noch den Menschen, deren Leben wir zu berühren gerufen sind. Das ist ganz gewiss die größte Unkeuschheit.

12. AUFFORDERUNG ZUR ENTSCHEIDUNG

Allein der Gedanke, dass jemand Gehorsam geloben kann in einer Kultur, die auf dem Boden des Individualismus gedeiht und sich zur persönlichen Freiheit bekennt, kommt dem Gipfel der Feindseligkeit einer westlichen Lebensart gegenüber nahe. Und doch ist es gleichzeitig viel mehr als nur eine liberale Einstellung, die das antreibt, was viele für einen Flirt dieser Kultur mit der Anarchie halten. Die Wahrheit ist, dass jemand, der im 20. Jahrhundert Forschungen anstellt, tatsächlich in Hülle und Fülle Beweise für die Gefahren des Gehorsams vorfindet: die Inquisition, Hexenverbrennungen, die Shoa, die Apartheid der Schwarzen, Massenvergewaltigungen von Frauen durch das Militär, die Verscharrung feindlicher Soldaten bei lebendigem Leib, der durch religiösen Eifer entfesselte Terrorismus und die nukleare Bedrohung eines verletzbaren Planeten. Jede einzelne Tat war vielleicht durch eine ethische hoch angesetzte Gesinnung motiviert, sie alle aber waren gleichermaßen verderbt und wurden ebenso sehr aus einer Gehorsamshaltung heraus verübt wie durch Befehlsgewalt angeordnet. Gehorsame Menschen marschierten nach jeder Trommel, gehorsame Menschen grüßten jede Fahne, befolgten jeden Befehl und billigten unkritisch jede tyrannische Idee; brave und fügsame Menschen verübten im Interesse des Gehorsams unsägliche Gräueltaten. In der Tat ernüchtert der Gehorsam die westliche Kultur mehr als jede Autorität und raubt ihr seine Unschuld. In der Tat ruft das Wort Gehorsam bei den größten Denkerinnen und Denkern höchste Wachsamkeit hervor. Gehorsam ist wahrlich nicht immer eine Tugend.

Gehorsam ruft nach Misstrauen. „Alle Religionen", schrieb Alexander Herzen, „haben Moralität auf Gehorsam begründet, man könnte auch sagen auf freiwillige Sklaverei. Deshalb sind sie schon immer verderblicher gewesen als jede politische Organisation, denn letztere setzt auf Gewalt, erstere jedoch – auf die Korruption des Willen." Wenn wir im Lichte der Geschichte für das 21. Jahrhundert einen moralischen Beitrag leisten wollen, muss „Gehorsam", wie wir ihn kennen, uns sehr misstrauisch machen.

Das Ringen um Moral liegt in der Tatsache begründet, dass nicht jeder Gehorsam Gehorsam in seiner reinsten Gestalt ist. Gehorsam kann auf Komplizenschaft beruhen, auf Politik und Patriarchat. Nur wenige Formen des Gehorsams wurzeln in der Heiligen Schrift. Die unterschiedlichen Ausprägungen des Gehorsams voneinander zu unterscheiden, macht die moralische Beherrschung des Lebens aus. Darauf beruht auch die Funktion des Ordenslebens. Gehorsam in einer Welt zu geloben, in der Gehorsam immer wieder auf die schiefe Bahn gerät, macht das Gehorsamsgelübde selber suspekt. Ist religiöse Bindung ein Synonym für religiöse Unreife?

Die Grundfrage lautet, soll religiöser Gehorsam einen Menschen knechten oder befreien? Das Gewicht dieser Frage darf nicht unterschätzt werden. Ihre Beantwortung ist für die Integrität des Gelübdes entscheidend.

Ordensfrauen und -männer geloben Gehorsam, nicht ewige Kindheit, nicht Abhängigkeit, nicht blinde Fügsamkeit. Die Unterscheidung des einen vom anderen ermöglicht auch die Entscheidung, ob wir ein religiöses Leben führen oder ob wir religiöse Roboter sind.

Wenn es bei Gehorsam um Kontrolle geht, treibt das System die Sinnlosigkeit des Gelübdes auf die Spitze. Es ist wahrlich einfach, Kinder zu beherrschen. Um die Beherrschung eines Menschen durch einen anderen zu garantieren, braucht eine Autoritätsperson nur die entsprechende Gewalt aufzubringen, mit der sie ihre Drohungen wahrmachen kann. Wenn wir das Gehorsamsgelübde mit dem Versprechen gleichsetzen, ein Leben der Vorschriften zu führen, in dem wir unbedeutende, unmögliche oder gar persönlich schädliche Dinge tun, machen wir aus seiner inneren Intention eine Farce. Der Gehorsam kann nicht auf eine sportliche Übung mit immer höheren Hürden reduziert werden.

Wenn es schon einfach ist, einen Menschen zu beherrschen, dann ist es noch einfacher, auf ewig ein Kind zu bleiben, dessen Geborgenheit untrennbar mit Kontrolle verknüpft ist. Um fortwährend Kind zu bleiben, muss man sich nur weigern, erwachsen zu werden, ablehnen, die Verantwortung für sich selbst zu übernehmen, ein verantwortungsbewusster Teil der Menschheit zu werden, in der Selbsthingabe ein moralisch handelnder Mensch zu sein. In diesem Fall bewahrt uns der Gehorsam vor uns selbst, entbindet uns von den Komponenten des Menschseins und verlangt von uns ausschließlich genügend Ausdauer, um die Ärgernisse auszuhalten, die mit einem durch und durch repressiven System einhergehen. In diesem Verstehenshorizont wird die fortwährende Unmündigkeit zur Tugend. Der Preis, den wir für die Zusicherung des Gelenktwerdens zahlen und dafür, zu unseren eigenen Entscheidungen im Leben nicht stehen zu müssen, ist die menschliche Reife. Den Gegenwert, den wir erhalten, ist Sicherheit. „Halte die Regel ein und die Regel wird dich halten“, sagte meine Novizenmeisterin. Die Botschaft war deutlich: Das Ordensleben war eine Art moralische Abmachung. Wenn du dein Leben unserem System übergibst, dann sorgt das System für ewiges Leben andernorts. Um an diesem Prozess teilzunehmen, braucht ein Mensch nur Anordnungen zu folgen. Das ist ganz einfach: Lass uns ein Abkommen treffen.

Wenn überhaupt jemand den inneren Kern beider Muster kennt – Gehorsam als Kontrolle und Gehorsam als Befreiung –, dann sind es Ordensleute. Einerseits blühte das Ordensleben im Schatten der Märtyrer und Märtyrerinnen auf, die keine menschlichen Gesetze anerkannten und nur nach dem Gesetz Gottes lebten; sie waren freier als alle anderen Menschen. Andererseits verherrlichte das Ordensleben die moralische Verirrung lebenslangen Infantilismus, nannte sie Heiligen Gehorsam und übte von allen Systemen die schärfste Kontrolle aus. Wie konnte jemand vor dem abgrundtiefen Unterschied zwischen diesen beiden Einstellungen die Augen verschließen, zwischen der, für die menschliche Unreife unannehmbar war, und der, der mündige Entscheidungsfindung verdächtig war?

Die Argumente für die Kontrolle wurden immer fadenscheiniger und ihre Inszenierung selbst bei allem Wohlwollen würdelos. Abhängigkeit von Gott wurde als Abhängigkeit von denen institutionalisiert, die „für uns an Gottes Stelle“ standen. Die Rangordnung zwischen Gott und den Untergebenen, eine Verfeinerung des Aristotelischen Hierarchiegedankens, wurde in jedem Zeitalter deutlicher: zuoberst natürlich Bischöfe und Priester; dann Superioren und Oberinnen oder ihre Vertretung; dann die übrige Menschheit, die sich gegenüber allen Höhergestellten, die, wie es hieß, eine unmittelbare Beteiligung am Willen Gottes genossen, verantworten musste. Diese Logik entsetzte und verzauberte zugleich. Diese Philosophie einer Herrschaft von Gottes Gnaden blieb im Ordensleben trotz allen demokratischen Denkens noch Jahrhunderte lang lebendig, nachdem sie andernorts längst verworfen war. Autorität, so die Theorie, stammte von Gott, der sie zunächst dem Papst, dann durch den Papst den Königen und schließlich durch sie nachgeordnet Herrschenden übertrug. Als gottgewollt formuliert und gekleidet in die Unanfechtbarkeit mittelalterlicher Theologie gewann das System eine Aura der Zeitlosigkeit und des Mystischen.

Unfehlbarkeit

Die Theorie der Unfehlbarkeit, die sich aus einem Amt herleitet, ist bis heute verführerisch geblieben. Ihre Ausführung jedoch straft sie Lügen. Ihr zufolge gehen Gesellschaften ohne Ordnung zu Grunde. Es wird argumentiert, dass die menschliche Rangordnung von Gott kommt und an erster Stelle von Personen in offiziellen Positionen aufrechterhalten wird. Das Problem ist, dass die Praxis häufig auf höchst inhumane Weise gefährlich viel Macht an der Spitze jeder Pyramide konzentriert. Mehr noch: Sie beschneidet den Respekt vor der persönlichen Verantwortung, der persönlichen Autorität derjenigen, die an der Basis der Pyramide stehen. Und dennoch, wo Pyramiden anstelle von Kreisen das Modell sozialer Beziehungen sind, sind es gerade die Menschen am unteren Ende der Skala, die sicherstellen sollen, dass die Gesellschaft durch die Skrupellosen, Unfähigen oder Zügellosen an der Spitze nicht aufgerieben wird. Der Gehorsam des Gottesgnadentums reißt alles an sich, was stark, intelligent und von jedem Menschen, einschließlich der institutionellen Lakaien, gefordert wird – „um den Weinberg des Herrn zu bestellen und zu pflegen" – und verwandelt es in Knechtschaft. Statt die gesamte Menschheit in Stand zu setzen, Verantwortung für die Verwaltung der Schöpfung zu tragen, behauptet diese Art von Gehorsam, dass einige von uns von Geburt an im Recht und als unbezweifelbar mächtig sind und verwandelt den Rest der Menschheit in moralische Leibeigene. Dann lernt ein Volk, einfach „Befehle entgegenzunehmen" und „das zu tun, was ihm gesagt wird" und „der Autorität zu gehorchen" ohne Fragen zu stellen. Dann kann ein Volk trotz der abscheulichsten Verbrechen mit reinem Gewissen nach Nürnberg gehen. Dann verwässern folgerichtig auch der *sensus fidelium* – die Zustimmung der christlichen Gemeinschaft zur Autorität einer offiziellen Stellungnahme – und die Rolle des Heiligen Geistes in der Kirche die Integrität dieser Kirche selber. Ein solcher Gehorsam korrumpiert das Konzept von Leitung, untergräbt jede Mündigkeit und zerstört die Würde des ganzen Menschengeschlechts.

Angesichts der allgemeinen Schulpflicht, umfassender Alphabetisierungsbemühungen und wirtschaftlicher Unabhängigkeit konnten sich Vorstellungen, die Gehorsam mit moralischer Knechtschaft gleichsetzten, auf Dauer nicht halten. Die Philosophen der Aufklärung lehrten, dass Befehlsgewalt auf der Zustimmung der Regierten aufruht. Mit anderen Worten: Nichts kann geschehen, dem die Menschen am Fuße der Pyramide nicht zustimmen.

Gehorsam, der auf Unterwürfigkeit fußt, belässt uns nur den blassen Schatten eines sehr mächtigen Geschenks, der Fähigkeit zur menschlichen Verantwortung. Als Gegenbild dazu leuchtet nach neu formulierten Denkansätzen echter Gehorsam am hellsten in Jesus auf, der im Namen höherer Gesetze Pilatus herausforderte, mit Pharisäern stritt und am Sabbat Gelähmte heilte.

Echter Gehorsam, der eine Entscheidung voraussetzt und aus dem Fragen eine Tugend macht, findet höheren Ortes kaum Freunde. Ein solcher Gehorsam stellt für sie selber wie für das System eine Gefahr dar. Echter Gehorsam steht mit beiden Beinen auf der Erde, richtet aber immer seine Augen auf Gottes Herrschaft. Ironischerweise ist echter Gehorsam stets bereit zu dienen, allerdings unabhängig von und kritisch gegenüber allen Strukturen, die ihn in Anspruch nehmen wollen, ohne dass er sie kritisieren dürfte.

Wenn Menschen, die Ordensfrauen und -männer als folgsame Kinder der Mutter Kirche sehen, überhaupt etwas in Angst versetzt, dann ist es das Gespenst lauter mündiger Ordensleute. Wenn es gleichzeitig etwas gibt, was die Rolle des Ordenslebens in der heutigen Gesellschaft untergraben könnte, dann ist es innere Abhängigkeit und ewige Unmündigkeit, die sich als Tugend verkleidet.

Die Extreme des heutigen Umgangs mit Gehorsam markieren die Wegstrecke zwischen dem Ersten und dem Zweiten Vatikanischen Konzil. Im Ordensleben muss es um mehr gehen als um das Wetteifern um Sandkästenplätze im Himmel, indem man Gehorsamsspielchen auf Erden spielt. Die Theorie des nicht hinterfragbaren Gehorsams – dass von Gott her schon längst alle fälligen Antworten auf die Fragen unseres Lebens feststehen und dass wir nur noch unseren Vorgesetzten, die wissen, was wir nicht wissen, gehorchen müssen, um sie zu finden – starb mit dem Auftreten Galilei Galileos und dem Aufkommen der modernen Naturwissenschaft. Wir müssen auf viel mehr im Leben hören als auf die Stimme der Autoritäten. Oder noch besser gesagt: Es gibt sehr viel mehr Autoritäten im Leben, auf die wir hören sollen als es Amtsträger und Amtsträgerinnen in staatlichen oder kirchlichen Institutionen gibt. Wir müssen der leisen, ruhigen Stimme des Geistes in uns folgen. Wir müssen auf das Leben selbst hören. Wir müssen von Antwort zu Antwort fortschreiten, bis wir die ganze Wahrheit finden. Wir müssen lernen zu fragen und zu suchen. Beim Gehorsam geht es nicht um kindliche Abhängigkeit, sei sie auch noch so vertrauensvoll; es geht um ein Leben, das mit dem eigenen Bewusstsein seiner persönlichen Verantwortung die Fesseln der Unmündigkeit abgestreift hat.

Balanceakt zwischen Individuum und Autorität

Ein Hauptanliegen des Ordenslebens in diesem Jahrhundert ist die Herstellung und Wahrung des empfindlichen Gleichgewichts zwischen den beiden allgemeingültigen Gütern Individuum und Autorität. Die Probleme, die sich aus der Korruption dieser beiden ergeben, sind natürlich keine Güter. Überzogene Individualität wie Autorität untergraben den Einfluss und die Bedeutung jeder Institution. Beide müssen wie die Pest gemieden werden. Der Individualismus behauptet, dass die Institution nur zum Wohl ihrer Mitglieder existiert. Überzogene Vorstellungen von Autorität behaupten, dass kein Individuum Rechte hat, die über den Diktaten des Diktators stehen. Religiöse Gemeinschaften, die im Schraubstock dieser beiden konkurrierenden Richtungen eingezwängt sind, werden zwischen Chaos und Zwang hin- und hergerissen, wobei jedes Extrem nur für sich selber Nutzen bringt. Autorität wird mit Leitungspotenz verwechselt; und Kollegialität degeneriert allzu häufig zu Führungslosigkeit. Manche Gruppen erlauben keine Individualität; manche Individuen erkennen keine Führung an. Das Ergebnis für das Ordensleben ist wildes Durcheinander: Gemeinschaften, die ihren beträchtlichen Einfluss in der Gesellschaft nicht länger nutzen können, und Individuen, denen die Möglichkeiten versagt wird, ihre einzigartigen Talente ungehindert und ungehemmt in die weitere Welt einzubringen.

Wenn Individuen die Möglichkeit ihrer Entwicklung voll ausschöpfen, machen sie aus dem Charisma der Gruppe eine lebendige Wahrheit. Autorität, die ihre Rolle darin sieht, den Mitgliedern ihr Charisma und seine zeitgebundenen Begleiterscheinungen ständig vor Augen zu halten, ermöglicht es der Gruppe, sich selbst treu zu bleiben, selbst wenn die Zeiten sich ändern. Autorität funktioniert am besten, wenn sie einer Gruppe Orientierung und Einigkeit gibt und Fragen formuliert, mit denen sich die Gruppe auseinandersetzen muss. Autorität existiert nicht, um zu befehlen. Sie existiert, um die Fähigkeit der Gruppe zu fördern, sich selbst zu fördern.

Wenn die Antwort des Ordenslebens auf die Spannung zwischen Autorität und Individualismus eine gleichwertige Bindung von Leitung und Mitgliedern an das Charisma und das Gemeinschaftsleben der Gruppe ist, leuchtet der Gehorsam des Ordenslebens so hell, dass alle ihn sehen können. Gehorsam verlangt nicht, dass Leitung und Mitglieder der Gemeinschaft sich für Ordnung, Unabhängigkeit oder Kontrolle entscheiden, sondern sie das wählen, was die Umsetzung des Evangeliums in dieser Welt, in jeder Situation und zu jeder Zeit fördert.

Autorität soll respektiert werden. Jede Institution und jedes Leben braucht Anleitung, Ordnung, Führung, ein Vorbild und ein einigendes Zentrum, das Probleme anspricht und das Fragen belohnt. Was niemand braucht oder sich leisten kann, ist die Aufhebung jener mündig eingegangenen Verpflichtungen, die aus der Mitte einer Person kommen, im Interesse der Organisation. Der Ausverkauf des Geistes ist keine christliche Tugend.

Mit anderen Worten: Im Namen des Ordenslebens wurde der Gehorsam schändlich heruntergewirtschaftet, weil in Wahrheit militärische Unterwerfung und kindische

Fügsamkeit erwünscht waren. Das Gehorsamsgelübde, wie es sich im Laufe der Zeit leider entwickelte, entfernte die Menschen so weit wie nur möglich von dem Jesus, der im Tempel Dämonen austrieb und sich den Autoritäten im Staat entgegenstellte. Wenn die Seelen gegenüber dem, was offen vor aller Augen liegt, erblindet sind, kommt es zu Inquisition, Holocaust, Apartheid, Terrorismus, christlicher Verteidigung der Atomkraft und Krieg. Dann treten alle Dämonen der Erde in Erscheinung und werden von irgendwem, irgendwo als „Gottes Wille für uns" getarnt.

Warum hält diese Verkürzung persönlicher Verantwortung im Namen honorierter Bindungen an Staat und Kirche immer noch an? Thomas von Kempen hat vielleicht die Dynamik des Gehorsams am besten verstanden. „Es ist viel sicherer zu gehorchen als zu regieren", schrieb er. Es ist viel ungefährlicher sich zu fügen als zu rebellieren, sich anzupassen als herauszufordern, sich dem System unterzuordnen als es zu bekämpfen. Es ist ungefährlicher, sicherer, einfacher und letzten Endes auch viel verbreiteter.

Genau aus diesem Grund ist Gehorsam ein Gelübde. Echter Gehorsam ist niemals einfach und darf niemals zu organisatorischer Ordnung oder militärischer Unterwerfung herabgewürdigt werden. Gehorsam ist nur die eine Sache und nur eine Sache. Er ist eine moralische Entscheidung, die durch die höchsten Gesetze Gottes bis in die tiefsten Winkel des menschlichen Herzens vermittelt wird. Alles andere riecht nach Unterwerfung, nicht aber nach Gehorsam. Gehorsam betrifft nur Dinge, die den moralischen Hochstand der Seele gefährden. Gehorsam heißt, gegen die schamlose Tötung von Unschuldigen im Krieg zu protestieren, sich zu weigern, die Unterdrückung eines Teils der Menschheit zu unterstützen, sich Regierungen zu widersetzen, die den Menschen, denen sie dienen sollen, ihre Rechte vorenthalten, heißt, die Zerstörung der Erde aufzuhalten, die Schwachen vor Missbrauch zu schützen und Behörden in Frage zu stellen, die ohne Rücksicht auf Menschen, die ihnen unterstehen, von ihrer Autorität Gebrauch machen. Bei allem anderen, was von geringerem Gewicht ist, geht es um das Arrangement organisatorischen Inventars, eine lobenswerte, notwendige, im Grunde jedoch amoralische Aufgabe, die zwar Achtung vor der Ordnung zeigt, jedoch nicht das Format des Gehorsamsgelübdes hat.

EINE MÄCHTIGE WAFFE

Der Gehorsam ist eine mächtige Waffe im Kampf gegen die Unterdrückung der Armen, die Vergewaltigung der Schutzlosen und die Gottlosigkeit derer, die die Macht ergreifen, um den Willen Gottes für die Menschheit zu unterminieren. Echter Gehorsam ist wahrhaft furchterregend.

Echter Gehorsam folgt nur einem einzigen Gesetz, misst alles andere an seiner Messlatte und handelt zur Ehre des höheren Gesetzes willen, nicht aber um der des Menschen willen, der es verkündet. Nur was den Geist Gottes betrifft und die Welt der Herrschaft Gottes näher bringt, wird für wert befunden, auf der Waage des Gehorsams gewogen zu werden – nicht persönlicher Gewinn, nicht persönliche Frömmigkeit, nicht soziale Anerkennung. Nicht einmal die Unterstützung durch die Institution kann die wirklich Gehorsamen dazu bringen, statt dem Willen Gottes einem geringeren Gesetz oder einem geringeren Gesetzgeber zu gehorchen. Nichts anderes als dieser Wille rechtfertigt die Übergabe eines Lebens an die Führung anderer, ganz gleich wie angesehen der oder die Vorgesetzte auch ist.

Die Funktion des Gehorsams liegt nicht darin, den menschlichen Willen klein zu halten oder ihn zu manipulieren. Im Gegenteil: Der Gehorsam macht die menschliche Seele frei für Dinge, die größer sind als die kleinen Forderungen des Alltags oder die geistlichen Launen willkürlicher Ratgeberinnen und Ratgeber. Gehorsam befreit, engt die Menschen nicht ein und ganz gewiss versklavt er sie nicht. Aus Menschen Puppen zu machen und Puppenspiele aufzuführen ist kein geeigneter Gegenstand für ein Gelübde. Daraus kann keine geistliche Zielsetzung erwachsen, die mündige Menschen inspiriert, ihr Leben zu verschenken, um im Ordensleben Gottes Willen in einer Zeit zu tun, in der ein solcher Gehorsam die Völker der Welt verstört.

Gehorsam schätzt den Wert persönlicher Umstände weder zu niedrig noch zu hoch ein. Was ich weiß, ist nur ein Teil des verfügbaren Wissens. Mein Wort ist nicht das letzte Wort. Aber es ist ein Wort. Auch wenn wir alle anderen Worte neben diesem Wort anhören müssen, verdient es dennoch, ebenfalls gehört zu werden, denn sonst werden wir die ganze Wahrheit vielleicht nie erfahren. Entleerte Observanz verlangt Ehrerbietung und übertriebenen Respekt vor einer Autoritätsperson. Echter Gehorsam verlangt dagegen ein hohes Maß an Reife, Unabhängigkeit, Autonomie und ein gehöriges Maß an Demut, um den persönlichen Ärger zu riskieren, den die Vertretung einer unerwünschten oder gegensätzlichen Position einer Autorität gegenüber mit sich bringen kann. Gleichzeitig sprengt Gehorsam den Rahmen persönlicher Erfahrung, um die Erfahrung, die Weisheit und das Wissen anderer mit einbeziehen zu können. Religiöser Gehorsam ist keine rückgratlose Unabhängigkeit. Religiöser Gehorsam erübrigt Leitung nicht, er verlangt sie. Der Fortschritt einer Gruppe hängt von der Fähigkeit der Gruppe ab, den Problemen, die sich ihr stellen, ins Auge zu sehen und sie anzupacken. Es ist die Aufgabe der Leitung, genau diese Fragen zu formulieren und zu definieren wie auch jene Informationen bereitzustellen, die die Gruppe braucht, um diese Fragen bearbeiten zu können. Leitung mit Berufung auf die persönliche Kompetenz oder auf einen höher anzusiedelnden Gehorsam zu behindern, bedeutet dann, den Fortschritt der gesamten Gruppe zu behindern. Was der Entwicklung des Ordenslebens heute wirklich Not tut, ist echte Leitung, nicht aber autoritäres Gehabe oder individueller Widerstand, der sich als persönliche Autonomie oder persönliches „Gewissen“ tarnt. Eine Leitung kann nicht leiten, wenn die Gruppe Unabhängigkeit mit Reife verwechselt.

Gehorsam erfordert, dass wir allen zuhören, sodass wir, wenn der Wind der Veränderung weht, die klar und deutlich hören können, durch die der Geist am deutlichsten spricht. Gehorsam verlangt, dass wir den Armen zuhören, auf Menschen im Abseits achten und uns vor den Niedrigen ebenso tief wie vor den Mächtigen verneigen. Gehorsam hört alle und alles durch den Filter der Schrift, die Stimme Gottes und den Ruf Jesu an eine Welt, die die Eucharistie braucht und die die Seligpreisungen sucht.

Letztendlich bewirkt der Gehorsam, dass die Seele über organisatorischen Kleinkram und menschliche Institutionen hinweg zu höchster Menschlichkeit emporsteigt, die keine falschen Beschränkungen kennt, keine Regeln duldet, die die Gottesherrschaft verhindern, keine Gesetze befolgt, die wider den Geist sind, und sich keinem und keiner beugt, der oder die sich nicht zuvor selber vor dem Willen Gottes für die Menschheit und vor den ihnen Untergebenen gebeugt hat. Es ist ein Unterfangen von Gleichgestellten, die auf der Suche nach dem Willen Gottes sind, nicht aber eine Übung für Kinder, die die Mutter- und Vaterfiguren des Lebens unbedingt zufrieden stellen und bei Laune halten wollen.

Wenn das Gehorsamsgelübde seinen Sinn erfüllt, nehmen weder Konformität noch Fügsamkeit, weder Belohnungen noch Systeme den Platz Gottes ein. Wenn Autorität ihren Sinn erfüllt, bedeutet Leitung mehr als Zwangsherrschaft, sind Fragen wichtiger als Antworten, ist die Vermittlung von Einsichten wichtiger als die Befolgung von Befehlen. Wenn das Gehorsamsgelübde seinen Sinn erfüllt, überwindet das Ordensleben die beiden Extreme persönlicher Zügellosigkeit oder sich gütig gebender Diktatur und entwickelt eine klare, unerschütterliche Gewissheit von gegenseitiger Inspiration, von Sauerteigsein, Leitung und Berufung.

Das Ordensleben soll Gehorsam gegenüber dem höchsten Gesetz, menschliche Ehrfurcht und allen Menschen den Willen Gottes sichtbar machen und dazu aufrufen, auf das zu hören, was nach unserer höchst moralischen Antwort in dieser Welt verlangt.

Mit anderen Worten: Gehorsam setzt Entscheidungen voraus. Gehorsam ist ein Unterscheidungsmaßstab innerhalb der Selbstbestimmung und kein Set von Lebensregeln. Er ist keine institutionalisierte menschliche Unnachgiebigkeit. Wer könnte religiöse Roboter verehren, wenn die Welt religiöse Heldinnen und Helden braucht, deren Gesetz die Liebe und deren einziges Ziel Gott ist?

Nur Entscheidung macht das Zeugnis wahrhaftig. Nur Entscheidung macht Wachstum real. Nur durch Entscheidung wird Tugend echt. Wenn das Ordensleben wahrhaftig werden soll, müssen wir uns vor allem hüten, was die Entscheidung als Entscheidung suspekt macht, und das im Namen von Mündigkeit.

Was Gehorsam somit zu seiner Förderung braucht, ist eineLeitung, die Wahlmöglichkeiten deutlich macht, die Fragen aufwirft und die Antworten ermöglicht. Nur Menschen, denen es an Leitung mangelt, greifen auf Autorität zurück. Nur Menschen, die auf ihrer Autorität bestehen, zerstören die Möglichkeit von Gehorsam und die Hoffnung auf Leitung. Was wir nicht frei wählen, haben wir überhaupt nicht gewählt. Gewalt kann vielleicht das Verhalten verändern, sie hat jedoch noch keine Seele geprägt.

In einer Welt, in der Unterdrückung hingenommen und Sexismus übersehen wird und autoritäres Verhalten unangefochten bleibt, machen echte Entscheidungen religiösen Gehorsam wertvoll. Nur wenn wir wählen können, haben wir die Wahl, uns in den täglichen Entscheidungen des Lebens für Gott zu entscheiden.

Die Welt will und toleriert keine Ordensmitglieder, die ihr spirituelles Leben auf institutionelle Anerkennung gründen und ihre Gottgefälligkeit durch ihre Entscheidungsunfähigkeit definieren, dadurch, dass sie nicht Stellung beziehen und zwischen Moral, Unmoral und Amoral nicht wählen können. Gehorsam ist lange genug auf spirituellen Infantilismus reduziert worden. Eine Welt im Chaos braucht Ordensmitglieder mit der Hartnäckigkeit des Mose und dem Gehorsam Jesu. Das ist eine heiligmachende Verbindung.

Robert Frost schrieb voller Verständnis:

> *Dies alles sage ich, mit einem Ach darin, dereinst*
> *und irgendwo nach Jahr und Jahr und Jahr:*
> *Im Wald, da war ein Weg, der Weg lief auseinander,*
> *und ich – ich schlug den einen ein, den weniger begangnen,*
> *und dieses war der ganze Unterschied.*

(Deutsch von Paul Celan in: Robert Frost: Gedichte, hrsg. Eva Hesse, Ebenhausen bei München: Langewiesche-Brandt, 1963, S.48/49).

Religiöser Gehorsam, der keine Entscheidungen trifft, ist der Welt völlig gleichgültig; er ist kein Gehorsam. Er ist in einer Welt, die aufsässige Heilige nötig hat, bestenfalls eine Übung in Kindischkeit.

13. LICHT IN DER DUNKELHEIT

„Die Arbeit eines / einer Intellektuellen", schrieb Michel Foucault, „besteht nicht darin, den politischen Willen anderer zu bilden; sie besteht darin, an Hand der Analysen, die er oder sie in seinem oder ihrem Fachgebiet durchführt, Beweismaterial und Annahmen zu überprüfen, gewohnte Arbeits- und Denkweisen zu erschüttern, althergebrachte Vertrautheiten aufzuweichen, Regeln und Institutionen erneut zu bewerten." Mit anderen Worten: Die Arbeit der Intellektuellen besteht darin, eine selbstgefällige Welt mit den Schrecken zu konfrontieren, die ihrer Selbstgefälligkeit zugrunde liegen. Zu viele Systeme, die von sich behaupten, das Los der Menschheit zu erleichtern, gedeihen auf dem Rücken stummer, unsichtbar gemachter Bevölkerungsgruppen, die geopfert werden, um die Systeme aufrechtzuerhalten. Wir trinken zum Beispiel guten Kaffee, weil Dorfbewohner und -bewohnerinnen in den Bergen früh sterben, um ihn für einen Sklavenlohn auf unsere Tische zu bringen. Wir verlangen von Schuldnernationen derartig hohe Exporternten, dass ihnen selbst nicht genug Land bleibt, um

Gemüsegärten für die hungernden Kleinbauern anzulegen. Wir nehmen Essensmarken von armen Kindern und gewähren den Reichen Steuerfreibeträge. Die Situation ist nicht neu. Manch eine Zivilisation hat die Armen der Welt auf dem Altar der nationalen Interessen geopfert, und wir haben sie „heidnisch" genannt. Schlimmer noch, sie haben es häufig getan begleitet von Pomp und Schönheit, Ritual und Glanz, mit großem Geschrei und tiefem Respekt. Wenn wir nicht allzu scharf hinsehen, kann manches, das übelste Seiten hat, sehr gut aussehen. Dem Ordensleben könnte das gleiche Schicksal widerfahren.

Wenn das Ordensleben in unserer Welt etwas taugen soll, brauchen wir Denkerinnen und Denker, die uns über freundliche Worte und gute Taten für verzweifelte Menschen und eine Wohltätigkeit, die das Obszöne erträglich macht, hinaus zu einer Gerechtigkeit führen, die das Obszöne unmöglich macht.

Wir brauchen moralische Beobachterinnen und Beobachter unserer Welt, die uns aus den sumpfigen Tiefen eines wahnsinnig gewordenen Fortschritts, der auf dem Rücken der unsichtbaren Armen gewonnen wird, auf die Höhe der Menschlichkeit zurückführen.

„Was haben sie gewusst und wann haben sie es erfahren?", ist heutzutage eine gängige politische Frage. Aber das ist nicht die Frage, der sich Ordensleute stellen müssen. Die moralisch wichtigere Frage für Ordensleute in dieser Zeit ist einfacher und weitreichender als die Erhebung von Fakten und Erinnerungen, Erfahrungen und Informationen. Die Frage für Ordensmitglieder heute lautet: „Was weiß ich nicht und warum weiß ich es nicht?" Die intellektuelle Auseinandersetzung mit den großen theologischen, politischen, ökonomischen und sozialen Fragen unserer Zeit ist heute die Essenz einer religiöser Haltung.

Bei der Verflochtenheit der Systeme, der Globalisierung menschlichen Lebens, dem Universalismus der Erfahrung und der Wirtschaftspolitik der einzelnen Staaten könnte das Verrichten „guter Werken" genau das sein, was der Menschheit am allerwenigsten nützt. Ohne es zu wissen können wir, zum Beispiel, unabsichtlich repressive Systeme unterstützen. Vielleicht pflegen wir in Krankenhäusern, die den Armen Pflege verweigern, unterrichten wir in Schulen, die weibliche Angestellte diskriminieren, investieren wir in Firmen, die Plutoniumzünder produzieren, bebauen wir riesige Landflächen und verwenden Dünger, der dieses Land auf Generationen zerstört, sprechen wir Gebete, die die halbe Menschheit versklaven, indem sie sie unsichtbar machen. Heute irgendetwas zu tun, ohne zu wissen, wer davon profitiert und warum, könnte genau den Dienst zunichte machen, dem wir am meisten verpflichtet sind.

Zweifellos ist das intellektuelle Leben dem religiösen Engagement schon immer wichtig gewesen. Heute jedoch kennzeichnet intellektuelle Entfaltung den Wert des Ordenslebens wie nie zuvor in der Geschichte, und sei es auch nur auf Grund der Reichweite der Probleme, in die wir verstrickt sind. Saurer Regen im Westen zerstört Wälder im Osten; Krieg im Nahen Osten verursacht Wirtschaftsflauten im Westen; die Lebensmittelpolitik im Westen lässt Kinder in Afrika verhungern; eine von Detroit nach Kambodscha verlegte Fabrik nimmt der Arbeiterschaft in beiden Regionen Arbeit und Hoffnung.

Wenn wir behaupten, den Armen in einer solchen Welt zu dienen und keinen einzigen Artikel über Staatsschulden lesen; wenn wir meinen, der moralische Teil einer globalen Gemeinschaft zu sein und uns nie mit den Schulden der Dritten Welt befassen; wenn wir vorgeben, den Planeten zu retten und nie etwas über Ökologie lernen; wenn wir meinen, durch unsere Arbeit die Frauenfrage zu fördern, jedoch nie an einer Frauenkonferenz teilnehmen, nie Schriften einer feministischen Theologin lesen oder auch nur eine Minute darauf verwenden, die Ideengeschichte der Frauenfrage zu verfolgen; wenn wir sagen, dass wir uns um die sterbenden Obdachlosen kümmern und nie etwas über das Übel der Obdachlosigkeit oder den Mangel an medizinischer Betreuung für sie sagen – dann riecht das bestenfalls nach halbherziger Überzeugung. Liebevolles zu tun reicht nicht mehr aus. Eine Berufsausbildung, die einen Menschen mit bestimmten Fertigkeiten ausstattet, jedoch versäumt, ihn auf den Umgang mit den großen Fragen der Menschheit vorzubereiten, genügt nicht mehr. Die Welt braucht denkende Menschen, die Denken als spirituelle Disziplin verstehen. Alles andere könnte gut Verdrängung sein, die im Namen der Religion praktiziert wird.

Intellektuelle Entfaltung

Im Westen war das Trachten nach intellektueller Entwicklung schon immer Bestandteil des Ordenslebens. Benedikt von Nursia fordert in seiner Regel, geschrieben im 6. Jahrhundert, dass die Mönche im Alltag dem Lesen und der Reflexion mehr Zeit als der körperlichen Arbeit widmen sollten. Das Leben bestand in diesen Klöstern nicht nur aus Gebet und Arbeit. Das Leben bestand aus Gebet und Arbeit, aber auch aus Nachdenken und menschlicher Entwicklung, damit Gebet und Arbeit gehaltvoll waren und ihre Integrität bewahrten. Wir müssen wissen, was wir denken, bevor wir uns entscheiden können, was unbedingt zu tun ist. Wir müssen wissen, warum wir tun, was wir tun; ansonsten wird das, was wir tun, zumindest fraglich, wenn nicht sogar durch und durch schädlich.

Die Wirksamkeit einer Gemeinschaft, die Tiefe ihres spirituellen Lebens, der Wert ihrer Dienste, das Format ihrer Mitglieder, die prophetische Dimension ihres Charismas beruhen letztendlich auf der Qualität der intellektuellen Entwicklung, die im Ordensleben gepflegt wird. Wenn Ordensleute „gute Werke" verrichten, ohne gleichzeitig die intellektuellen Gaben zu fördern, die es ihnen ermöglichen, die Probleme bis hin zu ihren Ursachen zu verfolgen, werden zweifellos die besten Ressourcen verschwendet, mit denen eine Gruppe eine gute Zukunft aufbauen kann.

Wenn die religiösen Gemeinschaften Wissen und intensive Forschungsarbeit nicht hoch schätzen, wandern sie sehr schnell von der Theologie zur Frömmigkeit. Ein guter Wille, ein gutes Herz und eine große Liebe zu Gott finden ihren Ausdruck, ob mit oder ohne intellektuelle Einsichtsfähigkeit, mit oder ohne solide Allgemeinbildung und mit oder ohne künstlerische Vollendung. Nicht, dass Frömmigkeit nicht gut wäre. Ganz im Gegenteil. Keine intellektuelle Vorbereitung der Welt ist in der Lage, die Stunden des Gebets und die Fülle des Glaubens zu ersetzen. Nur: Frömmigkeit allein ist nicht genug. Frömmigkeit ohne Theologie, ohne Studieren, ohne Nachdenken mutiert entgegen dem

Mandat der Schrift schnell zur Therapie, zur Magie und zur Demonstration des Ausdrucks, ohne dass die spirituellen Folgen beachtet würden. Mehr als nur eine gute Idee hat sich auf Grund ihrer Substanzlosigkeit als Luftblase erwiesen. Frömmigkeit verschafft ein wohliges Gefühl; Theologie bewahrt davor, rein persönliche Empfindungen für kosmische Einsichten zu halten.

Intellektuelles Leben zeichnet einen spirituellen Weg vor. Aktivismus fällt Ordensmitgliedern leicht. Eine lange Geschichte sozialer Dienste, die jüngste Geschichte der organisatorischen Erweiterungen und sehr persönliche Erfahrungen mit institutionalisierten Diensten, die durch langes Leiden und lebenslange Schwerstarbeit gewonnen wurden, prägen bis heute unaufhörliche Aktivität, großzügiges Leben und mitfühlende Präsenz von Ordensleuten. Die Ergebnisse jahrhundertlanger Dienste sind überall vorhanden und nicht zu übersehen: ein Krankenhaus hier, ein altes Waisenheim dort, eine gute Hochschule im Zentrum der Stadt, kleine Grundschulen draußen auf dem Lande. Jüngeren Datums sind Zentren für Frieden und Gerechtigkeit in alten Noviziatsgebäuden, Häuser der Gastfreundschaft in Innenstädten, Unterbringung älterer Menschen mit geringem Einkommen auf dem Gelände des Mutterhauses, öffentlich zugängliche Gärten und Armenküchen. Sie alle bezeugen das ununterbrochene Engagement von Ordensleuten für die Leidenden der Welt. Gleich wichtig wie die Berufsausbildung der Vergangenheit ist für Ordensleute der Gegenwart aber die fortwährende Beschäftigung mit den großen Problemen unserer Zeit und wie wir die Fragen „Warum tun wir das, was wir tun?“ und „Was sollten wir jetzt tun?“ beantworten. Konkrete Anstöße, Intuition und Wachheit für die Probleme befeuern das Denken; ohne Nachdenken wären sie wohl von kurzer Dauer.

Als soziale Störenfriede des Systems müssen Ordensleute wissen, wovon sie reden, wenn sie vor einem Senatsausschuss in Washington aussagen, Bittschriften im ländlichen Pennsylvania unterschreiben, Einfluss auf öffentliche Gruppen in Fragen der Ökologie nehmen wollen, eine neue Gesetzgebung für die Armen verlangen, die Frauenordination und die Verwendung von inklusiver Sprache mit Geistlichen vor Ort diskutieren – und all das im Namen Gottes und um christlicher Charismen willen tun, die Jahrhunderte alt sind. Wenn Benediktinerinnen und Benediktiner über den Frieden reden, müssen sie die Wurzeln des Krieges verstehen; wenn sich eine Sister of Mercy erfolgreich für Frauen in der Kirche einsetzen will, muss sie die Theologie verdeutlichen können, die Frauen unterdrückt; wenn ein Franziskaner über die Gegenwart Gottes in der Natur predigen will, muss er die zerstörerischen Wirkungen von Schadstoffen erklären können. All das tun sie vielleicht nicht als Generäle, Historikerinnen oder Chemiker, aber gewiss als gebildete Zeugen und Zeuginnen, die das Problem nicht nur mit dem nötigen Eifer, sondern auch durchdacht angehen.

Intellektuelles Leben schenkt der Seele Substanz und dem Dienst Glaubwürdigkeit. „Ideen sind mächtig", schreibt Midge Dexter, „sie brauchen keine beflissene Kontemplation, sondern Handlung, wenn auch nur innere Handlung. Ihre Aneignung verpflichtet jeden und jede von uns, unser Leben irgendwie zu verändern, wenn auch nur unser inneres Leben. Ideen verlangen, dass wir für sie einstehen. Sie diktieren, worauf wir unsere visionäre Kraft konzentrieren müssen. Sie bestimmen unsere moralischen und intellektuellen Prioritäten." Intellektuelles Leben ist offensichtlich keine Ablenkung vom eigentlichen Sinn des Ordenslebens. Eine auch der Vernunft gegenüber verantwortbare, d. h. eine intelligente Verkündigung der liebenden Gegenwart Gottes in der Zeit ist der wirkliche Sinn des Ordenslebens.

Schriftgemässe Präsenz

Ordensleute sind nicht die berufsmäßigen Beter und Beterinnen der Gesellschaft. Ordensleute unseres Jahrhunderts sind nicht die moderne Version der Messe lesenden Priester des hohen Mittelalters, die größtenteils ungebildet waren und nur deshalb ordiniert wurden, um für eine Flut von eucharistischen Liturgien inmitten der Kirche zu sorgen. Ordensleute stellen auch nicht die moderne Version einer Theologie der Substitution im Sinne der mittelalterlichen Mönche dar, deren Aufgabe es war, ihren reichen Gönnern, den vielbeschäftigten und bedeutenden Menschen ihrer Zeit, zu dienen, indem sie Buße für sie taten. Nein, Orden wollen ganz schlicht inmitten der Stadt in einer dem Evangelium gemäßen Weise gegenwärtig sein. Ihre Mitglieder, im Gebet versunken und von kontemplativem Mut angespornt, wollen für die ganze Metropole Stimme der Hoffnung und Stimme der Mahnung werden. Um das zu tun, muss ein Ordensmitglied in gleicher Weise darauf vorbereitet, engagiert, wie prophetisch und andächtig sein.

Wir befinden uns in einer prekären Lage. Religiöse Gemeinschaften, die durch den Verlust von Werten und Normen bedrängt werden, die sich schwindenden Ressourcen gegenübersehen, die mit zahlreichen neuen Nöten in Gesellschaft und Kirche konfrontiert werden, die sich mit den Fragen der Liturgie und der Sprache in einer patriarchalen Kirche plagen und die ironischerweise trotz allem die noch glühenden Kohlen hüten, die in dieser im Sterben begriffenen Zeit noch immer voller Leben sind, müssen sich mit den gleichen Fragen herumschlagen wie ihre Gründerinnen und Gründer: Ist es an der Zeit, fraglos neue Einrichtungen aufzubauen, oder sollen wir uns ungeachtet der Kosten beruflich auf neue Dienste vorbereiten? Sollen wir heute Mitglieder in Meeresbiologie ausbilden, damit sie in 10 Jahren Einfluss auf die ökologische Frage nehmen können oder sollen wir statt dessen mobile Kliniken einrichten? Sollen wir junge Frauen an die Universitäten schicken, um sie akademische Grade in feministischer Theologie erwerben zu lassen, oder sollen wir das Exerzitienhaus in der Hoffnung umbauen, dort ein neues Zentrum für Dienste an Frauen aufzubauen? Sollen wir mehr studieren, mehr beten? Die Antwort lautet Ja und Nein. Die Antwort ist weder Ja noch Nein. Sie ist beides. Wenn jeweils nur einer der beiden Ansätze zum Tragen kommt, werden religiöse Gemeinschaften entweder hilflos allem Wandel ausgesetzt sein oder der Versuchung der Unbeweglichkeit erliegen.

Uns in meditative Entrückung zurückzuziehen, um auf neue Zeiten zu warten, uns mit hektischer, jedoch oberflächlicher Aktivität zu erschöpfen, uns zur Ruhe zu setzen, um ein Leben abzuleben, das schon Jahre vor uns gestorben ist, ist unserer Geschichte, unserer Zielsetzung, unserem spirituellen Erbe und uns selber als verantwortungsbewussten Menschen in einer Zeit des Zerfalls des Menschlichen unwürdig. Keine der beiden Alternativen trifft den Kern. Wir können nicht das eine auf Kosten des anderen gehen lassen. Wir müssen Denkerinnen und Denkern und Tatmenschen, mit Gebet erfüllte Zeitgenossinnen und Zeitgenossen und prophetische Zeuginnen und Zeugen sein.

Für Ordensmitglieder ist prophetische Ehrlichkeit keine zur Wahl stehende Option, sie ist eine Notwendigkeit. Von der Heiligen Schrift erfüllt zu sein heißt, dem Herannahen der Gottesherrschaft verpflichtet zu sein. Es heißt auch, dass wir alles daransetzen müssen, dieses Herannahen zu erkennen und die Gottesherrschaft zu verwirklichen. Nach dem Willen Gottes zu leben erfordert jedoch intensives Studium, ist Verpflichtung zum Denken und zum Handeln.

Dies ist also nicht die Zeit, in der religiöse Gemeinschaften ihre historische Verpflichtung zum Lernen preisgeben dürften, nur weil das Lernen in den Orden heute eher eine spirituelle Übung als ein berufliches Erfordernis ist. Dass wir nicht mehr ausbilden, um unsere Einrichtungen mit Personal zu versorgen oder um die Bedingungen für die staatliche Anerkennung zu erfüllen, bedeutet nicht, dass wir Bildung nicht stärker denn je benötigten. Wie sollen wir denn sonst wissen, wem wir folgen sollen? Wie sollen wir denn sonst wissen, was wir als Nächstes in einer Welt tun sollen, in der die Expertinnen und Experten zerstritten sind und im Dienst unterschiedlichster Götter stehen?

Das intellektuelle Leben hütet die Flamme des Denkens in einer Gesellschaft, die eher zu heftigen Reaktionen und unüberlegten Antworten neigt, deren Wert zwar kurzlebig, deren schädliche Wirkung dagegen oft sehr nachhaltig ist.

Rigider Konservatismus, hemdsärmeliger Liberalismus, herzerweichende Plädoyers und eine Rhetorik der Schlagwörter dienen der Welt nicht. Die Stimme der Ordensmitglieder muss eine Stimme sein, die das Beste der Tradition, die scharfsinnigste theologische Analyse, die tiefste Einsicht in die Gesellschaft und die herausforderndsten Werte des Evangeliums in die öffentliche Debatte einbringt. Ordensmitglieder, die für die Armen sprechen, müssen weise, mutig, durchdacht und rhetorisch perfekt reden. Wir können uns nicht mehr auf den erprobten Wert der alten Institutionen als Grundprinzip und Basis für unser Leben stützen. Längst ist die Zeit dahin, in der wir alle das tun, was wir auch gestern taten, weil jemand vor uns erkannt hat, dass es auch für eine andere Zeit passend sein würde. In Zukunft werden wohl kaum noch neue Einrichtungen entstehen, schon allein deshalb, weil sich Bedürfnisse schneller ändern als die Institutionen, die ihnen dienen sollen, gebaut werden können. Von jetzt an muss jeder und jede von uns den beständigen Wert einer jeden Handlung, die wir vollziehen, und ihr Verhältnis zu Charisma, menschlichen Bedürfnissen, ewigem Leben und christlichem Engagement abwägen, bewerten, beurteilen und bestimmen. Wir müssen in jeden Dienst mehr als Dienstleistungen einbringen. Wir müssen die klaren Werte und die festen Überzeugungen mitbringen, die nötig sind, um als Partnerinnen und Partner, als Fürsprecherinnen und Fürsprecher auf dem langen, beschwerlichen Weg zur Gerechtigkeit mitzugehen.

Intellektualität führt uns – jenseits von Fundamentalismus und Buchstabenglauben – dorthin, wo Menschen mit anderen Einsichten und anderen Bedürfnissen jeder auf seine Weise die je andere Position auf eine Weise ausmachen können, die das Evangelium zum Klingen bringt. Engagement ist keine Übung im Schwarzweißdenken. Echtes Engagement für ein Problem bringt uns dazu, es bis in seine tiefsten Tiefen auszuloten, solange bis mitten in dieser Komplexität die Tugend der Liebe unsere Seelen weitet. An diesem Punkt schlägt die Präsenz der Ordensleute um ins Religiöse.

Gebet, Dienst, prophetisches Sein, Gemeinschaftsentwicklung und persönliches Wachstum, sie alle verlangen intellektuelle Tiefe. Wenn wir behaupten, dass wir ein Leben der Reflexion führen, ohne einen Gegenstand zu haben, über den wir nachdenken, machen wir aus dem Ordensleben eine Heuchelei. „Am Anfang war das Wort“, lehrt uns die Schrift. Wenn wir uns nicht in dieses Wort vertiefen, haben alle Wörter, die wir aussprechen, keinen Sinn, keine Grundlage und keinen Geschenkcharakter. In unserer Kultur liegt der Wert der Bildung zu oft im Profit begründet, den sie abwirft. Wenige Menschen studieren um der puren Freude willen, den Geist der Schöpfung zu erforschen. Statt sinnvoller Berufe wollen sie Jobs, um Geld zu verdienen, nicht aber um die Welt zu einem lebenswerteren Ort für alle Menschen zu machen. In dieser Umgebung wird das intellektuelle Engagement von Ordensmitgliedern für Denken, Kultur, Schönheit und Wahrheit in diesem neuen Augenblick der Geschichte irgendwann gewiss als Teil des Prozesses verstanden, der die Glut hütet, das Feuer bewahrt und erneutes Aufflammen ermöglicht, damit eine neue Welt es sehen kann.

14. EINE NEUE PERSPEKTIVE, EINE NOTWENDIGE TUGEND

Von allen Tugenden, die als unentbehrlich für das Ordensleben propagiert werden, kommt zumindest eine in der Geschichte zu kurz, wenn sie überhaupt Erwähnung findet. Die Vorstellung, dass das Ich-bin eine Kraft ist, die entwickelt werden, statt eines Gegners, der bezähmt werden muss, glänzt in den traditionellen Abhandlungen über das spirituelle Leben durch Abwesenheit. Wie schade! Sich vorzustellen, dass spirituelles Leben überhaupt in ungehinderter Fülle gelebt werden könnte, wenn es nicht durch das Selbst, das Ich-bin, in uns hindurchgeht, spiegelt nur in Verstümmelung, was Spiritualität wirklich ist, und reflektiert in Verzerrung, was Gott in Wahrheit ist.

Schon die Vorstellung, dass sich das spirituelle Leben eines Menschen bis zur höchsten Blüte entfalten soll, ohne dass er oder sie je den Duft eines Feldes voller Rosen geatmet, einen See in der Morgendämmerung gesehen, auf einem Hügel im hohen Gras gesessen, Seide auf der Haut gespürt, einen Hund umarmt oder einen Säugling an der Brust gehalten hat, grenzt ans Lächerliche. Die Erfahrungen der Greifbarkeit des Lebens aus der Gleichung der Heiligkeit auszuklammern macht aus der Spiritualität etwas Körperloses, aus dem Sakrament des Lebens Ödland. Nicht nur dass es den Leib zu einer Gefahr für das spirituelle Leben erklärt; es zerstört ihn. Der Gott jedoch, der all diesem wie auch jeder menschlichen Erfahrung Fleisch verliehen hat, muss gewiss ein sehr sinnlicher Gott mit einer atemberaubenden Ausstrahlung sein. Wenn die Schöpfung irgendetwas beweist, dann, dass Gott, der die Hand ausstreckt, um einer sinnlichen Schöpfung göttlicher Zuschnitts zu begegnen, dies durch Greifbares und durch die Sinne, nicht nur durch den Geist tut.

Geist, Vernunft, Erkenntnis – samt und sonders männliche Werte – sind durch alle Zeiten hindurch das Fundament spiritueller Literatur gewesen, nicht hingegen die Vorstellung von Fleischwerdung, auch wenn noch so viel darüber gesprochen wurde. Das eigene Ich-bin ist bedauernswerterweise zum Feind statt zur Quelle spirituellen Lebens geworden.

Das große Abenteuer namens Spiritualität wurde in Folge dieser Haltung auf viele Kämpfe und auf die Unterdrückung des Ich-bin, des Selbst reduziert, statt dass es als gleichwertiges Element in der Feier des Menschlichen, als Wahrnehmung des Heiligen im körperlichen wie im geistlichen Kern des Menschen galt. Hier standen sich Denken und Erfahrung, das Rationale und das „Irrationale“, Wirklichkeit und Ideal gegenüber. Dinge wurden etikettiert, unterschieden und eingestuft nach dem Grad ihrer Bedrohlichkeit für die menschliche Seele, der Intensität ihres Gefährdungspotentials und dem Maß ihrer Gefährlichkeit für sie. Dank des griechischen Stoizismus, der mit seiner

Betonung der Wunschlosigkeit die Frühkirche prägte, gefährdete all das, was menschliche Triebe erregte, was beunruhigend fleischlich, zweifellos feminin und aufregend weiblich war, das Glück des Menschen und seine moralische Entwicklung. Männer wussten, dass sie das, was sie bei sich nicht zügeln konnten, bei anderen zügeln mussten. Die Lösung war die ewige Unterwerfung von Frauen.

Die miteinander gekoppelten Vorstellungen von spiritueller Reinheit sowie körperlicher Minderwertigkeit und der Notwendigkeit, das Verlangen nach Frauen zu unterdrücken, schlugen in der menschlichen Psyche tiefgründige, versteckte Wurzeln. Jedes Jahrhundert verschärfte die Unterscheidungen zwischen dem, was im Leben spirituell war und dem, was es nicht war; jede Generation legte der Seele größere Scheuklappen an, um sie von der Außenwelt abzuschirmen, bis aus der Spiritualität eher eine Bußübung als eine Freude geworden war.

Nach Meinung derjenigen, die das spirituelle Leben als Sieg des Geistes über den Körper verstanden und nicht so, dass der Körper vom Göttlichen durchdrungenen werde, war das Leben ein Minenfeld, das man vorsichtig durchquerte, und nicht der Beginn des Himmels, nicht die Brücke zum Göttlichen, nicht seine Verbindung, sein Band, seine Halterung. Besondere für Frauen wurde das Leben immer restriktiver. Ordensschwestern, deren Verzicht auf sexuelle Erfahrung sie in den Augen der Kirche dazu befähigte, einiges ihrer Weiblichkeit in gewisser Weise dadurch zu übersteigen, dass sie geistlich wie Männer wurden, also mehr zu den „rationalen Elementen“ im Leben zu neigen, waren als spiritueller denn die meisten anderen Frauen eingestuft, die als durch und durch sexuelle Wesen galten. Frauen, von denen Asexualität behauptet werden konnte, genossen besondere Wertschätzung. Gleichzeitig wurden sie auch in besonderer Weise kontrolliert, um diese Asexualität auf Grund von spirituellen Vorgaben aufrechtzuerhalten, die gleichermaßen falsch wie destruktiv waren. Theologen lehrten, dass Frauen für die Sexualität da seien und demzufolge weniger spirituell als Männer sein mussten. Gleichzeitig waren Frauen, die ihre Sexualität beherrschten, besonders wertvoll, da sie die Begierden ihres Geschlechtes überstiegen. Diese unlogische Argumentation geriet sowohl gesellschaftlich als auch spirituell völlig außer Kontrolle.

Im Großen und Ganzen trugen diese Haltungen den Sieg davon – abgesehen natürlich von den Mystikerinnen und Mystikern, die offensichtlich nicht genügend Verstand besaßen, um den Unterschied zwischen dem Natürlichen und dem Spirituellen, der Erfüllung der Seele und dem Ausleben der Sinne, geschweige denn die Überlegenheit der männlichen Annäherungen an Gott gegenüber weiblichen Einsichten und Erfahrungen richtig einschätzen zu können. Franz von Assisi verherrlichte Gott in der Natur. Johannes vom Kreuz kostete in seinem Leben Gott auf Schritt und Tritt und bediente sich sehr irdischer Mittel, um mit irdischen Menschen über die Wege Gottes zu reden. Juliana von Norwich und Hildegard von Bingen erfuhren Gott in lebendigen Farben. In den Augen dieser Seher und Seherinnen war Gott greifbar und liebte die körperlichen Dimensionen des Lebens in gleicher Weise wie die kognitiven. Für diese Mystikerinnen und Mystiker war Gott mehr als nur eine Idee, die man begreifen musste; Gott war eine Erfahrung, der man in jedem Bereich des Lebens begegnen konnte.

Für die anerkannten Theologen und Autoren der Spiritualität jedoch war Gott eine Idee, „das, worüber hinaus nichts Größeres gedacht werden kann", wie Anselm von Canterbury es ausdrückte, ein Begriff, der uns aus der uns geschenkten Welt herausnahm und uns zu einem Ich-bin-ganz-ich-Sein aufrief, das eher spirituell als körperlich, eher losgelöst von der Erde als aus ihr gemacht war.

Die Lehrsätze des Systems waren deutlich: Die Welt war in Materie und Geist, in Rationales und Irrationales gespalten. Von den heidnischen Philosophen übernahmen die frühchristlichen Autoren die Vorstellung, dass der männliche Same das Ausgangsmaterial für die rationale Seele liefere, der weibliche Leib dagegen ihre materielle Form, ihren Körper, statt der Idee der „Einschließlichkeit" von Gott- und Menschsein des fleischgewordenen Gottessohnes in den Leib einer Frau zu folgen. Unter den Dingen, die das Rationale – mit anderen Worten das Männliche – gefährdeten, war allen voran das Weibliche. Der Sexismus, der aus den Überlegungen heidnischer Denker über die „natürliche" Überlegenheit rationaler Männer über „irrationale" Frauen zur vollen Blüte reifte, wurde zur Grundlage einer christlichen Spiritualität einer Geschlechterüberlegenheit, die noch heute Frauen im Namen Gottes herabsetzt, die das Männliche verherrlicht, das Maskuline institutionalisiert, die christliche Botschaft verkürzt und die Welt noch immer heimsucht.

Keine Trennung von Spirituellem und Materiellem

Die Trennung des Spirituellen vom Materiellen sollte sich als folgenschwer für das ganze Menschengeschlecht erweisen. Wie ein Zwerg in der Hand eines Riesen ist die ganze Welt vom Diktat der Männer abhängig, deren eigene Traktate sie selbst als die Krönung des Menschengeschlechts, gleich nach Gott, als „Haupt" der menschlichen Familie und als auf dieser Erde nur sich selbst verantwortlich definieren. Das ist ein trauriges Monopol über die Menschheit. Noch trauriger ist der Verlust von menschlichen Ressourcen und dem weiblichen Wertesystem in einer Welt, die durch die Auswirkungen des Männlichkeitswahns ins Trudeln geraten ist.

Wie konnte es dazu kommen? Ganz einfach. Männer gewannen die Auseinandersetzung zwischen den Geschlechtern, weil Männer die Argumente formulierten, die Streitbedingungen festlegten, das Ergebnis der Auseinandersetzung kontrollierten und Frauen untersagten, über das Geschehen zu diskutieren, indem sie sie schlicht und einfach von den intellektuellen Schauplätzen und den kirchlichen Gerichtshöfen fernhielten, wo die entsprechenden Konsequenzen gezogen wurden. Aber diese Männer irrten sich und bis heute müssen wir für ihren Irrtum in allen Lebensbereichen büßen.

Indem sie das Leben deutlich in zwei getrennte Kategorien einteilten – belebt und unbelebt, pflanzlich und mineralisch, menschlich und nicht menschlich, weiß und

„farbig," versklavt und frei, maskulin und feminin – haben sie eine Erde geschaffen, die Krieg gegen sich selbst führt. „Die ganze Natur und die meisten Menschen", lehrte Aristoteles, „wurden geschaffen, um sich um den Komfort und die Bedürfnisse der höheren Klasse zu kümmern. … Und diese [Unterordnung] ist gut – sowohl für Sklaven als auch für Frauen", folgerte er. Aristoteles „hätt' soll'n später sterben" wie Shakespeares Macbeth, nachdem er den Schaden hätte ansehen können, den eine solch armselige Denkweise für unzählige Zeitalter angerichtet hat. Dann hätte er vielleicht eine andere Abhandlung schreiben wollen. Nachdem aber die männliche Hierarchie einmal errichtet war, herrschte sie nach ihren eigenen Prinzipien bis an den Rand ihres eigenen Untergangs.

Statt Männlichkeitswahn Feminismus

Die wahnhafte Übersteigerung des Männlichen ist weder gute Theologie noch gute Spiritualität. Sie zerstört die Schöpfung und ihre Geschöpfe und redet diese Zerstörung schön als „nationale Sicherheit", „ökonomischen Fortschritt", „die Rolle von Frauen" und „den Willen Gottes".

Dieses Konzept geht nicht mehr auf. Dass eine solche Spiritualität aufrechterhalten und als religiös bezeichnet wird – schlimmer noch, dass Ordensleute einen derartigen Lebensstil aufrechterhalten und ihn Spiritualität nennen –, schreit zum Himmel. Wir müssen Besseres als das zustande bringen, wenn Ordensleben in unserer Zeit noch von

Bedeutung sein soll. Wir müssen Besseres als das zustande bringen oder aber die Hälfte des Menschengeschlechts im Namen der Religion im Stich lassen.

Wenn etwas die Postmoderne von der Moderne unterscheidet, dann ist es das Aufkommen einer neuen Weltanschauung, die die gegenwärtigen Brüche in menschlichen Beziehungen und die Risse in der globalen Sicherheit auf die Institutionalisierung der rein männlichen Tugenden Kontrolle, Ordnung, Beherrschung, Herrschaft und „Vernunft“ zurückführt und die Wiederherstellung des menschlichen Gleichgewichts durch eine Anerkennung und Wertschätzung von weiblichen Werten und Lebensprinzipien fordert. Der Feminismus ist eine Weltanschauung, die sich aus der Perspektive der Gleichberechtigung, der Menschlichkeit und der Würde aller Lebewesen ein neues Bild von der Welt macht.

Der Feminismus braucht die Ökologie. Der Feminismus setzt den Zusammenhang alles mit allem in der Welt voraus. Der Feminismus demontiert Patriarchat, Hierarchie und Dualismus. Der Feminismus gibt dem Christentum die Chance, wirklich christlich zu sein – vielleicht zum ersten Mal seit Jesus.

Antifeministen und -feministinnen liegen jedoch bei ihrer Angst vor dem Feminismus nicht ganz falsch. Der Feminismus ist tatsächlich eine Gefahr für ein System, das die Bedürfnisse der Erde den Bedürfnissen der Aktiengesellschaften unterordnet, das voraussetzt, dass Beziehungen auf naturbedingter Unterlegenheit aufgebaut sind, das Unterwerfung für durchaus tragbar hält und fördert, ein System, das Tiere als hemmungslos verfügbar für die menschliche Bequemlichkeit versteht und das Menschen behandelt, als seien sie von jener Lebenskette getrennt, die uns alle als eine einzige Schöpfung zusammenbindet, die mit Gott lebt. Angesichts dessen löst der Feminismus sowohl Widerstände als auch positive Reaktionen aus. Als Antwort auf solch lebensfeindliche Systeme stellt der Feminismus für die Welt wie auch für das Ordensleben eine unerbittliche Herausforderung dar, ein geistliches Versprechen und eine unsterbliche Hoffnung auf den ermächtigenden Willen Gottes für die ganze Erde. Beim Feminismus geht es nicht um Weiblichkeit. Beim Feminismus geht es um die Befreiung allen Lebens von der Geißel der Herrschaft. Wenn Frauen frei sind, werden Männer frei sein. Wenn Frauen berechtigt sind, sich ganz so zu entfalten, wie Gott es für sie im Sinn hat, wird die Erde von einer Theologie der Herrschaft, die Theologie purer Machtausübung ist, befreit werden. Beim Feminismus geht es um die Umstrukturierung der Welt, um aus ihr einen Ort zu machen, an dem alles Leben auf jeder Stufe heilig ist.

Der Feminismus stellt uns vor die größte spirituelle Herausforderung unserer Zeit. Ohne Feminismus wird es vielleicht keine weiteren Zeitalter mehr geben. Wir rechtfertigen die Zerstörung der Regenwälder mit der Theologie der Herrschaft. Ausgehend von männlichen Überlegenheitsvorstellungen werden Frauen ermordet, verstümmelt und vergewaltigt und bitterer Armut überlassen. Gestützt auf die Macht der Weißen haben wir ganze Völker niedergemetzelt. Wir haben Gott zu einem Zerrbild gemacht, und haben ihn männlich genannt, um dieses Zerrbild zu rechtfertigen.

Was die Welt jetzt braucht, um sich selber zu retten, wenn eine Rettung überhaupt noch möglich ist, ist eine feministische Spiritualität, die daraus, wie die Welt aus einem männlichen Blickwinkel, mit männlicher Zielsetzung, mit männlichen Sitten und aus einer rein männlich definierten Theologie angesehen wird, interpretiert, erklärt oder beherrscht wird, eine Gewissensfrage macht. Darin ist das Kreuz, aber auch die Krone des Ordenslebens in diesem Jahrhundert verborgen.

Feminismus und Weiblichkeit sind keine Synonyme. Viele Männer sind Feministen. Manche Frauen, die in den Genuss der Positionen, der Privilegien und der öffentlichen Anerkennung kommen, die ihnen durch die Frauenbewegung erkämpft worden sind, behaupten dagegen, sie seien keine Feministinnen. Für Menschen, die sich mit dem Feminismus schwer tun, scheint das Problem darin zu liegen, dass sie nicht so recht verstehen, was Feminismus ist. Für Christen und Christinnen, für Ordensfrauen und Ordensmänner sollte der Ursprung dieses Weltbildes auf der Hand liegen – und verpflichtend sein.

Der Welt zu dienen und das Evangelium zu verkünden, einem philosophischen System aber nicht abzuschwören, das sich über und gegen den Rest des Universums und seine Ressourcen stellt, heißt, einen falschen Gott zu predigen. Der Feminismus ist eine ganz schlichte Theorie. Feminismus meint jene Option für Gleichberechtigung, Würde und volle Menschlichkeit aller Menschen, die uns dazu antreibt, die nötigen Veränderungen in Strukturen und Beziehungen, die allen die Fülle menschlich würdigen Lebens ermöglicht, anzugehen. Gleichzeitig fordert der Feminismus ohne Umschweife, die Welt und alles, was in ihr ist, mit neuen Augen zu sehen. Feminismus sieht die Welt unter der Rücksicht der Bedeutung der Schöpfung statt aus der Perspektive einer

Konzentration von Macht. Für Feministinnen und Feministen ist alles, was geschaffen wurde, gut, begabt und für die Entwicklung des Menschengeschlechtes notwendig; es muss respektiert, angehört und in das Gefüge der Macht aufgenommen werden, das sich auf seine Existenz auswirkt. Für Feministinnen und Feministen ist nichts für Bequemlichkeit und Bedürfnisse anderer geschaffen, nichts ist ohne eigene Würde, eigene Bedeutung, seinen eigenen Wert, ohne eigene Bedürfnisse, eigene Begabungen, eigene Rechte. Für Feministinnen und Feministen geht es im Leben nicht um das Überleben der Stärkeren, sondern um die bestmögliche Entfaltung aller. Feminismus ist ein philosophisches System, das die Gleichberechtigung von Frauen und damit verknüpft die Rettung der Schöpfung vertritt, da wir, sollten wir einmal die Versklavten befreit haben, damit das behoben haben, was sie versklavte.

Feminismus ist eine gottgewollte, urchristliche Sache. Er folgt dem Jesus nach, der Frauen, die in der Gesellschaft ringsum als wertlos galten, vom Tod auferweckte. Er folgt dem Jesus nach, der Frauen aussandte, um Fremden sein Messias-Sein und Männern seine Auferstehung zu verkünden. Er folgt dem Jesus nach, der, empfangen durch den Heiligen Geist, aber von einer Frau geboren, die wesentliche Rolle von Frauen im göttlichen Geheimnis der Erlösung verdeutlicht. Wie kann das Ordensleben religiös sein, wenn es nicht auch feministisch ist?

Wenn Gerechtigkeit ein konstitutives Bestandteil des Evangeliums ist, dann ist die Gleichberechtigung von Frauen und Männern eine seiner entscheidenden Aussagen. Mit anderen Worten: Es ist unmöglich, Menschen in Untertänigkeit zu halten und gleichzeitig zu behaupten, gerecht zu sein, christlich zu sein. Nur wenn wir behaupten, dass Gott Ungleichgewichtigkeit mit Bezug auf gleiches Recht in das Menschengeschlecht eingebaut habe, dann ist Gleichberechtigung von vornherein eine Lüge, ein göttlicher Witz, eine schwerwiegende Fehlinterpretation dessen, wie Leben gehen soll. Dann wäre der Mensch dem Menschen untertan. Was für eine Art von Christentum soll das sein; wie wird hier nach den Seligpreisungen gerufen?

Hegen und Pflegen der Erde

Um die Erde zu hegen und zu pflegen, müssen wir ihre Gaben hegen und pflegen. Zur Zeit ist die Erde weltweit der Gaben der Frauen beraubt, die nie herangezogen werden, wenn es um die großen Fragen des Lebens geht: Hungersnot, Krieg, Geburt, Wirtschaftspolitik, Regierungsform, Militarismus oder internationale Beziehungen. Unsere Welt ist in einem beklagenswerten Zustand, da die meisten Armen, die meisten Hungernden, die meisten Flüchtlinge, die meisten Versklavten Frauen sind. Was für eine Pflege des Gartens soll das sein? Welch ein Gott könnte so etwas gewollt haben?

Der Feminismus sucht echte Partnerschaft für die Pflege der Erde, echtes Gleichgewicht ihrer Gaben und echte Integrität in ihren Beziehungen. Ohne ihn können wir unser Universum nie heilen, das durch Zwang entstellt und der Macht verfallen ist, die auf Unterdrückung basiert und zur Gefangenen der Gewalt wurde. Das gilt überall und für jedes System auf der Erde.

Ordensfrauen, privilegierte Frauen, schließen einen Pakt mit allen Unterdrückern der Welt, wenn sie den christlichen Anspruch auf Feminismus und eine von daher zu verstehende Spiritualität ablehnen und das Ich-bin einer Person um einer blutleeren und damit gottlosen Spiritualität willen verneinen. Dann werden die Unterdrückten zu Unterdrückerinnen und Frauen in der ganzen Welt werden wissen, dass Schwesternschaft zur Lüge geworden ist.

Die Anthropologin Margaret Mead soll gelehrt haben, dass es in der Geschichte der Menschheit nur vier Zeitalter gegeben hat, nach denen nichts auf Erden mehr war wie zuvor. Diese Zeitalter sind für sie die Evolution, die Eiszeit, die Industrielle Revolution und die Frauenbewegung.

Zur Zeit ist der Feminismus weltweit munter und quicklebendig. Die Heilige Ruach Gottes schwebt über den Wassern. Sie will eine neue Weltordnung, die mit Frauen und Männern um der Unterdrückten der Erde willen schöpfungsgerecht aufgebaut wird. Das Ordensleben kann und wird durch diese Periode nicht hindurchgehen, ohne von ihr verändert zu werden. Die konkrete spirituelle Frage lautet: Was werden Ordensleute auf Grund dieser Geistbewegung ändern?

Ordensleute, die einst Dienste für Frauen leisteten, müssen jetzt mit dem Kernanliegen feministischen Denkens gemeinsame Sache machen um der eigenen spirituellen Befreiung willen, um der Befreiung von Männern und der Befreiung des Gottesbildes von sexistischen und patriarchalen Definitionen willen. Dann werden wir Dienste mit Integrität und Glaubwürdigkeit für eine Erde leisten können, die das Weibliche durch Politik und Theologien viel zu lange unterdrückt hat. Feministische Spiritualität ruft nach einer neuen Art von Spiritualität in uns allen. Die rationale, ritualistische, repressive Spiritualität des Patriarchats, die die Welt und alles, was in ihr ist, in gut und böse, hoch und niedrig, belebt und unbelebt, Handelnde und Objekte einteilt, muss heute einer Spiritualität Platz machen, die, da integriert, Gott in allem sieht, die, da beseelend, den Geist in allem erkennt, die, da einschließend, alle für gleichberechtigt hält; eine Spiritualität, die, da demütig, alle und alles als mehr oder weniger gottgefällig betrachtet und die, da sie die Menschwerdung Gottes ernst nimmt, die Gegenwart Gottes und seiner Gnade überall und in allem sieht.

Feministische Spiritualität ist in der Tat eine Gefahr für jedes orthodoxe Denken, das kategorisiert und beherrscht. Sie fordert eine neue Ökologie des Lebens und nicht nur eine Reform dessen, was ist. Sie ist die Hoffnung der Erde, die Befreiung der Unterdrückten, die Freisetzung der Fantasie und die Wiederherstellung der eigentlichen Bedeutung Gottes.

Die spirituell geforderte Übung dieser Zeit ist die Entwicklung einer neuen Weltanschauung, die auf menschlicher Gleichheit statt auf männlicher Macht gründet, einem Ansatz, der vom Ansatz her fehlerhaft ist und der das spirituelle Leben korrumpiert. Es ist ein großer Augenblick für das Ordensleben. Wir werden sichtbare Zeichen einer Welt sein, die auf Gleichheit, den Gaben von Frauen und der Achtung vor dem Weiblichen Gottes aufgebaut ist und sich der weiblichen wie der männlichen Anschauungsmöglichkeit Gottes bewusst ist. Kaum etwas in unserer Zeit ruft uns stärker zur Umkehr, zur Heiligkeit, zur echten spirituellen Einsicht auf. Und vielleicht ist kaum etwas in unserer Zeit für die fortdauernde Entwicklung der Welt und ein authentisches, ein alles einschließendes spirituelles Leben von größerer Bedeutung.

15. DEM ORDENSLEBEN GESTALT GEBEN

Das Ordensleben steht schon seit langem am Scheideweg – und das für viele Ordensleute heute in der Tat fast schon seit den Tagen ihrer Profess. Es war eine Zeit des persönlichen wie institutionellen Aufschwungs, der persönlichen wie institutionellen Misserfolge, eine Zeit unsicherer Ausbildung und unbarmherziger Anforderungen, eine Zeit neuer Überzeugungen und tiefer Verwirrung. Es war eine aufregende, aber keine einfache Zeit für das Ordensleben.

Gefühle von Spannung und Ungewissheit, die bis heute in religiösen Gemeinschaften zu finden sind, sind meiner Meinung nach jedoch nicht darauf zurückzuführen, dass diese Zeit eine „Periode neuer Anpassung" war, wie die Soziologen es nennen. Im Gegenteil: Perioden der Anpassung sind in jeder Organisation und in jeder Lebensphase normal. Perioden großen sozialen Wandels kosten sicherlich viel Kraft und verlangen erhebliche, oft ständige Risikobereitschaft. Gleichzeitig vollzieht sich Veränderung normalerweise ohne große Einbrüche und fast immer rascher, als zunächst für möglich gehalten wurde. Nein, die

Unsicherheit, die zur Zeit in religiösen Gemeinschaften schwelt, hat ihre Ursache meines Erachtens darin, dass die Ansichten über das, was im Leben der Gemeinschaften notwendig erneuert werden muss, wenn die Glut in unserer Zeit wieder entflammen soll, weit auseinander gingen und zum Teil auch noch gehen.

Manche wollen, dass die Dinge mehr oder weniger so bleiben, wie sie früher vor dem Umbruch des Zweiten Vatikanums waren, und ihrer Ansicht nach auch definitiv „gut" waren. Sie wollen blühende Einrichtungen, solide Dienste, uneingeschränkte öffentliche Anerkennung, Unterstützung in der Kirche und Privilegien im Staat. Das ist für sie ein Ordensleben, wie es besser nicht sein kann und wie es sein sollte. Andere wollen ganz im Gegenteil, dass sich das Ordensleben völlig von der früheren Gestalt löst. Sie wollen persönliche Freiheit, völlige Unabhängigkeit, Autonomie der einzelnen Gemeinschaft und professionellen Dienst ohne persönliche Kosten oder öffentlichen Druck.

Die letzten 25 Jahre des Ordenslebens waren reich an Auseinandersetzungen jeglicher Form und Art zwischen diesen beiden Ansätzen der Erneuerung. Manche Gruppen haben vergeblich versucht, das Ordensleben aufrechtzuerhalten, wie es vor dem Zweiten Vatikanum war, oder es wiederzubeleben, indem sie das Gewohnte taten und besser taten. Einige dieser Gruppen existieren weiterhin und arbeiten effektiv, im Großen und Ganzen aber hat dieses Modell keine Kreise gezogen. Andere Gruppen haben einen Umbruch gigantischen Ausmaßes versucht. Alles und jedes, was dem Leben vor dem Jahre 1962 ähnelte, wurde renoviert, übermalt und als neuwertig verkauft – neue Pläne, neue Lebensstile, neue Dienste in der Hülle des Alten. Alte Dienste, alte Gebetsformen, alte Gemeinschaftsstrukturen haben sämtlich einen kosmetischen Anstrich bekommen – hier eine Gitarre, dort ein Ausschuss, hier ein Bündel neuer Kleider, dort eine Palette neuer Unternehmungen. Aber unter der äußerlichen Hülle hat sich in Wirklichkeit kaum etwas oder gar nichts verändert, außer natürlich, dass die Menschen, die das Ordensleben schon vor diesen Veränderungen für wirkungslos hielten, es jetzt überhaupt nicht mehr erkennen können.

Das Problem liegt darin, dass keiner der beiden Ansätze – weder die Neugestaltung der Vergangenheit noch ihre Übertünchung – der Situation angemessen ist. Uns liegt doch in der Tat ein Modell vor, das uns vor den Folgen beider Positionen warnt. Nach der Zerstörung des ersten Tempels von Jerusalem im Jahre 563 v. Chr. unternahm Israel alles Erdenkliche, um diesen Tempel in der alten Form wiederaufzubauen. Das Ergebnis war ein trübseliges Jammern nach den Tagen vergangener Herrlichkeit, ein armseliger Abklatsch einer großen Zeit, eine oberflächliche Beschäftigung mit einem grundsätzlichen Problem – alles nicht von Dauer.

Trotz seiner Erweiterung unter Herodes ging der zweite Tempel ebenso schnell zugrunde wie der erste, zerfiel wieder unter dem Druck der Verhältnisse, hatte nichts Neues zu bieten, was die jüdische Nation angesichts neuer Angriffe und fremder Herausforderungen hätte stärken konnte. Erst danach wandelte sich die Nation endlich grundlegend. Erst, als die Vergangenheit endgültig vergangen war, wurde das Volk des Landes das Volk der Schrift. Erst als der erneute Versuch ebenso kläglich wie der frühere Versuch scheiterte, das Opferwesen wieder zu institutionalisieren, wurde das Volk des Opfers das Volk des Wortes. Die Juden der Wüste wurden die Juden der Diaspora; eine auf ein einziges Volk begrenzte Religion erzielte Wirkungen über dieses Volk hinaus, die in der ganzen Welt ihre Spuren hinterließen.

Erst nach der Zerstörung des Tempels wurde das Zeugnis für den Gott Israels das Zeugnis für den Gott der ganzen Welt. Israel wurde von dem Ort vertrieben, wo es ansässig gewesen war und für immer bleiben wollte, und wurde ein Volk von Zeugen und Zeuginnen in der Zerstreuung.

Wenn das Ordensleben sich selbst je wieder treu sein will, dann ist es unvermeidlich, dass unsere Generation verstehen lernt, dass der erste Tempel dieses Lebens, das vorkonziliare Modell, untergegangen ist und dass der zweite Tempel, unser eigener, bis in die Grundfesten erschüttert ist. Es ist unvermeidlich, dass wir begreifen, dass wir zu einem erneuerten, noch tieferen Engagement aufgerufen sind als ehedem; dass wir herausgerufen sind aus der Abgeschiedenheit einer katholischen Welt in die Weite des ganzen Hauses Gottes; gerufen aus Frömmigkeitsübungen und Streben nach persönlicher Vollkommenheit zu inbrünstigem Gebet und zu den tiefgründigen Gehalten, die sich aus der Vision der Psalmen ergeben; herausgerufen aus Standesdenken zu christlicher Verantwortung; herausgerufen aus dem oberen Gemach, wo sich großmächtig, mutig und kühn dünkende Apostel versteckt hielten – und das Nachfolge nannten –, hinunter zu Füßen des Kreuzes. Dieses Mal ist klar und deutlich, dass wir nicht eher wieder zum Blühen kommen werden, ehe wir nicht dorthin gegangen sind.

Höchste Zeit, ein neues Volk zu werden

Wir können nicht allen Ernstes behaupten, in der Lage zu sein, ein neues Ordensleben aufzubauen, ehe wir nicht nach einer neuen Richtung Ausschau gehalten und uns entsprechend vorbereitet haben. Es ist jetzt zu spät, um auf den Trümmern des Alten ein neues Gebäude zu errichten. Es ist an der Zeit, wieder ein neues Volk zu werden. Es ist an der Zeit zu erkennen, dass es bei der Bildung von erneuerten Gemeinschaften und der Ausbildung künftiger Kandidatinnen und Kandidaten nicht um die Einführung einer Überfülle belangloser Veränderungen geht, so sehr sie uns auch helfen mögen, in der Welt mit Fleisch und Blut anwesend zu werden. Nein, die eigentliche Erneuerung des Ordenslebens hängt davon ab, dass diese Generation die neuen Ideale lebt und das Charisma in radikal neuen Weisen an neue Gott-erbärmliche Orte trägt.

Die Informationen sind vorhanden und sie lassen keinen Zweifel. Fachstudien über religiöse Gemeinschaften und Dienstleistungsorganisationen im Allgemeinen bestätigen, was Sozialpsychologinnen und -psychologen seit über einer Generation bei ihren Mitgliedern verfolgt haben, die von einer Flut von Veränderungen überrascht wurden: Ein Mangel an Rollenklarheit führt bei Institutionen in einer Übergangszeit zu einem Ansteigen des Normen- und Werteverlustes, zu Lustlosigkeit und dem Gefühl der Sinnlosigkeit bei den Mitgliedern. „Warum bin ich bloß gekommen?", fragen Menschen, die vor dem Zusammenbruch ihrer Normen und Werte stehen. Da es ihnen an überzeugenden Gründen mangelt, die ihre fortwährende Mühe des Ausharrens lohnen, verfallen sie in institutionelle Depression oder persönliche Verzweiflung. Die Folgen sowohl für die Institution wie für die Einzelnen sind ernst und wirken sich lähmend auf beide aus.

Ein Mangel an Rollenklarheit führt zu persönlicher Verdrossenheit. „Warum bleibe ich?", jammern sie. Die Menschen wissen nicht mehr, warum sie tun, was sie tun. Wozu? Zu welchem Ziel? Mit welchen Ergebnissen? Warum überhaupt? Mangel an Rollenklarheit führt zu Mittelmäßigkeit, zum Sinnverlust und zur Verfinsterung des Herzens. Er führt zu seelischem Unwohlsein, das die Umgebung vergiftet und das den Geist erschlaffen lässt, das das Lachen dämpft und die Kontinuität des Zeitablaufs zerstört und das mir erlaubt, mich mit einem bequemen Leben zufrieden zu geben, und mich in Versuchung führt, mich selbst – tief seufzend – aus allem heraus zu halten.

Walter Lippman schrieb: „Nur das Bewusstsein eines Zieles, das bedeutender ist als alles andere und allen Einsatzes würdig ist, kann die Seele stärken und beleben und befrieden." Antworten von gestern auf Fragen von heute reichen nicht mehr aus; alte Begründungen für neues Tun können Herzen in einer Welt voll neuer Probleme nicht mehr entflammen. Mit all ihrem Glanz kann die Vergangenheit kein Fundament für eine neue Generation von Ordensleuten abgeben, weil sie trotz ihrer früheren Größe das Bleiben im Orden nicht rechtfertigt, wenn die Umstände sich geändert haben. Die Arbeit, die gesellschaftliche Situation und selbst die Theologie des Ordenslebens sind heute anders als früher. Alles Mysteriöse ist verschwunden; nur das Evangelium ist geblieben.

Wenn die Welt um uns herum hungert, vor unseren Augen stirbt, von Militäretats und den Schulden der Dritten Welt aufgefressen wird, ist es kaum an der Zeit, über eine Armut zu reden, die Symbolwert hat, aber absichert, eine Keuschheit, die uns isoliert, und einen Gehorsam, der sich uns anpassen heißt. Es ist exakt unsere Sicherheit, die uns das Leben raubt, unsere Isolation, die uns vom Evangelium fern hält und unsere Willfährigkeit, die uns zu fügsamen Helfershelfern und -helferinnen unterdrückender und ungerechter Systeme macht. Wir haben gerade die Gelübde, die uns befreien sollten, in institutionelle Annehmlichkeiten verdreht, die uns nun ihrerseits mit Blick auf Wirtschaftsnormen, steril gemachte Gesellschaftsschichten und patriarchale Systeme versklaven, für die wir laut eigener Aussagen Zeichen des Widerspruchs sein sollen.

Über Berufungen und Ausbildung, nicht aber über eine törichte Lebensführung zu sprechen bedeutet, dass uns der Wiederaufbau des Tempels wichtiger ist als das Leben nach der Tora. Es gibt für uns wie für das auserwählte Volk große Fragen – sieben insbesondere –, denen wir uns in diesem Übergang vom Tempel zur Tora stellen müssen. Wir müssen sie angehen, ansonsten ist die Zukunft des Ordenslebens bereits entschieden und schon gestorben.

Lebensfähigkeit

Zunächst haben wir uns der Frage nach der Lebensfähigkeit innerhalb der Orden zu stellen. Eine Gemeinschaft ist nicht lebensfähig, nur weil sie mit Veränderungen herumexperimentiert. Zu viele Gemeinschaften haben sich verändert, nur um zu überleben, und dann, als sich der Preis abzeichnete, den die Gemeinschaft für diese Veränderung zu zahlen haben würde, aus dem gleichen Grund aufgehört, sich zu verändern. Sie haben sich ohne theologische Überzeugung oder spirituelles Bewusstsein verändert. Sie haben sich verändert, dabei aber weder Lebenskraft noch bewusste Zielsetzung erneuert, die für Leben spendende Veränderungen erforderlich sind. Veränderung um ihrer selbst willen ist leichtfertig. Veränderung um des persönlichen Wohlergehens willen ohne öffentliche Relevanz ist bedeutungslos. Nur eine Veränderung, die uns ermöglicht, die Welt um des Evangeliums willen zu ändern, kann die Herzensmitte eines Ordensmitglieds ganz und gar erfüllen.

Religiöse Gemeinschaften haben zahlreiche äußerliche Veränderungen im Lebensstil ihrer Mitglieder vorgenommen – ein notwendiger Bestandteil jener Erneuerung, die das Zweite Vatikanum initiierte, als es Ordensleute dazu aufrief, die Bedürfnisse der Mitglieder, den Geist der Stifterin oder des Stifters und die Zeichen der Zeit zu prüfen. Doch taten sich die Ordensgemeinschaften anscheinend viel schwerer damit, diese neuen Formen mit jenem heiligen Sinn zu füllen, der notwendig ist, um Veränderungen sowohl geistliche Tiefe als auch Akzeptanz zu verschaffen. Als Folge davon haben zu viele Ordensmitglieder die Beziehung zwischen den Tugenden der Vergangenheit und den Tugenden der Gegenwart nicht begriffen. Ordensleben ist nur lebensfähig, wenn es der Mühe wert ist, und es ist nur dann der Mühe wert, wenn es für seine Mitglieder in geistlicher Hinsicht verlockender erscheint, im Orden zu bleiben als auszutreten. Ohne ein deutlich definiertes und demonstriertes geistliches Element wird Ordensleben täglich fragwürdiger.

Als die Erneuerungsbewegung einsetzte, bangten ältere Mitglieder um den Verlust der geistlichen Elemente ihres Lebens, während jüngere Mitglieder den Verlust der sozialen Dimension befürchteten. Es ist an der Zeit, beide Elemente wieder zu vereinen.

Statt dessen gingen viele Gemeinschaften bis zu einem bestimmten Punkt und nicht weiter. Sie veränderten sich äußerlich ein wenig, ein wenig spirituell, aber es gelang ihnen offenbar nicht, beides miteinander zu verbinden. Sie legten zwar die alte Ordenstracht ab, konnten jedoch nicht von gewohnten Diensten und Geisteshaltungen lassen. Viel zu häufig wurden Hochschulen, Krankenhäuser und Akademien nicht geschlossen. Die Triebe des Weinstocks starben am Stamm ab. Die Mitglieder der Orden wurden Tag für Tag älter und unfähiger, ihre Energie auf etwas Neues zu richten. Mit anderen Worten: Sie setzten den vom Absterben bedrohten Diensten kein Ende, um neue, notwendigere auf den Weg zu bringen. Sie schauten zu, während die Dienste, die einst einzigartig und überschäumend, mittlerweile jedoch ermattet und auf Routine beschränkt, unter ihren Füßen wie Eisschollen in der Wüste dahinschmolzen. Die Folge davon war, dass eine neue Generation auf der Suche nach Möglichkeiten, sich den neuen Anliegen ihrer Zeit jetzt zu widmen, gutwillige Menschen antraf, die Altgewohntes taten, anstatt dass sie auf risikobereite Menschen stießen, die neue Tätigkeiten verrichteten, die aktuell getan werden mussten. Junge Menschen suchten deshalb anderswo nach Möglichkeiten, um ihrer Berufung zur Mitschöpfung der Welt nachzukommen.

Folglich lautet die Frage heute nicht, ob diese alte Form sterben wird. Die alte Form ist schon seit Jahrzehnten tot. Die einzige Frage lautet heute: Wobei wollen wir angetroffen werden, wenn der Tod uns holt: bei dahinsiechenden Werken des vergangenen Jahrhunderts oder bei sich aufschwingenden Werken des kommenden? Es geht nicht mehr um Fantasie, die – wie in den sechziger Jahren – nötig wäre, um die Rolle der Ordensleute in einer neuen Gesellschaft neu zu definieren. Nein, die Nöte der Menschen sind übersehbar: Obdachlosigkeit, ökologisches Experimentieren, Hunger, Frieden, AIDS, Globalismus, die neue Weltordnung, Ethik, Lebensstil, alternative Bildungsprogramme, Gastfreundschaft, Feminismus und der Bedarf an Spiritualitätsprogrammen, die die Armut an Geist – selbst in den Kirchen – thematisieren. Was heute vonnöten ist, ist die spirituelle Intensität, die – so alt wir auch sind und so begrenzt wir uns auch fühlen – falls erforderlich ganz von vorn beginnt, jene Werke aufzubauen, die in unserer Zeit gebraucht werden, nicht weil sie neu sind, sondern weil sie für das Wohl unserer Gesellschaft und für unsere eigene spirituelle Integrität heute notwendig sind.

Welche Ausbildungsprogramme bereiten Gemeinschaften darauf vor, diese neuen Bedürfnisse zu befriedigen? Ein Ausbildungsprogramm, in dem nicht verlangt wird, dass wir den Armen umsonst dienen, das den Fragen der Zeit kein Gehör verschafft, das sich nicht mit der Befreiungstheologie, der Ökumene und dem Feminismus identifiziert, dient der Lebensfähigkeit nicht. Das Ordensleben wird erst dann lebensfähig, lohnend und authentisch sein, wenn es dazu beiträgt, die Herrschaft Gottes dorthin zu bringen, wo Gottes Gegenwart heute schmerzlich vermisst wird. Wenn das Ordensleben zum Denkmal seiner selbst wird, ist es nicht lebensfähig, selbst wenn es weiterhin existiert. Die Geschichte zeigt es nur zu deutlich: ein wahres Kaleidoskop von Gemeinschaften, die kamen und gingen, weil sie sich angesichts neuer Bedürfnisse an alte Formen klammerten.

Der grundsätzliche Wert des Ordenslebens

Zweitens müssen wir uns mit dem Wert des Ordenslebens an sich auseinandersetzen. „Warum soll man in einen Orden eintreten?", fragen die Menschen, gelegentlich auch Ordensmitglieder selber. „Heute tun doch Laien das, was Ordensleute früher getan haben." Diese Frage beantwortet sich von selbst.

Die eigentliche Frage lautet: „Warum soll man nicht in einen Orden eintreten?" Manchen Menschen weist das Ordensleben den Weg, der sie am sichersten zu dem führt, was sie an Großartigem und Geisterfüllten zu leisten in der Lage sind. Es ist kein besserer Weg, es ist kein wertvollerer Weg als andere Wege. Für manche Menschen jedoch ist es der einzige Weg, zutiefst vom Willen Gottes, seinem Geist, seiner Herrschaft erfüllt, lebendig zu werden.

Das Ordensleben verspricht ein Leben, das, von der Heiligen Schrift durchdrungen, wie ein Komet am Himmel gegen die herzlosen und lieblosen Interessen der Welt gesetzt wird. Das Ordensleben gründet einen Chor von Suchenden, die inmitten eines Überflusses, der Armut bewirkt, und inmitten einer Macht, die Machtlosigkeit bewirkt, einstimmig rufen: „Schluss mit der Entrechtung. Schluss!"

Das Ordensleben bietet eine Plattform für spirituell zielbewusste Menschen, die den vom Reichtum geblendeten Reichen entgegentreten und die menschenunwürdig Verarmten, die wegen ihrer Armut verzweifeln, unterstützen und in ihrem Namen rufen: „Mehr, diese brauchen mehr."

Das Ordensleben ist eine Gegenströmung in dieser Zeit, die einen Weg weist, wo es keinen Weg für Menschen gibt, die ganz auf sich gestellt mit wenig Anleitung und mit begrenzter Unterstützung das gleiche intensiv spirituelle Ziel anstreben. Es ist Aufgabe des Ordenslebens, Gruppen zu gründen, deren Lebensstil so authentisch, so inspirierend ist, dass andere an ihrem Beispiel ablesen können, dass dieser Weg möglich ist, und dass sie Mut fassen, ihn zu gehen. Durch ihre Existenz bestärken Ordensleute Menschen, die versuchen, genau so ein Leben nach dem Evangelium zu leben, in ihrer Umgebung jedoch alleine stehen. Religiöse Gemeinschaften bieten denen, die von den Stürmen des Lebens überrascht werden, einen rettenden Hafen an. Sie leben so in der Welt, dass die höchste Seinsqualität nie vergessen werden kann, und – standhaft in der Mitte des Unwetters aushaltend – flößen sie vielen Mut ein.

Solange die menschliche Seele nach der Wahrheit des Lebens, nach dem Unfassbaren ausgreift und solange Ordensleute in der spirituellen Dimension des Lebens verwurzelt bleiben, solange wird sich das Ordensleben für alle – innerhalb wie auch außerhalb der Orden – lohnen.

Ein Ausbildungsprogramm, das Menschen nicht im Hinblick auf die Geschichte der Spiritualität, die gesellschaftliche Rolle und die dienende Funktion des Ordenslebens – gleichgültig in welcher Ausprägung –, nicht in

Gebet und Kontemplation und spiritueller Reflexion in einer durch und durch materialistischen Welt schult, wird bestenfalls eine unfruchtbare Hierarchie von Pseudo-Schamanen zustande bringen – wenn es überhaupt etwas zustande bringt.

Die Institution Kirche

Drittens müssen wir uns der Frage nach der Institution Kirche stellen. Es ist wichtig, daran zu erinnern, dass Spannungen mit der Kirche eine historisch verbürgte Tatsache in der Entwicklung religiöser Gemeinschaften darstellen. Wenn Ordensleute tun, was von ihnen in Kirche und Gesellschaft zu tun erwartet wird – neue Dienste angehen, neue Fragen stellen, neue Rollen entwickeln –, entstehen unvermeidlich Spannungen zwischen denen, die die Tradition wahren, und denen, die sie weiterentwickeln.

So wollte die offizielle Kirche keine Ordensfrauen auf der Straße dulden, nicht einmal, um die Hungernden zu speisen. Fragen Sie Mutter McAuley. Sie wollte auch nicht, dass Frauen in der Krankenpflege arbeitete, nicht einmal, als Männer auf den Schlachtfeldern starben. Fragen Sie die Sisters of Charity of Nazareth in Kentucky. Sie wollte nicht, dass Frauen Jungen unterrichteten, nicht einmal Jungen im Kindesalter. Fragen Sie Benedicta Riepp und die Benediktinerinnen. Und noch vor 35 Jahren wollte sie nicht, dass Frauen gemeinsam mit Männern in Theologie unterrichtet wurden. Fragen Sie Schwester Madeleva und die Sisters of the Holy Cross, die das erste Programm zur Erlangung eines theologischen Grades für Frauen erst in dieser Generation eingerichtet haben.

Ordensschwestern haben all das getan trotz der Widerstände der Kirche und sie haben nie aufgehört, an neue Nöte zu denken – damals wie heute –, ungeachtet der ihnen angedrohten Gefahr für ihre unsterblichen Seelen, weil sie über die kanonischen Stränge schlugen, ihre Konvente verließen und hinaus ins Leben gingen. Die Grenzen der Institution zu sprengen ist eindeutig eine Aufgabe des Ordenslebens. Die Dokumente des Zweiten Vatikanums nennen es „die prophetische Dimension". Die kirchlichen Bürokraten nennen es oft „Ungehorsam". So wurden die meisten Hilfsangebote, die heute im offiziellen katholischen Verzeichnis einer Diözese voller Stolz als „Diözesanangebote" aufgelistet werden – Armenküchen, Zentren für Frieden und Gerechtigkeit, Obdachlosenheime, Frauenhäuser, AIDS-Hospize, Flüchtlingszentren, Zentren für Spiritualität – durchweg nicht von den Diözesen selbst, sondern von Ordensschwestern, von denen viele unabhängig handelten, während der letzten 25 Jahre ins Leben gerufen und das in einer Zeit, in der das Ordensleben im Aussterben begriffen war. Wenn dem so ist, dann gibt es noch viel Leben in diesem Tod. Und diese Dienste wurden eingerichtet, während Ordensschwestern getadelt wurden, weil sie nicht in Schulen und nicht in Tracht waren.

Mit anderen Worten: Ordensleute sind Menschen, die etwas verändern. So ist die Botschaft deutlich: Die Spannungen werden selbstverständlich anhalten, wenn Ordensleute weiterhin tun, was getan werden muss. Es ist genau der Widerstand, auf den wir sie vorbereiten müssen. Programme, die nicht über den historischen Kampf zwischen

Charisma und Institution informieren, werden der kommenden Generation von Ordensleuten nicht dabei helfen, jenen Mut zu entwickeln, den sie brauchen, um das Charisma des Ordens vor den Institutionen der Kirche zu behüten. Gerade wenn wir brave Kinder der Mutter Kirche werden, könnten wir Gefahr laufen, auch ihre unerwachsenen Kinder zu werden – liebevoll und liebenswert vielleicht, aber gleichzeitig abhängig und erschreckend arm an Fantasie; offen gegenüber aller Führung, gleichzeitig aber dem Heiligen Geist gegenüber verschlossen. In einer Zeit, die das gewohnte „So war es immer schon" längst hinter sich gelassen hat, müssen wir wieder lehren, dass Ordensleute dazu da sind, die Kirche aufzurütteln.

Die Frauenfrage

Viertens müssen wir uns der Frauenfrage und ihren Auswirkungen auf das Ordensleben stellen. Der Feminismus ist keine politische Ideologie, die auf einem weiblichen Chauvinismus beruht. Der Feminismus ist eine neue Sicht des Lebens, die für Männer wie für Frauen gilt. Er ist eine völlig andere Weltanschauung, eine Weltanschauung, die weibliche Werte schätzt – Gleichberechtigung, Beziehungsfähigkeit, Leben, Schöpfung, Gewaltlosigkeit – und sie für genau so wichtig für wahre Menschwerdung und für die entscheidungsfindenden Prozesse findet wie männlichen Prioritäten. Der Feminismus lehnt Herrschaft in jeder Form ab. Er misstraut der Begrenztheit einer Theologie, die Gott männlich nennt, und er ruft uns zurück zu dem Gott, der reiner Geist, ganz Sein, gänzlich Leben ist. Er rebelliert gegen die Schändung der Erde, die Schändung des Geistes, die Schändung der Seele und die Schändung des Körpers, die auch im Namen von Ehe und Gehorsam geschehen, legitimiert von einer Tradition, die nur deshalb Tradition ist, weil es nicht im Interesse der Mächtigen liegt, sie zu verändern.

Feminismus beeinflusst den Dienst, die Theologie und die Spiritualität von allen – Frauen oder Männern –, die sich seiner bewusst werden. Es wird nicht mehr lange dauern, bis beide, Frauen und Männer, ein Ordensleben ablehnen, das seinen beträchtlichen Einfluss, seine Bildung und seine gemeinschaftliche Macht nicht nutzt, um gegen die Entwürdigung von Frauen überall, in der Kirche wie im Staat, anzugehen. Wir müssen Frauen wie Männer zum Feminismus anleiten. Jedes Noviziat im Land muss die Lage von Frauen weltweit verdeutlichen, die theologischen Widersprüche, die der kirchliche Chauvinismus erzeugt, aufzeigen, vor der Gefahr des institutionalisierten Männlichkeitswahns für die Welt eindringlich warnen und vor dem Verlust der Glaubwürdigkeit in einer Kirche, die Gleichheit predigt, aber nicht praktiziert.

Von allen Fragen, die sich dem Ordensleben stellen, ist der Feminismus mit Sicherheit die verschleierteste und gefährlichste, da sie uns am stärksten mit dem Lauf der Zeiten in Konflikt bringt. Wenn wir wollen, können wir als Kirche und als Gemeinschaften alle, wenn wir wollen, die Augen verschließen, uns in unsere Habite hüllen oder auch den weiblichen Anteil in einem patriarchalen System übernehmen. Sollten wir das tun, wird es nicht lange dauern, bis dem Ordensleben das eigene sexistische Desaster zum tödlichen Verhängnis wird.

Neue Dienste

Fünftens müssen wir uns der Frage nach neuen Diensten stellen. Wenn wir unser Ordensleben ernst nehmen, müssen wir für die Menschen da sein, für die Jesus da war: die Aussätzigen, die Ausgestoßenen, die Frauen, die Sünder und Sünderinnen, die lebenden Toten. Für unsere Zeit heißt das: die Obdachlosen, die Prostituierten, die Armen, die Unsichtbaren, die Ungewaschenen, die Aufdringlichen, die Ungehobelten, die Verzweifelten. Ordensleute können selbstverständlich mit den Reichen und Mächtigen gemeinsame Sache machen, aber nur dann, wenn sie dort für die Armen und Enteigneten Fürsprache einlegen, wie Jesus es im Haus des reichen Mannes tat. Das ist keine leichte Aufgabe. Wenn religiöse Gemeinschaften es verdienen wollen, im nächsten Jahrhundert zu existieren, wie sie im letzten Jahrhundert existiert haben, dann müssen sie sich deutlich und gemeinschaftlich zu den Bedürfnissen der Armen bekennen. Religiöse Gemeinschaften müssen nicht nur einzelne Mitglieder dazu ermutigen, neue Dienste zu entwickeln, sondern auch als Gemeinschaften neue Formen des Dienstes entwickeln.

Ordensleute müssen sich fragen, wofür sie sich als Gemeinschaften engagieren und wer darüber informiert ist. Als sie für Bildung, Gesundheitsfürsorge und die Betreuung bedürftiger Kinder eintraten, wussten alle davon. Als sie für die Etablierung katholischer Dienste in staatlichen Systemen eintraten, nannte das niemand politische Einmischung, und alle nahmen ihre Präsenz wahr. Religiöse Gemeinschaften waren Bollwerke gegen Unwissenheit, Analphabetentum, Krankheit, Kindesaussetzung und Säkularisation. All unsere Ressourcen waren auf diese Anliegen ausgerichtet. Jetzt haben wir die am besten ausgebildeten Gruppen der Welt, von denen zwar jedes Mitglieder einzeln mit beruflich exzellenter Qualifikation da steht, während die Gemeinschaft als Ganzes mit ihrem Potential fast unsichtbar geworden ist. Erst wenn wir unsere kollektive Kraft für die spezifischen Probleme und die sozialen Fragen unserer Zeit einsetzen, für Veränderungen eintreten und selbst neue Antworten vorleben, ist die Frage, warum wir uns bemühen, gemeinsam weiterzumachen, sowohl berechtigt als auch bedeutsam. Von Sozialpsychologinnen und -psychologen hören wir, dass Menschen einer Gruppe beitreten, um gemeinsam das zu tun, was sie allein unmöglich schaffen können. Vielleicht versuchen wir, jede und jeder von uns, zu vieles allein zu tun, anstatt als Gemeinschaft anzupacken. Möglicherweise haben wir, nach der Aufgabe unserer institutionellen Dienste, den erfolgreichen Übergang zu einem neuartigen kollektiven Zeugnis nicht geschafft, indem wir jeden einzelnen Dienst auf ein gemeinsames Thema konzentrieren – Armut, Frauen, Frieden, Hunger, Ökologie, Ökumene –, was das Charisma des Ordens in der heutigen Gesellschaft am besten widerspiegelt.

Eine Gemeinschaft ohne ein kollektives Engagement hat tatsächlich nichts anzubieten, worauf hin sie Menschen formen könnte. Warum sollten wir das Leben eines Menschen ohne gute Gründe in Dienst nehmen? Religiöse Gemeinschaften müssen überall in der Gesellschaft, auf jeder Ebene und durch jedes einzelne Mitglied – wo immer es auch ist und was immer es auch tut – die weißglühende Hitze des Charismas einer Gemeinschaft in einer großen, gemeinsamen Überzeugung und einer einzigen, klar zu Tage tretenden Herzensbewegung für die schwierigen, verstörenden Fragen der Zeit freisetzen. Wofür sollten die Charismen in unserer Zeit denn sonst da sein?

Es geht nicht mehr darum, alte Gebäude für neue Arbeitsformen umzubauen. Es geht zunächst darum zu wissen, welchen Teil der Herrschaft Gottes wir gerade im Begriff sind zu verwirklichen – ob mit Gebäuden oder ohne; danach erst muss jede und jeder von uns für ihre Entstehung Sorge tragen, wo immer wir auch sind. Wir müssen uns für ein kollektives Engagement rüsten.

Spiritualität

Die sechste gewichtige Frage für das Ordensleben heute ist die Frage der Spiritualität. Zweifellos können alte Formen von Spiritualität, die aus negativer Askese, rigiden Arbeitsplänen, völliger Abgeschiedenheit und kindhafter Fügsamkeit gegenüber Konventionen einer Organisation bestehen, nicht die spirituellen Erwachsenen formen, die wir brauchen, um dort neue Weisen des Mitlebens zu entwickeln, wo Not herrscht: in den Barrios, auf den Straßen, in Frauenhäusern, in den Gerichtssälen, in städtischen Ausschüssen, bei Anhörungen im Kongress, bei den Einsamen, an militarisierten Grenzen, bei den Flüchtlingen, bei den Armen in den Städten, in Zeitungen und Fernsehstudios, die uns ermächtigen, laut und deutlich Nein zur Unterdrückung und Ja zur Herrschaft Gottes zu sagen. Eine auf das Private beschränkte Spiritualität genügt nicht. Umfassende Spiritualität ist unbedingt erforderlich. Ein tiefes und regelmäßiges Gebetsleben tut Not. Unterstützung durch eine spirituelle Gemeinschaft ist vielleicht dringlicher als je zuvor.

Ein Ausbildungsprogramm, das Arbeit mit Gebet verwechselt, gute Absichten mit spirituellem Leben, Berufstätigkeit mit Engagement, wird den Einsturz einer ordentlichen Struktur nur noch beschleunigen, die durch den täglichen Druck unübersehbarer Misserfolge und durch die quälende Langsamkeit sozialen Wandels brüchig geworden ist. Wer weiß, wie viel Unterdrückung und Böses durch die vielen Stunden der Arbeit, die wir tun, gemildert wird? Aber das ist unwichtig. Wichtig ist nur, dass wir weitermachen, angetrieben vom Evangelium, durchdrungen von der Heiligen Schrift, belebt vom Feuer der Gerechtigkeit und getragen vom Gebet. Spiritualität feuert die Seele an durch den Geist, der fortwährendes Engagement ermöglicht.

Alte und neue Werte

Die siebte Frage, mit der sich das Ordensleben heute auseinander setzen muss, ist die nach den Werten. Wir müssen damit beginnen zu begreifen, dass die Tugenden, die wir heute von Ordensleuten erwarten, genauso heiligend, asketisch, gottgefällig sind wie all die Tugenden, die früher von uns erwartet wurden. Die religiöse Disziplin ist nicht verweichlicht; religiöses Leben ist authentisch geworden – wahrhaft erwachsen, wahrhaft anspruchsvoll, wahrhaft evangeliumsgemäß. Das Ordensleben unserer Zeit fordert von uns eine authentische Reaktion auf das Heute.

Schweigen, Fasten, blinder Gehorsam, Konformität, regelmäßiges gemeinsames Gebet und Unsichtbarsein des Persönlichen – allesamt Eckpfeiler im Zeichen der Dienste, der persönlichen Heiligung und der gemeinschaftlichen Askese im Ordensleben vor dem Zweiten Vatikanum – müssen jetzt Tugenden Platz machen, die der Entwicklung förderlicher und herausfordernder sind: Kontemplation, Risikobereitschaft, Vertrauen, Bekehrung, Gerechtigkeit, Liebe, persönliche Verantwortung, Treue zu dem Gesetz, das über den Gesetzen steht, Tiefe, Feminismus und Globalismus. Ich bin fest davon überzeugt, dass es diese Tugenden sind, die die Glut bewahren, die das Feuer schützen und die Flamme eines neuen Ordenslebens in unserer Zeit entfachen. Diese in erster Linie und vor allem. Der Privatismus hat ausgedient. Die Welt heute ist viel zu komplex für eine Spiritualität, die die Erde nicht umspannt und die zu oberflächlich ist für das Geheimnis, das uns allen überallhin begleitet.

Wir müssen im Geist gründen, um durch die Dunkelheit gehen zu können und um nicht aufzugeben. Sonst wäre der lange, schwierige Weg vor uns viel zu weit und wir hätten Erfolg mit Engagement verwechselt. Wir müssen unser Leben auf dem Gebet aufbauen, damit das geistliche Leben ins physische Leben überfließen, uns in den Toden, die wir sterben, stärken und uns in schweren Zeiten auf neue Gipfel empor tragen kann. „Der Sinn des Gebetes, meine Töchter, sind gute Werke, gute Werke, gute Werke“, sagte Teresa von Avila immer wieder. Wenn uns das Gebet nicht führt und stärkt und unsere furchtsamen Herzen aufbricht, sind gute Werke in einer Zeit nicht möglich, in der eine Ära zu Ende geht und eine neue – vorerst schemenhaft, vielleicht wie ein Mythos – noch nicht begonnen hat. Ohne gute Werke stößt das Gebet auf taube Ohren.

Lebensfähigkeit, Sinn, Charisma, Feminismus, Dienst und Gebet sind die Ansatzpunkte für die Gestaltung des Ordenslebens in unserer Zeit. Wenn fast eine Milliarde Menschen in der Welt Analphabeten und zwei Drittel davon Frauen sind, wie können wir dann Menschen für das Ordensleben qualifizieren und sie nicht zur Gleichberechtigung erziehen? Wenn der Kapitalismus in diesem Land – den USA – von Tag zu Tag unmenschlicher wird, wie können wir dann Ordensleute ausbilden und nicht zur Gerechtigkeit erziehen? Wenn die Erde bis zur Vernichtung vergiftet wird und Ordensleute selbst nichts wiederverwerten, sich nicht mit Ökologie befassen, wie können wir dann Ordensleute bilden, ohne sie auf den Globalismus vorzubereiten? Wenn Waffen und nicht Weizen der Hauptexport des Landes sind, das wir den Wächter der Freiheit nennen, wenn wir uns weigern, ein Wohlfahrtsstaat zu werden und statt dessen aus uns einen Kriegsstaat machen und noch nicht einmal den Anstand besitzen, dabei rot zu werden, wie können wir dann Ordensleute sein und uns nicht zum Frieden erziehen?

Wir brauchen Ausbildungsprogramme, die uns in den Stand versetzen, den Armen zu dienen, ihnen Schulbildung zu vermitteln, sie zu ermächtigen, für sie einzutreten und die Zusammenhänge aufzuzeigen, die das erbarmungswürdige Leben der Armen demaskieren. Wenn die Welt, in der wir leben, in irgendeiner Weise Maßstab für die Gültigkeit unserer Bindung an das Evangelium sein soll, dann müssen diese Fragen die Grundlagen der religiösen Berufung und der Qualifizierung zum Ordensleben sein. Keine von ihnen kann auf Handbücher und auf das Studium der Konstitutionen reduziert werden. Alle müssen im Leben der Gemeinschaft selbst lebendig sein. Dann wird das Ordensleben das Leben Jesu sein, dessen abgerissener Tempel in Herrlichkeit wieder auferstand.

Ordensleute unserer Zeit müssen für ein Ordensleben ausbilden, das die Institutionen nutzt – vielleicht –, das aber nicht durch sie definiert wird. Wenn die rückläufigen Dienste der jüngsten Vergangenheit überhaupt ein Signal sind, dann dafür. Wir müssen ein Volk werden, das Jesus nachfolgt, der, als er auf dem Weg war, einen Tempel zu reinigen, von Galiläa nach Jerusalem ging, die Unreinen berührte, mit Sünderinnen und Sündern verkehrte, mit Lehrern stritt, den Hungernden Nahrung gab, die er selbst nicht hatte, mit den Reichen um der Armen willen sprach und auf Anhöhen, in Synagogen und inmitten der Wüste betete. Wir sollen nicht mit Lappalien Geschäfte machen, um den oberflächlichen und leeren Zierrat der Religion um jeden Preis aufrechtzuerhalten.

> Eine Geschichte erzählt uns von drei Mönchen, die im morgendlichen Dunkel in einer Kapelle knieten. Der erste glaubte, Jesus zu sehen, wie er vom Kreuz herabstieg und mitten in der Luft vor ihm verharrte. „Endlich weiß ich“, sagte er zu sich, „was Kontemplation ist.“ Der zweite fühlte, wie er aus seinem Chorstuhl empor gehoben wurde. Er schwebte über seinen Mitbrüdern und betrachtete eingehend das Holzgewölbe der Kirche. Dann landete er wieder an seinem Platz im Chor. „Ich bin mit einem kleinen Wunder gesegnet worden“, dachte er, „aber in aller Demut muss

> ich es für mich behalten." Der dritte spürte, wie seine Knie wund und seine Beine schwer wurden. Seine Gedanken schweiften umher, bis sie bei dem Bild einer köstlichen Frikadelle, die reichlich mit Zwiebeln und Gurken garniert war, hängen blieben. Da sagte der Gehilfe des Teufels seinem Meister: „So sehr ich mich auch anstrenge, ich schaffe es einfach nicht, den dritten Mönch in Versuchung zu führen."

Die Pointe ist klar: Falsche Heiligkeit verrät uns. Die Welt braucht keine Ordensleute, die in Wolken und in Verborgenheit leben und die darauf aus sind, sich hinter pseudospirituellen Worthülsen zu verstecken. Die Welt braucht Ordensleute, die um anderer willen in dieser Welt gut und richtig leben.

Das Ziel fest im Auge

Um heute Berufungen zu suchen, um heute für das Ordensleben zu qualifizieren, um heute ein prophetisches Ordensleben zu schaffen, müssen wir für eine zielstrebige Konzentration, nicht für einen frommen Perfektionismus ausbilden. Wir müssen für eine schrankenlose Sorge, nicht für einen pathologischen Individualismus im Namen der Selbstverwirklichung ausbilden. Wir müssen für Risikobereitschaft, nicht für soziale Anerkennung, nicht für gemeinschaftliche Gleichförmigkeit ausbilden. Wir müssen für Gesellschaftskritik ausbilden, für eine glühende, brandmarkende Konfrontation mit jedem System, das die Armen arm macht und arm hält, das Gerechtigkeit predigt, aber Unterdrückung praktiziert, das vom Willen Gottes spricht und sich selbst zum Willen Gottes macht. Wir müssen für die Gründung von Gemeinschaft außerhalb der unsrigen, für die Schaffung einer Gemeinschaft von Fremden in einer globalen Welt ausbilden. Wir müssen mit Blick auf eine Genügsamkeit ausbilden, die davon ausgehen kann, dass genug vorhanden ist, und nicht für eine Armut, die zwar auf „Erlaubnissen" beruht, aber niemals echte Not leidet und die in Wahrheit sehr, sehr abgesichert ist. Wir müssen in einer Welt voller Businesskostüme und -anzüge für „Heuschrecken und Honig" ausbilden. Wir müssen für ein freiwilliges Sich-zurück-Nehmen, für eine Loslösung vom System, nicht aber für Vorrechte im System ausbilden. Wir müssen für das Prophetische anstelle des blinden Gehorsamen, für das Pastorale statt des kirchlich Korrekten ausbilden. Wir müssen für prophetische Präsenz, nicht für eine institutionelle Entwicklung, die uns vom Leben anderer isoliert, ausbilden. Wir müssen für die Tora statt für einen Tempel ausbilden, der schon längst dahin und verrottet ist.

In Wirklichkeit haben wir keine Krise der Berufungen. Gott versäumt es nie, „das Volk zu trösten". Nein; wir haben eine Krise bezüglich der Spiritualität und der Sinngebung des Ordenslebens. Kein Berufungskonzept der Welt kann diese Mängel beheben.

Können wir diese Mängel beheben? Kann ein Ordensleben wieder zum Leben kommen, das durch Wandelsprozesse bis in seine Grundfesten erschüttert wurde? Ja, ohne Zweifel. Diese Ära spricht für sich selber. Wir tun es ja bereits seit 30 Jahren mit wenig Billigung, begrenzter

Akzeptanz, verhaltener Anerkennung und mit wenig mehr Absicherung als der des Evangeliums. Die Ergebnisse sind deutlich: Wenn unser eigenes Herz Feuer und Flamme ist, ist keine Mühe zu groß und keine Anstrengung schlägt fehl.

16. ZUM SCHLUSS: FEUER UND FLAMME SEIN

Die Iren pflegen einen Brauch, der mit *grieshog* in Verbindung steht. Neben dem Bedecken der letzten glühenden Kohlen des Tages unter der kalten Asche, um das Torffeuer des nächsten Tages schnell zu entzünden, hüten sie das Feuer auch beim Wechsel des Wohnortes. Wenn junge Frauen und Männer heiraten oder Familien umziehen, nehmen sie eine glühende Kohle der alten Feuerstelle, um das erste Feuer in der neuen zu entfachen. Die Iren wissen, dass kein Feuer ewig brennt, dass ein neues Feuer irgendwoher kommen muss, dass ein Feuer die belebende Mitte des Hauses ist, dass die Feuer, die uns früher gewärmt haben, es wert sind, uns auch in Zukunft zu wärmen. Mit anderen Worten: Sie nehmen etwas von der alten Feuerstelle mit, um den Charakter des Feuers in der neuen zu prägen. Das Ordensleben muss heute das Gleiche tun, wenn wir dem neuen Jahrhundert das Beste aus dem vergangenen Jahrhundert weitergeben wollen.

Wir haben die Tugenden der Vergangenheit nicht verloren; wir haben sie lediglich zu den für unsere Zeit notwendigen Tugenden umgeformt. Jetzt müssen wir sie uns zu Eigen machen, uns durch sie formen lassen und sie voller Stolz leben. Am Ordensleben wird dadurch heute kein Verrat begangen; es ist ein Leben, das unter den schwierigsten Bedingungen mit den besten Motiven und sehr weitreichenden, hervorragenden Ergebnissen wieder aufgenommen wird. Ordensleute heute haben die Städte der Welt mit neuen Diensten, einer neuartigen Präsenz, einer neuen Stimme, mit unermüdlicher Energie, unerschütterlichem Vertrauen und mit großem persönlichen Einsatz wiederbelebt. Die Geldgeber und -geberinnen verschwanden, Kritikerinnen und Kritiker zogen sie in den Schmutz, Mitgliederzahlen gingen zurück und in manchen Fällen ließ selbst die Kirche die Ordensleute im Stich, weil sie, ironischerweise, auf Geheiß der Kirche dem Geist in die Zukunft folgten statt geistlos in der Vergangenheit zu verharren. Ist nun der Übergang vollzogen? Ganz und gar nicht. Vom Gipfel des Berges an Entscheidungen, den wir erklimmen müssen, trennen uns noch Meilen. Aber der Weg ist jetzt deutlicher. Es zeichnet sich eine Gestalt von spiritueller Kraft ab, der die Fortschritte der jüngsten Erneuerungsperiode zu verdanken sind und die, wenn die Gemeinschaften insgesamt sie als das erkennen, was sie ist, sogar weit mehr Vitalität in der Zukunft verspricht. Meiner Meinung nach liegt das letzte Hindernis darin, dass wir dem Vergangenen weiterhin nachtrauern und die deutliche spirituelle Kraft der Gegenwart übersehen. Das Ordensleben hat jetzt die Möglichkeit, stärker Ordensleben zu sein, als es sich es je hätte vorstellen können.

Kontemplation macht den Kern des heutigen Ordenslebens aus. Gemeinschaften entdecken sich als vom Geheimnis des Gottes, der in ständiger Bewegung ist, umflossen. Das Ordensleben, vom Charisma gestärkt und auf Gott allein ausgerichtet, wird über spirituelle Formeln hinaus, die in der Vergangenheit gut und richtig waren, zur furchterregenden Unergründlichkeit Gottes gerufen, der weiterhin, auch jetzt, aus dem Nichts erschafft. Wie wenige Generationen zuvor werden Ordensleute heute zur Versenkung in Gott gerufen, der in der Zeit ist.

Die fortschreitende Entwicklung des heutigen Ordenslebens wird von einer bewussten Zielstrebigkeit untermauert. Die Wiedererweckung des Ordenslebens steht kurz bevor. Sie hängt nicht nur vom Vertrauen auf den Gott ab, der, wie wir wissen, jede suchende Seele aus Ägypten ins Gelobte Land führte, sondern auch von der unverbrüchlichen Bindung an das Engagement, das den Suchenden abverlangt wird. Ein Teil der Heiligkeit des Ordenslebens in unserer Zeit liegt gerade in der Energie, die wir dem zukommen lassen, was allem Augenschein nach vom Tod bedroht ist.

Die Suche nach Gott im Alltag – die tägliche Suche nach Gott – kennzeichnet das Ordensleben als Ordensleben, das sich der Gegenwart Gottes bewusst und allein auf die gewissenhafte Suche nach dem Wort Gottes bedacht ist, ohne Rücksicht auf das, was um dieser Suche willen aufgegeben werden muss.

Die Bereitschaft zum Risiko – wie sie die Israeliten auf ihrer Wanderung durch die Wüste immer wieder bewiesen – fordert das Ordensleben jetzt bis zum Äußersten heraus. Nichts aus der Vergangenheit ist sicher. Nichts in der Zukunft ist klar. Risikobereitschaft ist die neue Askese des Ordenslebens. Wie die Auswirkungen des Fastens, des

Schweigens und der Loslösung von allem Irdischen in der Vergangenheit befähigt die Fähigkeit, Versuch und Irrtum zu wagen, Ordensleute heute zu einem Höchstmaß an Vertrauen auf Gott. Risikobereitschaft ist die Tugend, die die Brücke zwischen dem heutigen und dem zukünftigen Ordensleben schlägt.

Die symbolischen Opfer der Religion können nur andeuten, was Klein- und Geringwerden im Rahmen heutigen Ordenslebens heißt. Rückläufige Zahlen, der Verlust von Einrichtungen, der Verlust von Vertrauen in die Zukunft, der Verlust des Gefühls, etwas geleistet zu haben, machen aus dem Symbol Realität. Ordensleute unserer Zeit brauchen nicht über „Opfer" zu reden, sie sind aufgerufen, es zu leben.

Es ist eine Sache, treu zu bleiben, wenn die ganze Welt uns nicht nur in dem bestätigt, was wir tun, sondern auch sagt, dass das Weitermachen eine notwendige Voraussetzung für unsere Integrität ist. Es ist eine ganz andere Sache, treu zu bleiben, wenn wir uns jeden Tag fragen müssen, ob das, was wir tun müssen, auch wirklich einer Ordensexistenz entspricht.

Die Tugend des heutigen Ordenslebens liegt in der Tatsache begründet, dass es kaum eine Tugend gibt, die ihm Treue überhaupt ermöglicht, es sei denn eine Vision von hohen Graden. Treue heute ist nicht die Treue zu einer Sache oder zu einem Menschen, nicht einmal zu einer Lebensweise. Heute ist der Prozess der Unterscheidung der Maßstab religiöser Treue.

Der Ruf nach Gerechtigkeit, nach persönlicher Verantwortung und nach uneingeschränkter Liebe verlangt eine Art von Tugend, die durch Abhängigkeit, Fügsamkeit und Selbstschutz in Bezug auf Kraft, Kampf, Anstrengung und Tapferkeit nicht zu beantworten ist. Das Leben nach den Gelübde lebt frisch und neu in einer Welt, die in rücksichtslosem Gehorsamsdrill, obszöner Armut und gewissenloser Ausbeutung von Menschen erstickt. Der Wert der Gelübde des Ordenslebens strahlt in der heutigen Gesellschaft nicht von dem her, wogegen Ordensleute aufstehen. Die Vitalität der religiösen Gelübde lebt als erneuerte in diesem Zeitalter nur in den Dingen auf, für die sich Ordensleute selbst auf höchst ganzheitliche Weise stark machen.

Eine Verpflichtung zum intellektuellen Leben, die weit über berufliche Qualifikationen und berufliche Entwicklung hinausgeht, bringt Ordensleute heute zu neuen Ideen und an ihren wahren Platz in einem Leben nach dem Evangelium. Die heutige religiöse Tugend liegt nicht allein in der Frömmigkeit, so belebend Frömmigkeit für die Seele auch sein mag. Um authentisch zu sein, muss die Spiritualität eines Ordenslebens, das in einer Periode nie endender Fragen gelebt wird, eine denkende Präsenz und eine glaubwürdige Stimme für die Herrschaft Gottes werden.

Der Feminismus, die geistliche Kunst, eine Weltanschauung zu entwickeln, die auf Menschlichkeit, Würde und Gleichheit aller beruht, verwirklicht das Evangelium in einer Welt, die an der Unterdrückung von Völkern, der Ausbeutung der Erde und der Schieflage des Seelischen in Kirche und Staat leidet.

Inmitten all dieser Verschiebungen von Werten, Strukturen und neu aufkommenden philosophischen Einsichten lautet die angemessene Frage für das Ordensleben nicht: „Was wird daraus werden?" Die Frage, die wir beachten müssen, wenn das Ordensleben in der Zukunft überhaupt etwas bedeuten soll, lautet: „Was ist es jetzt?" Daran gibt es keinen Zweifel. Das gegenwärtige Ordensleben erfordert große Disziplin, ein hohes Maß an Tugend und eine Heiligkeit, die weit über die wildesten Fantasien unserer Vorgängerinnen und Vorgänger hinausgeht. Ihre Suche hat zu unserer Suche geführt. Jetzt muss unsere eigene Bindung an das noch nicht Geformte, aber geistlich Formende nicht nur die kommende Periode des Ordenslebens, sondern auch die Qualität unseres eigenen Ordenslebens jetzt ermöglichen.

Es ist eine bewegte Zeit für das Ordensleben, aber auch eine aufregende Zeit, eine heilige Zeit. Unter der Asche glüht noch ein machtvolles Feuer. Alles, was wir tun müssen, um die Flamme zu entfachen, ist, den Augenblick zu nutzen und ihn bis an seine uns noch verborgenen Grenzen auszuleben. In einem uralten Ritus singen die Kandidatinnen und Kandidaten, die gerade ihre Gelübde für das Ordensleben abgelegt haben: „Stütze mich, o Gott, nach deinem Wort und ich werde leben. Lass mich in meiner Hoffnung nicht zuschanden werden." Natürlich lautet die Frage: Was erhofften wir, als wir uns zu einem Weg wie diesem verpflichteten? Gewissheit? Anerkennung? Klarheit? Die Antwort liegt sicherlich viel tiefer. Die Antwort muss doch wohl die „gälische" sein: Wenn wir das Feuer nicht am Brennen halten können, dann müssen wir die Kohle bedecken, um sie an neue Orte zu bringen, so dass sie erneut aufflammen kann. Wie sonst soll ein Feuer in welcher Zeit auch immer erhalten bleiben? Das Feuer in Gang zu halten und die Kohle zu bedecken sind unterschiedliche Elemente ein und desselben Prozesses, der Leben in Gott heißt, eine

Zunahme an Engagement, Spiritualität, Gottgefälligkeit, an Weisheit, Alter und Gnade. Die einzige Frage lautet heute, ob diese Generation, unsere Generation, für grieshog bereits genügend Engagement, Glauben, Energie, und spirituelle Begeisterung mitbringt. Wir sind nicht die erste Generation, die vor dieser Lebensaufgabe steht, aber wenn wir sie nicht mit ganzem Herzen erfüllen, wird eine weitere Generation vielleicht keine Möglichkeit mehr haben, das Gleiche zu tun: sich am gleichen Feuer wärmen und die Welt mit der Glut ihres Lebens entflammen.